春风化雨育桃李

班主任工作创新与班级管理艺术

丁涛————著

内蒙古文化出版社

图书在版编目（CIP）数据

春风化雨育桃李：班主任工作创新与班级管理艺术 /
丁涛著 . -- 呼伦贝尔：内蒙古文化出版社，2025.6.

ISBN 978-7-5521-2665-5

Ⅰ . G451.6

中国国家版本馆 CIP 数据核字第 20250X4M29 号

春风化雨育桃李 ： 班主任工作创新与班级管理艺术

丁 涛 著

责任编辑	朝 日
封面设计	鸿儒文轩·末末美书

出版发行	内蒙古文化出版社
地 址	呼伦贝尔市海拉尔区河东新春街4 - 3号
直销热线	0470 - 8241422 　邮编　021008

印刷装订	三河市华东印刷有限公司
开 本	710mm × 1000mm 　1/16
字 数	260千
印 张	19.75
版 次	2025年6月第1版
印 次	2025年6月第1次印刷
书 号	ISBN 978-7-5521-2665-5
定 价	78.00元

前　言

创新是推动人类社会进步的巨大力量，是推动历史发展的重要因素。随着时代的变迁，班主任只有创新和改变工作模式，才能适应时代发展的需求和提升教学质量。班主任作为一个班级的管理者与领导者，在班级中发挥着组织与领导的作用，其管理模式与教育理念影响着初中生的思想观念、学习效率与世界观、人生观、价值观的树立。因此，新时期，初中班主任必须实现对本职工作的创新，采用行之有效的措施，全面提升管理水平，改进管理方式，促进学生健康成长。本书首先分析了班主任工作的意义与价值，明确了新时期班主任的责任与使命；其次分析了班主任应具备的专业素养、班主任与任课教师合作育人、班主任与家长的合作育人、一个班级一个风采、每一个学生都有他的故事，旨在提升班主任工作质量，推动初中教育事业发展。

《春风化雨育桃李——班主任工作创新与班级管理艺术》是一本深入探讨中学班主任班级管理的书籍。本书从班主任工作意义的宏观视角出发，系统阐述了班主任的责任与使命，班主任应具备的专业素养，班主任与任课教师、家长合作育人的内容。书中不仅综述了班主任的班级管理模式，还特别强调了在新时期班主任创新班级管理方式的重要性，并详细阐述了班主任日常工作的内容。同时，书中还探讨了随着时代的发展和教育环境的变化，班主任面临的新挑战与机遇。本书旨在为中学班主任提供全面的指导，促进中学生综合素养的提升，推动班主任管理的创新发展。

在本书的编写过程中，众多班主任专家、一线教师给予了热情支持和宝贵建议，对此我深表感谢。同时，我深知自身学识有限，书中难免存在不足之处，恳请广大读者批评指正，一起推动新时期班主任工作的创新，为学生的全面发展保驾护航。

目　录

第三章　班主任应具备的专业素养

第四章　班主任与任课教师合作育人

第五章　班主任与家长合作育人

第六章　一个班级一个风采

第七章　每一个学生都有他的故事

第一章

班主任工作的意义与价值

第一节 班主任育人价值的特点

在当今社会，教育是国家重要的战略资源之一，班主任不仅仅是知识和技能的传授者，更是学生品格的培养和塑造者。班主任作为学校教育的基层管理者和学生成长的重要引导者，其独特的育人价值日益显著。

随着社会的不断发展，教育理念持续更新，班主任的角色定位与职责内涵也在不断拓展与丰富。研究班主任育人价值的特点，不但能够提升教育质量、推动学生全面发展，还能够展现班主任在育人过程中的独特作用与价值，为优化班主任队伍结构、提高班主任专业素养提供理论依据。另外，这也是学校与家庭更科学地认识与评价班主任工作成效的重要参考依据，从而促使形成更加完善的教育合力，共同推动学生的健康成长与全面发展。

一、班主任育人价值的理论基础

1. 育人价值的内涵

育人价值，指的是在教育过程中对学生全面发展所发挥的积极促进作用。它包含知识传授、能力培养、品德引导、身心健康等多个方面，目标在于通过系统的教育活动，引导学生形成正确的世界观、人生观以及价值观。

在班主任的育人实践中，育人价值不仅仅体现在关注学生学业成绩方面，更体现在通过言传身教，潜移默化地影响学生的行为习惯、思维方式与道德品质。班主任是班级管理的核心力量，其育人价值在于创造一个有利于学生成长的环境，激发学生的内在潜能，培养其独立思考和解决问题的能力。

因此，深入理解与把握育人价值的内涵，对班主任而言至关重要。它不但是班主任开展工作的出发点与落脚点，更是评价班主任工作成效的重要标准。经过不断探索与实践，班主任能够较好地发挥育人价值，为学生的全面发展打下坚实基础。

2. 班主任角色的历史演变

班主任角色在我国教育体系中经历了显著的历史演变。起初，班主任制度来自苏联，在中国共产党领导的解放区，于 1942 年首次提出"班主任"这一名称，强调班主任的主要责任。1952 年，教育部正式颁布规定，明确中小学设立班主任制度，班主任由校长从各班教员中选聘，主要负责管理学生。

时间在流转，事物在变迁，班主任的角色渐渐从单纯的业余管理者转换为德育工作者，继而成为专业教育者。近年来，班主任更是渐渐成为学生的引领者，是学生学业生涯中至关重要的人生导师。这个转变不但体现在职责的增加方面，更体现在育人理念的提升方面，班主任不仅是管理者，更是学生心灵的导师，重视学生的全面发展。

班主任角色的历史演变，不但是我国教育制度发展的体现，更是教育理念进步的写照。班主任是教育体系的重要一环，其育人价值在历史演变中得到了进一步提升和深化。

3. 班主任育人价值的理论依据

班主任育人价值的理论依据主要来自教育学、心理学以及社会学等多个学科。教育学认为，班主任作为教育理念的直接实施者，其言行举止对学生的塑造有着深远的影响，是实现教育目标的核心所在。心理学揭示了班主任在学生心理发展、情感培养等方面的重要作用，强调班主任需要关注学生的个体差异，因材施教。社会学理论也指出，班主任在班级文化的塑造、学生社会角色的引导等方面扮演着不可替代的角色。班主任通过组织班级活动、协调学生关系等方式，促进学生社会化发展。

总之，班主任育人价值的理论依据是多方面的，这些理论为班主任在教育实践中发挥育人价值提供了坚实的支撑。班主任应深入理解并灵活运用这些理论，不断提升自身的专业素养和育人能力，为学生的全面发展贡献自己的力量。

二、班主任育人价值的特点分析

1. 情感关怀和心理疏导

（1）情感关怀

在班主任育人价值的特点分析中，情感关怀和心理疏导占据着极其重要的地位。班主任不但肩负着传授知识的职责，更承担着倾听学生情感、守护学生心灵的重要使命。他们用细腻的情感关怀，走进学生的内心世界，了解每位学生的真正需求，用朴实的心与真诚的行动，搭建师生之间心灵沟通的桥梁。

（2）心理疏导

班主任运用专业的心理学知识与技巧，帮助学生正确面对学习和生活中遇到的压力和困惑。他们总是认真倾听学生的烦恼，给予关注和理解，并引导学生以积极乐观的心态面对问题，提高孩子的抗挫力，增强他们对学习、生活的掌控感与选择权。在班主任的悉心关怀下，学生在情感上得到慰藉，可有效培养他们的情绪管理能力，使其在心理上获得成长，从而形成积极乐观、自信坚强、勇敢进取的健康品格。

班主任的情感关怀和心理疏导，营造了一个积极、健康、向上的班级氛围，从而促进学生个体全面发展，这正是培养德智体美劳全面发展的社会主义建设者和接班人的总体要求。

2. 品德塑造和价值观引导

在班主任育人价值的特点中，品德塑造和价值观引导占据着至关重要的位置。班主任是学生成长道路上的知心引路人,不但传授知识,更通过言传身教来培育和塑造学生高尚的品德。他们通过组织多样化与趣味性的班级活动,使学生在实践中学会尊重他人、关爱社会、诚实守信、助人为乐等优秀品质,这些品质的培养为学生的全面发展打下了坚实的基础。

班主任在价值观引导方面发挥着举足轻重的作用。他们关注社会热点问题,根据学生的认知和年龄特点,引导学生树立正确的世界观、人生观和价值观。采用班会课、主题教育等形式,班主任深入浅出地讲解社会主义核心价值观的丰富内涵与重要意义,引导学生用社会主义核心价值观来提升自己,做一个有理想、有目标、有道德、有文化的新时代好青年。

班主任在品德塑造和价值观引导方面的努力,不但能够有效提升学生的个人素质,更为社会的和谐稳定以及长远发展奠定了基础。

3. 学业指导和职业规划

学业指导和职业规划在班主任育人价值体系中同样占据着不可或缺的地位。班主任不但要关注学生的日常学习和生活,更要为他们提供精准的学业指导,帮助学生制订明确的学习计划和目标,掌握有效的学习方法,从而在学习道路上事半功倍。

班主任需要积极引导学生进行职业规划,利用班会、个别谈话等形式,引导学生发现自己的兴趣、特长和未来职业的发展趋势,帮助他们提前为未来的职业生涯做好准备。在这一过程中,班主任的育人价值得以充分体现,他们不但是知识的传授者,更是学生人生道路上的指引者。通过学业指导和职业规划,班主任帮助学生实现个人价值,也为社会培养出一批批具有专业素养以及职业规划意识的优秀人才。

4. 班级管理和文化建设

在班级管理和文化建设方面,班主任的育人价值特别突出。班主任不但是班级秩序的维护者,更是班级文化的塑造者。班主任通过制定科学合理的班级管理制度，规范学生的行为，调动学生的积极性，营造积极和谐的学习氛围。

在班级文化建设中，班主任要重视培养学生的集体荣誉感以及归属感，通过组织丰富多彩的班级活动，增强班级凝聚力。班主任引导学生树立正确的价值观，坚定理想信念，培养高尚的道德情操，让班级成为学生成长的家园。

班主任还需要重视班级环境的营造，采用美化教室、设置文化墙等方式，给学生提供良好的学习环境。这些方式不但能够提高学生的学习效率，也潜移默化地影响着学生的审美情趣、精神气质和人文素养等。

班主任在班级管理和文化建设中的育人价值极其重要，他们采用科学的管理方法以及文化建设，为学生的身心健康全面发展创造了良好的条件。

三、班主任育人价值的实践案例

案例一

情感关怀是班主任育人价值体系中尤为重要的一方面。某初中班主任张老师对学生有着细致入微的照顾和深切的关怀，这种独特的关爱方式有效促进了学生的全面发展。张老师注意到，班上有位平时较为沉默寡言的学生小王，通过日常观察和深入了解，得知小王家庭经济困难，其父母工作繁忙，长期缺少陪伴。于是，张老师不但在学习上给予小王单独辅导，而且在生活中给予他情感上的理解和鼓励。张老师经常和小王谈话，了解他真正关切的问题和需求。逢节假日会邀请小王到家中做客，让他感受到家的温暖。这种情感关怀不但使小王的学习成绩逐渐提升，最为重要的是，小王逐渐变得开朗和自信，积极参与班级事务。这个案例充分证明了在育人过程中，情感关怀在塑造学生健康人格以及促进学生身心健康发展中发挥的重要作用。运用情感关怀，班主任能够深入了解学生的性格特点、学习习惯、兴趣爱好，从而制订有针对性的方案，帮助学生健康成长。

案例二

在初中阶段，职业生涯规划就像一座灯塔，为学生在知识的海洋中航行点亮方向。在快速发展的新时期，帮助中学生尽早建立职业生涯规划意识，是教育领域中的重要任务之一。在某初中，班主任张老师巧妙地把学业指导和职业规划相融合，取得了重大突破。张老师不但关注学生的日常学习，而且积极引导学生思考未来职业方向。张老师在日常会为学生组织职业讲座、邀请校友分享经验，使学生提前了解各行各业的特点以及用人要求。在学业指导方面，张老师结合学生的兴趣以及职业规划，为学生量身定制切实可行的学习计划和目标，鼓励学生深入钻研自己喜欢的课程，并将它们培养成自己的优势科目，但也不忽视其他科目，合理分配时间，确保各科均衡发展。这种有针对性的指导，目标明确、推进有序，使学生的学习动力更加充足。将学业指导和职业规划相融合，可帮助学生认识自我、了解职业世界、明确生涯目标，为他们的未来发展打下了坚实基础。这个实践案例充分说明了班主任在育人价值方面的独特作用，采用全面且细致的指导，促进学生身心健康发展与成长。张老师的做法符合新时期的教育理念与班级管理原则，值得其他班主任借鉴与推广。

案例三

在某初中，班主任王老师采取了一系列班级管理的创新措施，效果尤为明显。王老师首先在班里创设了"小组合作学习"的模式，利用小组之间竞争和合作，不但有效提升了学生的学习动力，而且培养了中学生的团队协作能力。另外，王老师还借助网络平台，创建了班级微信群以及在线学习社区，让家校沟通更为即时、有效，家长可以及时了解孩子在学校的表现，共同参与孩子的成长过程。

另外，王老师创设了"班级银行"制度，这一创新模式极大地鼓励了学生参与班级活动的积极性。学生通过参与班级活动、课堂表现、完成学习任务、竞赛获奖等方式赚取"班级币"，用于兑换奖励或者特权，这一措施极大地激发了学生的积极性，增强了班级凝聚力，同时营造了积极向上的学习风气，更在无形中增强了班主任的育人价值，为学生的终身发展奠定了坚实基础。

四、班主任育人价值的提升方式

1. 重视班主任专业素养培训

提升班主任育人价值，必须加强其专业素养培训。班主任属于班级的领航者，其自身的教育理念、专业知识以及育人技巧对学生的全面发展有着直接影响。因此，定期组织班主任参加专业素养培训必不可少。培训内容要包括现代教育理念、心理学基础、学生管理的定位和需求、多角度引导策略、家校关系处理的策略和技巧等多方面，其目标是提升班主任的理论素养以及实践能力。采用案例分析、角色扮演等互动模式，让班主任在实践中学习，在学习中成长，逐渐形成独特且有效的育人风格。另外，鼓励班主任主动进行自主学习和反思，紧跟时代发展步伐，积极订阅教育期刊，参加线上研讨会，不断丰富自己的知识储备、拓宽知识视野。只有把专业素养培训和自主学习结合起来，班主任才能在实际工作中游刃有余，将育人价值充分发挥出来，保证学生全面发展。

2. 创建班主任支持体系

在提高班主任育人价值的过程中，创建全面的班主任支持体系极其重要。该体系主要包括专业培训、心理辅导、资源共享和激励机制等各方面内容。首先，定期组织班主任工作坊以及培训会议，提高班主任的教育理论水平以及实践能力，才能更好地满足学生的多样化需求。其次，创建班主任心理辅导体制，关注其职业压力以及心理健康，提供必要的心理支持与干预，保证班主任用积极、乐观的心态投入工作。再次，创建资源共享平台，加强班主任之间的交流和合作，定期分享成功案例与育人经验，从而形成良好的互帮互爱的氛围。最后，健全班主任激励制度，对于工作突出的班主任要及时给予物质与精神上的奖励，进而激发其工作动力。采取以上措施，创建一个标准化、全方位、多层次的班主任保障体系，从而为提高班主任育人价值打下基础。

3. 完善班主任评价机制

优化评价机制是提高班主任育人价值的重要内容。目前，班主任评价机制主要侧重学生的学业成绩以及班级纪律方面，而班主任在育人方面的贡献却被忽略。要想公正、全面地评价班主任的育人工作，需要创建多元化的评价机制。这包括对学生的综合素质、心理健康及道德品质等方面的考察，以及对班主任在德育活动、心理辅导、家校沟通等方面工作进行评估。同时，评价过程要重视反馈与激励。要定期召开班主任工作会议、经验交流会等，创建评估结果反馈机制，及时向班主任反馈评估结果，并相互讨论，提出改进建议与发展方向，从而形成相互学习、共同进步的良好氛围。对于在育人工作中表现优秀的班主任，要适当给予奖励与荣誉，从而激发其工作热情。完善班主任评价机制，能够促进班主任整体队伍的素质提升，这是培养德智体美劳全面发展的社会主义建设者和接班人必不可少的力量。

4. 拓展班主任育人资源和平台

要想提高班主任的育人价值，就需要积极拓展育人资源和平台。学校要加大和社区、企业、高校等外部机构的合作力度，为班主任提供大量的实践机会与资源支持，比如组织参观学习。依靠现代信息技术手段，创建线上育人平台，比如创建班主任交流社区、班主任工作坊、开发在线教育资源库等，让班主任可以便捷地获取最先进的教育理念与方法，同时加强班主任之间的经验分享和合作。积极鼓励班主任参与专题研究、系列讲座等活动，不断提高自身的专业素质以及育人能力。采用这些方式，班主任的育人资源和平台将会更加多样化，进而更好地发挥自己的作用，履行职责，促进学生全面发展。

班主任作为学生在学校的主要管理者和引导者，其育人价值是多维度的。班主任不但传授知识，更重要的是在学生的品德塑造、情感关怀以及个性发展等方面发挥着举足轻重的作用。班主任的育人方式是多样化的，可以根据不同学生的特点制定个性化的指导策略，能够促进学生全面发展。

第二节　班主任日常工作的呈现

教育是国家发展与个人成长的重要基石。班主任是学校教育的直接实施者与学生成长的引导者，其日常工作不但直接影响教学秩序的稳定，更深刻影响着学生的全面发展。随着教育理念的不断进步和教育改革的深入推进，班主任的角色定位和工作内容也在不断丰富和发展。

一、班主任日常工作概述

1. 班主任工作的定义和特点

班主任工作是教育体系中一个至关重要的角色，它不仅仅局限于课堂教学，更涵盖了班级管理和学生全面发展的多个层面。班主任被定义为负责班级全面工作的教师，包括学生的学习指导、品德教育、生活照顾以及心理健康的初步关怀等。他们是学生与学校、家庭之间沟通的桥梁，承担着促进班级团结、营造良好学习氛围的重任。

班主任工作的特点主要体现在以下几个方面：一是全面性，班主任需要关注学生的德智体美劳全面发展，确保学生在各个方面都能得到适当的指导和帮助；二是细致性，班主任需深入了解每位学生的个性特点、学习状况及家庭背景，以便进行个性化的教育和引导；三是协调性，班主任需协调各任课教师、学生、家长以及学校各部门之间的关系，形成教育合力；四是创新性，面对不断变化的教育环境和学生需求，班主任需不断创新工作方法，提高教育效果。

综上所述，班主任工作是教育体系中不可或缺的一环，其定义广泛且特点鲜明，要求班主任具备高度的责任心、专业素养和创新能力，以促进学生健康成长和全面发展。

2. 班主任工作的历史沿革

班主任工作的历史沿革与班级授课制的发展紧密相连。班级授课制最早产生于15—16世纪的欧洲，17世纪捷克教育家夸美纽斯在《大教学论》中对其进行了系统阐述。随着近代西方资本主义兴起、工商业发展和科技进步，社会要求普及教育、扩大教育规模和提高教学效率，班级授课制逐步成为18—19世纪欧美各国学校的主要教学形式。

在中国，最早采用班级授课制的是1862年创办的京师同文馆，其中设有类似班主任职责的专职人员。但直到1902年清政府颁布《钦定学堂章程》，才明确规定每班应设置教员一人，负责教学和管理工作。1942年，绥德专署教育科的《小学训导纲要》首次提到"班主任"一词，强调教导合一制，加强班主任责任。1949年后，中国在学习苏联的基础上，实行了普遍的中小学班主任制。1952年，教育部颁发《小学暂行规程（草案）》和《中学暂行规程（草案）》，正式确立班主任制度。此后，班主任制度不断完善，职责逐步明确，包括学术监督、生活管理、心理辅导等多方面。随着教育理念的不断进步，班主任的角色也从单纯的管理者转变为学生的指导者和促进者，工作重心从严格控制转向鼓励创新和个性发展。

3. 班主任工作的现状与发展趋势

班主任的工作现状呈现出一种繁重而全面的特点。他们不仅需要负责学生的日常管理和教育，还要参与各种学校活动，处理学生的各种问题，甚至应对危机事件。同时，班主任还需承担学科教学的任务，常常是学校最早到、最晚走的人，面临着巨大的精神压力。这种高压状态不仅影响班主任的身心健康，还可能间接影响学生的成长。

在管理机制上，学校相关职能部门与班主任的工作衔接存在脱节，未能提供有效的支持。此外，班主任的考核方式也存在诸多问题，如"量化"考核过于简单化，"以智论德"的考核倾向，以及过度提倡班主任扮演"保姆"角色等，这些都束缚了班主任的手脚，限制了他们创新的空间。

然而，随着教育理念的不断进步，班主任的工作也在不断发展。未来，班主任的工作将更加注重学生的全面发展，强调学生的主体性，鼓励他们自我管理。同时，学校也将优化管理机制，为班主任提供更多的支持和保障，如试行轮休和休假制度，以及构建科学且公正的综合性班主任考核评价体系等。

班主任的工作现状虽然面临诸多挑战，但随着教育改革的不断深入，其更加注重学生的全面发展和班主任的创新工作，为他们创造一个更加宽松、自由的工作环境，激发他们的工作热情和创造力。

二、班主任日常工作的职责

1. 教育教学管理职责

在班主任的日常工作体系中，教育教学管理职责占据着核心地位。班主任作为班级的直接管理者和引导者，首要任务是确保教育教学工作的有序进行。具体而言，班主任需制订并实施科学的教学计划，确保学科知识的系统传授与学生能力的全面发展。这包括合理安排课程进度，监督教学质量，以及定期组织学习评估和反馈，精准把握学生的学习动态。此外，班主任还需营造积极向上的班级氛围，激发学生的学习热情和求知欲。通过组织多样化的教学活动，如小组讨论、课堂展示等，班主任鼓励学生主动探索、合作交流，培养其批判性思维和创新能力。

在教育教学过程中，班主任还需密切关注学生的个体差异，实施差异化教学策略，满足不同层次学生的学习需求。同时，与各任课教师保持密切沟通，共同解决教学难题，形成教育合力，为学生的全面发展提供有力支持。

总之，班主任的教育教学管理职责是全方位的，旨在通过科学的管理和高效的教学，为学生的健康成长和学业成功奠定坚实基础。

2. 学生思想道德引导职责

在班主任的日常工作职责中，学生思想道德引导占据着举足轻重的地位。作为班级的管理者与引领者，班主任需时刻关注学生的思想品德发展，致力于培养他们成为具备高尚道德情操和良好行为习惯的新时代青少年。

具体而言，班主任应通过言传身教的方式，向学生传递正确的世界观、人生观和价值观。在日常的班级管理中，班主任要关注学生的思想动态，及时发现并解决他们在思想道德方面存在的问题。同时，班主任还需积极组织各类思想道德教育活动，如主题班会、道德讲堂等，以丰富多样的形式增强学生的道德认知和情感认同。此外，班主任还应注重家校合作，与家长共同关注学生的思想道德成长。通过定期家访、家长会等渠道，班主任可以与家长深入交流，共同探讨学生思想道德教育的有效方法和途径。

总之，学生思想道德引导是班主任日常工作职责中不可或缺的一部分。班主任需以高度的责任心和使命感，认真履行这一职责，为学生的全面发展奠定坚实的思想道德基础。只有这样，我们才能培养出更多德才兼备的优秀学生，为社会的进步和发展贡献自己的力量。

3. 班级组织与文化建设职责

在班级管理中，班主任承担着班级组织与文化建设的重要职责。这一职责不仅关乎班级秩序的稳定，更影响着学生综合素质的培养。

在班级组织方面，班主任需合理规划班级结构，明确班干部职责，确保班级日常运作顺畅。通过定期组织班会、开展班级活动，班主任能够增强学生的集体意识和归属感，促进班级内部的和谐与团结。同时，班主任还需关注班级纪律，制定并执行合理的班级规章制度，维护良好的学习环境。

在文化建设方面，班主任应致力于营造积极向上的班级氛围。通过设计班级文化墙、组织主题班会、开展文化活动等形式，班主任能够引导学生树立正确的价值观，培养学生的审美情趣和人文素养。此外，班主任还需关注学生的心理健康，通过心理疏导和人文关怀，帮助学生保持自信、乐观的心态，为班级文化的建设提供坚实的心理基础。

班级组织与文化建设是班主任日常工作中不可或缺的一环。通过精心的班级组织和文化建设，班主任能够为学生创造一个既有序又充满活力的成长环境，为学生的全面发展奠定坚实基础。

4. 家校沟通与合作职责

在家校共育的框架下，班主任承担着至关重要的家校沟通与合作职责。这一角色要求班主任不仅要在校内悉心指导学生，还要在校外与家长建立紧密、和谐的合作关系，共同促进学生的全面发展。具体而言，班主任需定期与家长进行沟通，通过家长会、家访、电话、微信等多种方式，及时向家长反馈学生在校表现，包括学习情况、行为习惯、心理状态等，同时也需倾听家长的意见和建议，共同探讨孩子的成长问题。此外，班主任还需积极组织家校合作活动，如家长开放日、亲子运动会等，为家长提供了解学校教育理念、教学方法的平台，增进家长对学校教育的理解和支持。通过这些活动，班主任能够引导家长参与到孩子的教育中来，形成家校教育的合力。

总之，家校沟通与合作是班主任日常工作的重要组成部分。班主任需以开放、包容的心态，主动搭建家校沟通的桥梁，与家长携手合作，共同为孩子的健康成长保驾护航。这不仅有助于提升学校教育的效果，更能为学生的全面发展奠定坚实的基础。

三、班主任日常工作的实施策略

1. 制订班级工作计划与总结

在班级日常工作的实施策略中，制订详细的工作计划与总结是班主任不可或缺的重要环节。班级工作计划是班级管理的蓝图，它为整个学期的教育教学活动提供了清晰的方向和步骤。班主任需结合学校的教育目标、班级实际情况以及学生的特点，制订出一份既具有前瞻性又具备可操作性的计划。

在制订计划时，班主任应明确班级发展的短期与长期目标，合理安排各项教育活动的时间节点，确保每项工作都能有条不紊地进行。同时，计划还应注重培养学生的综合素质，关注学生的学习、生活和心理健康，力求实现班级管理的全面性和有效性。

班级工作总结是对计划执行情况的回顾与反思。通过总结，班主任可以清晰地看到班级工作的成效与不足，及时调整管理策略，为下一阶段的工作提供参考。总结应客观、全面，既要肯定成绩，也要正视问题，提出改进措施，确保班级工作能够持续改进，不断迈向新的高度。

因此，制订班级工作计划与总结是班主任提升班级管理水平、促进学生全面发展的重要手段。

2. 组织与实施班级教育活动

在班级管理中，班主任不仅是学习的引导者，更是学生品德与能力培养的塑造者。组织与实施班级教育活动，是班主任日常工作的重要组成部分。

班主任需精心设计班级活动，确保每项活动都紧扣学生发展需求，既有趣味性，又有教育性。通过主题班会、社会实践、志愿服务等多种形式，班主任可以激发学生的学习兴趣，培养他们的团队合作精神和社会责任感。在实施过程中，班主任要注重活动的参与性和实践性，鼓励学生积极参与、亲身体验，从而在活动中获得成长。同时，班主任还要做好活动的总结与反馈，及时表扬学生的优秀表现，指出存在的问题，并引导学生思考如何改进。此外，班主任还要善于利用班级教育资源，如家长资源、社会资源等，为班级教育活动提供更多的支持和保障。通过家校合作，共同促进学生的全面发展。

总之，组织与实施班级教育活动是班主任日常工作中的一项重要任务。班主任要以高度的责任心和使命感，精心策划、周密组织，确保每项活动都能取得实效，为学生的成长和发展贡献自己的力量。

3. 指导学生个性化发展

在班主任日常工作的实施策略中，指导学生个性化发展占据着举足轻重的地位。每个学生都是独一无二的个体，拥有不同的兴趣、特长和发展需求。因此，班主任应当致力于构建一个能够促进学生个性化成长的教育环境。

为实现这一目标，班主任首先需要深入了解每位学生的性格特点和成长背景，通过日常观察和沟通交流，准确把握学生的个性化需求。在此基础上，班主任可以制订个性化的培养方案，为学生提供量身定制的学习和发展建议。同时，班主任还应积极鼓励学生参与多样化的课外活动和社会实践，让学生在实践中发现自己的兴趣和潜能。通过参与这些活动，学生不仅能够丰富自己的阅历，还能够培养团队合作精神和社会责任感。此外，班主任还应关注学生的心理健康，及时发现并解决学生在成长过程中遇到的心理问题。通过开展心理健康教育活动，培养学生积极健康的心态，为个性化发展奠定坚实的心理基础。

总之，指导学生个性化发展是班主任日常工作中的重要一环。班主任应当用心倾听每位学生的心声，用爱引领每位学生的成长，让每位学生都能在适合自己的道路上绽放光彩。

4. 构建和谐班级氛围

在班主任日常工作的实施策略中，构建和谐班级氛围是至关重要的一环。一个和谐的班级氛围能够增强学生的归属感，提升班级的凝聚力，进而促进学生的积极学习和全面发展。

为了构建和谐班级氛围，班主任首先应注重与学生的沟通及交流。通过定期开展班会、个别谈心等方式，深入了解学生的需求和困惑，及时解决他们面临的问题。同时，鼓励学生之间互助合作，培养他们的团队协作精神，让每个学生都能感受到班级大家庭的温暖。此外，班主任还应积极组织丰富多彩的班级活动，如文艺会演、体育比赛等，为学生提供展示自我、交流互动的平台。这些活动不仅能够增进学生之间的友谊，还能培养他们的兴趣爱好和特长，使班级氛围更加活跃和融洽。在构建和谐班级氛围的过程中，班主任还应注重班级文化的建设。通过制定班级规章制度、悬挂励志标语等方式，营造积极向上的班级氛围，引导学生树立正确的世界观、人生观和价值观。

总之，构建和谐班级氛围是班主任日常工作的重要任务之一。只有通过不断努力，才能为学生创造一个温馨、和谐、积极向上的学习环境。

四、班主任日常工作的挑战与对策

1. 面对学生问题的应对策略

在班主任的日常工作中，面对学生问题是一项重要的挑战。这些问题可能涉及学习困难、行为偏差、心理困扰等多个方面。为了有效应对这些挑战，班主任需要采取一系列策略。

首先，班主任应深入了解学生的具体情况，包括家庭背景、性格特点、兴趣爱好等，以便因材施教，有针对性地解决问题。通过个别谈话、家访等方式，班主任可以建立起与学生及家长的紧密联系，共同关注学生的成长。其次，班主任要注重心理疏导与情感教育。面对学生的心理问题，班主任应耐心倾听，给予理解和支持，必要时引导学生寻求专业心理咨询。同时，通过班级活动、主题班会等形式，营造积极向上的班级氛围，培养学生的集体归属感和自信心。最后，班主任还需建立有效的家校合作机制。与家长保持密切沟通，共同关注学生的学习和生活状态，形成教育合力。通过家长会、家校联系册等方式，及时反馈学生在校表现，听取家长意见和建议，共同促进学生的全面发展。

面对学生问题，班主任需以深入了解为基础，注重心理疏导与情感教育，并建立有效的家校合作机制，以全面应对挑战，助力学生健康成长。

2. 提升教育教学质量的途径

在班主任日常工作中，提升教育教学质量是核心任务之一。为达成这一目标，可采取以下途径：首先，强化教师专业发展。班主任应积极参与各类教育培训，不断更新教育理念和教学方法，提升自身的教学能力和班级管理能力。同时，鼓励班主任进行教学反思，通过总结经验和教训，不断优化教学实践。其次，注重学生个性化发展。班主任应深入了解每位学生的学习特点和兴趣爱好，因材施教，为学生提供更具针对性的指导和帮助。通过组织丰富多彩的课外活动，激发学生的学习兴趣，培养其综合素质。再次，加强家校合作。班主任应主动与家长保持密切沟通，及时反馈学生的学习情况，共同关注学生的成长。通过家校合力，为学生营造更加良好的学习和成长环境。最后，构建和谐的班级氛围。班主任应注重班级文化建设，营造积极向上、团结友爱的班级氛围。通过组织班级活动，增进学生之间的友谊和信任，提升学生的集体荣誉感和归属感。

提升教育教学质量需要班主任在多个方面下功夫，只有不断探索和实践，才能不断提高教育教学水平，为学生的全面发展奠定坚实基础。

3. 家校沟通障碍的解决方法

家校沟通障碍是班主任日常工作中常见的问题，其根源在于信息不对等、理解偏差及沟通渠道不畅等。为解决这一问题，可采取以下策略：首先，建立多元化的沟通平台。利用家长会、微信群、家校联系本等多种方式，确保信息及时传递与反馈。这些平台不仅便于家长了解孩子在校情况，也让班主任能迅速获取家长的意见和建议。其次，提升沟通技巧。班主任应学会倾听家长的诉求，以同理心理解其立场，同时清晰、准确地表达自己的观点。通过有效的沟通，消除误解，增进互信。再次，开展家校合作活动。组织亲子阅读、家长开放日等活动，让家长亲身体验学校的教育环境，加强双方的理解和尊重。这些活动还能让家长看到班主任的辛勤付出，从而更加支持班主任工作。最后，定期进行家校沟通培训。邀请专家为班主任和家长提供沟通技巧培训，提高双方的沟通能力，共同构建和谐的家校关系。通过上述方法，班主任可以有效克服家校沟通障碍，促进家校共育，为学生的全面发展创造良好的环境。

4. 班主任自身发展的规划

在班主任日常工作中，面对诸多挑战，班主任自身的持续发展与能力提升显得尤为重要。为了更有效地应对工作挑战，班主任应制订一套适合自身的、科学合理的发展规划。首先，班主任应不断更新教育理念，紧跟时代步伐，学习先进的教育方法和班级管理技巧。通过参加培训、阅读专业书籍和期刊，以及与其他优秀班主任交流，不断提升自己的专业素养。其次，班主任要注重自我反思，及时总结工作中的得失，找出不足之处并加以改进。通过撰写教育日志、参与教学研讨等方式，不断反思和提升自己的教育教学水平。此外，班主任还应关注个人心理健康，学会压力管理和情绪调节，保持良好的心态和积极向上的工作态度。通过参加心理健康讲座、进行心理咨询等方式，提高自己的心理调适能力。最后，班主任应树立终身学习的理念，将个人发展视为一项长期任务。通过制订个人学习计划、设定职业发展目标等方式，不断激励自己向前发展，努力成为一位优秀的班主任和教育工作者。

班主任自身发展规划的制定与实施，是应对日常工作挑战、提升工作效果的重要途径。班主任应不断更新理念、注重反思、关注心理健康，并树立终身学习的理念，更好地履行职责和使命。

五、班主任日常工作的案例分析

在某初中，班主任李老师以其独特的日常工作方式赢得了师生们的广泛赞誉。李老师不仅注重学生的学习成绩，更关心他们的心理健康和全面发展。她通过组织丰富多彩的班级活动，如团队建设游戏、心理健康教育讲座等，有效提升了班级的凝聚力和学生的幸福感。李老师在日常管理中，坚持公平公正的原则，对每位学生都给予充分的关注和尊重。她擅长发现学生的闪光点，并鼓励他们积极参与学校各项活动，从而培养了学生的自信心和责任感。此外，李老师还建立了有效的家校沟通机制，定期与家长交流学生的学习和生活情况，共同促进学生的健康成长。这一成功案例启示我们，班主任在日常工作中应关注学生的全面发展，注重心理健康教育，营造积极向上的班级氛围。同时，坚持公平公正的管理原则，善于发现和培养学生的优点，积极与家长沟通合作，形成教育合力。只有这样，班主任才能在日常工作中取得显著成效，为学生的成长和发展奠定坚实基础。通过李老师的成功案例，我们可以深刻体会到班主任工作的复杂性和重要性，以及成功背后的辛勤付出和不懈努力。

在班主任日常工作的案例分析中，我们遇到了一个典型问题：学生课堂纪律松散，导致学习氛围不佳。该班级班主任虽然多次强调纪律，但效果不佳，学生违纪行为时有发生。剖析此案例，我们发现问题的根源在于班主任的管理方式单一，缺乏与学生的有效沟通。班主任过于依赖传统的惩罚手段，忽视了对学生心理需求的关注，导致师生关系紧张，学生产生逆反心理。此外，班主任在班级管理中缺乏创新，未能充分调动学生的积极性和参与感，使班级纪律难以得到有效维护。反思此案例，我们认为班主任在日常工作中应注重与学生的情感交流，了解学生的心理需求，采用多元化的管理方式，激发学生内在的学习动力。同时，班主任应不断提升自身的专业素养，学习先进的教育理念和管理方法，以适应新时代教育发展的需要。此外，加强家校合作，共同关注学生的成长，也是解决此类问题的有效途径。

通过对此案例的剖析与反思，我们深刻认识到班主任在日常工作中应坚持以人为本，注重情感沟通，创新管理方式，以促进学生全面发展为目标，不断提升班级管理水平。

在班主任日常工作的案例中，我们发现了诸多值得借鉴的经验与应当吸取的教训。从经验方面来看，班主任应时刻保持高度的责任心与耐心，深入了解每位学生的性格特点和家庭背景，以便因材施教，解决学生遇到的各种问题。此外，有效的家校沟通也是班主任工作中的重要一环，通过及时与家长联系，共同关注学生的成长，能够形成家校共育的良好氛围。

然而，教训同样深刻。一些班主任在处理学生矛盾时，可能因缺乏耐心而急于求成，导致问题未能得到妥善解决，甚至激化矛盾。同时，部分班主任在日常管理中过于依赖传统的教育方式，忽视了学生个性发展的需求，限制了学生的创新思维和自主能力的发展。因此，班主任在日常工作中应不断总结经验，吸取教训，努力提升自身的教育能力和管理水平。只有这样，才能更好地履行班主任的职责，为学生的全面发展提供有力的保障。在未来的工作中，我们应更加注重因材施教、家校共育，以及培养学生的创新思维和自主能力，为学生的成长创造更加良好的环境。

总之，班主任在班级管理和学生教育中有着多重角色与核心职责。班主任不仅是知识的传递者，更是学生情感的倾听者、品德的塑造者以及班级文化的建设者。在日常工作中，班主任须具备高度的责任心、耐心和爱心，以应对复杂多变的教育环境和学生需求。具体而言，班主任通过制定班级规章制度、组织班级活动、开展个别辅导等方式，有效促进了班级秩序的稳定和学生个体的全面发展。同时，班主任还承担着家校沟通的重要桥梁作用，通过定期家访、家长会等形式，加强了学校教育与家庭教育的有机结合。此外，班主任在日常工作中需不断创新教育方法和手段，以适应新时代学生的学习特点和成长需求。通过运用信息技术、开展心理健康教育等方式，班主任能够进一步提升工作效率和教育质量。

第三节　新教育的启示

在当今社会，随着科技的飞速发展和全球化的不断深入，教育领域正经历前所未有的变革。传统教育模式以应试为导向，注重知识灌输，已难以满足新时代对人才培养的需求。面对21世纪复杂多变的社会环境和经济挑战，培养具有创新精神、批判性思维、良好人文素养及国际视野的复合型人才成为教育界的共识。在此背景下，"新教育"理念应运而生，它强调以学生为中心，注重个性化发展，倡导终身学习，旨在通过改革教学内容、方法和评价体系，构建一个更加开放、包容、创新的教育生态系统。

研究新教育的背景，首先不可忽视的是全球教育改革的浪潮。从芬兰的素质教育模式到美国的STEM（科学、技术、工程和数学）教育，各国都在积极探索适应未来社会需求的教育路径。新教育作为这一趋势的重要组成部分，不仅继承了传统教育的精华，更在此基础上融入了现代信息技术、心理学、社会学等多学科理论，力求实现教育的全面升级。

此外，信息技术的迅猛发展，特别是互联网、大数据、人工智能等技术的广泛应用，为教育创新提供了强大的技术支持。在线教育、智慧课堂、个性化学习平台等新兴教育形态的出现，极大地拓宽了学习的时间和空间，使教育资源的获取更加便捷，学习方式更加灵活多样。新教育在此背景下，更加注重利用这些技术优化教学过程，提升学习效率，促进教育公平。从个体层面看，新教育有助于激发学生的内在潜能，培养其自主学习能力和创新能力，为终身学习打下坚实的基础。它鼓励学生探索未知，勇于质疑，形成独立思考的习惯，这对于个人成长和社会进步至关重要。从社会层面看，新教育通过培养具有全球视野和跨文化交流能力的复合型人才，有助于增强国家的国际竞争力，推动社会经济的可持续发展。同时，新教育强调教育公平，致力于缩小城乡、区域、校际的教育资源差距，对于构建和谐社会具有重要意义。

一、新教育理念的内涵

1. 新教育理念的定义

新教育理念，作为对传统教育模式的一种深刻反思与积极超越，其核心在于倡导一种更加人性化、全面化、创新化的教育价值取向，旨在培养能够适应未来社会需求的、具备综合素质与创新能力的现代公民。

具体而言，新教育理念的定义可以从以下几个方面进行阐述：首先，新教育理念强调"以人为本"，将学生视为教育的主体与核心。这要求教育者必须关注学生的个性化需求，尊重其兴趣与特长，鼓励其自主探索与独立思考，而非仅仅满足于知识的传授与技能的训练。在这一理念下，教育不再是单向灌输的过程，而是师生间基于相互尊重与理解的双向互动，共同探索知识、发现真理的旅程。

其次，新教育理念追求教育的全面性与综合性。它认为，教育不应仅仅局限于学科知识的传授，而应涵盖情感、态度、价值观、社会技能等多个维度，促进学生全面发展。这意味着，在课程设置与教学方法上，新教育理念倡导跨学科整合，鼓励学生在解决实际问题的过程中综合运用多学科知识，培养其批判性思维、创新能力和社会责任感。

再次，新教育理念高度重视创新与创造能力的培养。在快速变化的21世纪，创新能力已成为衡量个人与社会发展水平的关键指标。因此，新教育理念鼓励教育者设计开放性问题与项目式学习（PBL）任务，激发学生的好奇心与探索欲，引导其在实践中发现问题、解决问题，从而培养其创新思维与实践能力。

最后，新教育理念还强调教育的终身性与可持续性。在信息爆炸与知识快速更新的时代背景下，终身学习已成为个人适应社会发展的必然要求。新教育理念倡导构建一个开放、灵活、包容的教育生态系统，满足学生终身学习的需求，同时注重培养学生的环保意识、社会责任感与全球视野，为构建可持续发展的未来社会贡献力量。

新教育理念是一种以学生为本、追求全面发展、注重创新能力培养、强调终身学习与可持续发展的教育理念。它不仅是对传统教育模式的革新，更是对未来教育发展方向的深刻洞察与积极引领。在探讨新教育的启示时，深入理解并践行这一理念，对于推动教育事业的进步与社会的全面发展具有重要意义。

2. 新教育理念的特点

新教育理念作为教育领域的一股革新力量，其特点鲜明，不仅深刻影响着教育实践，也引领着教育思想的进步。本节将从创新性、全面性、个性化、互动性及持续性五个方面，探讨新教育理念的核心特质。

2.1 创新性

新教育理念的首要特征在于其创新性。它不拘泥于传统教育的框架，勇于探索未知，鼓励教学方法、内容乃至评价体系的革新。这种创新性体现在课程设置上，强调跨学科融合，鼓励学生跳出单一学科界限，培养综合运用知识解决实际问题的能力。同时，新技术如人工智能、大数据等被积极引入教育领域，为个性化学习提供了可能，进一步推动了教育的现代化进程。

2.2 全面性

新教育理念追求学生的全面发展，不仅重视知识技能的传授，更强调情感、态度、价值观的培养。它认为教育应涵盖智力、道德、体质、艺术等多个维度，旨在培养既有深厚专业知识，又具备良好人文素养、强健体魄和审美情趣的复合型人才。这种全面性要求教育者在设计教学活动时，需充分考虑学生的多元发展需求，营造一个促进学生全方位成长的学习环境。

2.3 个性化

尊重个体差异，实施个性化教学是新教育理念的又一显著特点。它认识到每个学生的学习风格、兴趣和能力各不相同，因此提倡因材施教，通过小班化教学、个别辅导、自适应学习系统等手段，为每位学生量身定制学习路径。这种个性化教学策略不仅提高了学习效率，也极大地激发了学生的学习动力和创造力。

2.4 互动性

新教育理念强调师生间、生生间的有效互动，认为学习是一个社会化的过程。通过小组讨论、合作学习、项目式学习等方式，学生能够在交流中深化理解，培养团队协作和沟通能力。同时，网络平台使教育资源的共享和远程协作成为可能，极大地拓宽了学习的边界。

2.5 持续性

新教育理念倡导终身学习，视教育为伴随个体一生的过程。它鼓励人们不断更新知识结构，适应快速变化的社会需求。学校作为教育的起点，应培养学生的自主学习能力和批判性思维，为他们未来的持续学习打下坚实的基础。此外，社区教育、在线教育等多元化学习渠道的拓展，也为终身学习提供了便利。

新教育理念以其创新性、全面性、个性化、互动性及持续性等特点，为教育事业的未来发展指明了方向。这些特点不仅是对传统教育模式的超越，更是对新时代人才培养需求的积极响应。

3. 新教育理念与传统教育的区别

新教育理念作为对传统教育模式的一种革新与超越，不仅改变了教育的目标和方式，还深刻影响了教育的本质。在这一节中，我们将详细探讨新教育理念与传统教育之间的主要区别。首先，传统教育模式往往以"教"为主，教师扮演着知识传授者的角色，学生则是被动接受知识的"容器"。相比之下，新教育理念强调以学生为中心，关注学生的兴趣和潜能，鼓励他们自主学习、积极思考、勇于创新。这种从"教"到"学"的转变，不仅激发了学生的学习动力，还培养了他们的主动性和创造力。其次，在培养目标上，新教育理念注重学生的能力培养，如批判性思维、解决问题的能力、团队合作能力和沟通能力等。而传统教育模式则更注重知识的灌输，忽视了学生的综合素质和全面发展。新教育理念通过项目式学习、探究式学习、合作式学习等多种方式，使学生在实践中提升能力，更好地适应未来社会的需求。在教学方式上，新教育理念倡导个性化学习，根据学生的个体差异制订不同的学习计划和评估方式。这种差异化教学有助于激发学生的学习兴趣，提高学习效果。而传统教育模式则往往以统一标准来衡量学生的学习成果，忽视了学生的多样性和个性化需求。此外，新教育理念还强调开放式教育，将学习融入生活中，让学生在真实的环境中学习，并通过实践来提升能力。这种教育理念突破了传统教育模式的封闭性，将课堂扩展到社会、家庭和自然环境中，使学生能够在更广阔的领域里获取知识和经验。在评价方式上，新教育理念倡导多元化评价，关注学生知识、技能、情感、态度等多个方面的发展。通过项目式评价、表现性评价等创新评价方式，为学生的全面发展提供了更加精准、全面的评价。而传统教育模式则往往以考试成绩作为唯一评价标准，忽视了学生的综合素质和个性化发展。最后，新教育理念还充分利用现代技术手段，如互联网、多媒体、数字资源等，丰富教学手段和教学资源，提高教育质量，促进教育公平。这种教育方式的创新，不仅使教学更加生动、有趣，还为学生提供了更多元化的学习机会和资源。

新教育理念与传统教育在多个方面存在显著区别。新教育理念以学生为中心，注重能力培养、个性化学习、开放式教育和多元化评价，充分利用现代技术手段，旨在培养适应未来社会需求的高素质人才。这种教育理念不仅推动了教育的进步，还为学生的全面发展创造了更加美好的未来。

4. 新教育实践案例分析

4.1 国内外新教育实践概览

随着全球教育理念的不断发展与变革，新教育实践在全球范围内呈现出多元化的趋势。这些实践不仅注重知识的传授，更强调对学生综合素质的培养和促进其个性化发展。以下是国内外新教育实践的一些概览。在国内，新教育实践在近年来取得了显著进展。例如，江苏省泰州市姜堰区实验小学秉持"以人为本"的教育理念，实施"五育并举"的教育方针，通过丰富多彩的校园活动，如科技节、体育节、艺术节等，激发学生的学习兴趣，培养学生的创新精神和实践能力。这种教育模式不仅注重学生的全面发展，还强调德育为先，致力于提升学生的综合素质。中关村第一小学则以"全面发展，个性成长"为办学理念，注重培养学生的创新精神和实践能力。学校实施"探究式学习"教学模式，鼓励学生自主探究、合作学习，从而培养学生的自主学习能力。这种以学生为主体的教学方式，打破了传统以教师为主导的教学模式，更加注重学生的自主学习和合作学习。

在国外，新教育实践同样呈现出鲜明的特点。美国纽约市公立小学以"个性化教育"为特色，注重学生的个性发展和多元文化教育。学校采用"分层教学"模式，根据学生的能力和兴趣进行分组教学，满足不同学生的学习需求。这种教育模式不仅关注学生的个体差异，还致力于培养学生的多元文化素养。

芬兰赫尔辛基小学则以"终身学习"为教育目标，注重培养学生的自主学习能力和创新精神。学校采用"现象教学法"，引导学生通过观察、实验、探究等方式，自主发现和解决问题。这种教学方法不仅培养了学生的自主学习能力，还激发了他们的创新思维和解决问题的能力。通过对国内外新教育实践的比较分析，可以看出国内外教育在理念、方法和课程设置等方面存在一定的差异。国内教育更加注重学生的全面发展，强调德育为先，而国外教育则更加注重学生的个性发展和多元文化教育。在教学方式上，国内教育以教师为主导，注重知识的传授和技能的训练，而国外教育则以学生为主体，注重学生的自主学习、合作学习和探究学习。在课程设置上，国内教育以学科课程为主，注重知识的系统性和完整性，而国外教育则以综合课程为主，注重培养学生的跨学科能力和实践能力。

国内外新教育实践为我们提供了宝贵的经验和启示。在今后的小学教育改革中，我们应充分借鉴国内外优秀教育成果，结合我国国情，探索出一条具有中国特色的小学教育发展之路。这要求我们不仅要重视学生的个性发展和多元文化教育，培养学生的创新精神和实践能力，还要改革教学方式，注重学生的自主学习、合作学习和探究学习，同时优化课程设置，注重培养学生的跨学科能力和实践能力。

4.2 典型新教育实践案例介绍

在新教育理念的推动下，许多学校和教育机构纷纷尝试创新教学模式，以提升学生的综合素质和创新能力。以下是几个典型的新教育实践案例。

案例一：项目式学习在小学科学课程中的应用

在一所小学里，科学课程采用了项目式学习的方法。教师提出了一个实际问题："如何改善学校花园的生态环境？"学生们组成小组，通过实地观察、查阅资料和实验研究来寻找解决方案。在这个过程中，学生不仅学到了植物生长、生态平衡等科学知识，还培养了团队合作、解决问题和沟通表达能力。他们学会了制订计划、分工合作、收集和分析数据，并将研究结果以报告和展示的形式呈现出来。这种项目式学习的方式让学生产生了对科学的浓厚兴趣，使他们认识到科学是解决实际问题的有力工具。

案例二：在线教育平台的个性化学习

随着互联网技术的发展，在线教育平台应运而生。一个成功的在线教育平台汇聚了来自全国各地的优秀教师资源，为学生提供了丰富多样的课程选择。该平台采用了智能化的学习管理系统，能够根据学生的学习情况和特点，为其提供个性化的学习方案。例如，如果学生对某个数学知识点掌握得不够牢固，系统会推送相关的练习题和讲解视频，帮助学生加强巩固。此外，平台还为学生和教师提供了互动交流的空间，学生可以在学习过程中随时向教师提问，教师也能够及时给予反馈和指导。这种打破时空限制的教育模式，为更多学生提供了优质的教育资源，促进了教育公平的实现。

案例三：游戏化元素在中学数学教学中的融入

在一所中学里，数学教师尝试将游戏元素融入教学中。他开发了一款以数学知识为背景的游戏，让学生在游戏中完成各种数学任务和挑战。比如，在游戏中，学生需要通过计算角度和距离来控制角色的移动，或者通过解决数学谜题来获取游戏道具。这种游戏化的教学方式极大地激发了学生的学习兴趣，原本对数学感到畏惧的学生也变得积极主动起来。教师还根据学生在游戏中的表现，及时调整教学内容和方法，实现了个性化教学。

案例四：跨学科融合教学实践

在另一所学校，开展了跨学科融合的教学实践。以"城市规划"为主题，将地理、历史、数学、艺术等多个学科的知识融合在一起。学生们在地理课上了解城市的地理位置和自然环境，在历史课上研究城市的发展变迁，在数学课上计算城市的人口密度和资源分配，在艺术课上设计城市的景观和建筑。通过这种跨学科的学习方式，使学生们能够从多个角度认识和理解一个问题，培养了综合分析和解决问题的能力。同时，也让他们明白了不同学科之间的相互联系，打破了学科之间的壁垒。

这些典型的新教育实践案例展示了教育领域的无限可能，为更多教育工作者提供了宝贵的启示。

二、新教育对学生的影响

1. 新教育对学生学习方式的影响

在探讨新教育的启示时，其对学生学习方式的深远影响无疑是一个核心议题。新教育理念的兴起，不仅是对传统教育模式的革新，更是对学生主体地位和学习主动性的高度重视。这一变革，从根本上重塑了学生的学习路径，促进了更加多元化、自主化和创新化的学习方式的形成。首先，新教育强调以学生为中心的教学模式，鼓励学生从被动接受知识转变为主动探索知识。在传统教育体系中，学生往往扮演着知识容器的角色，而新教育则倡导通过项目式学习、探究式学习等方法，激发学生的学习兴趣和好奇心，使他们能够在解决问题的过程中主动构建知识体系。这种转变不仅提高了学生的学习动力，还培养了他们的批判性思维和解决问题的能力。其次，新教育注重信息技术的融合应用，为学生的学习方式带来了革命性的变化。随着互联网的普及和智能设备的广泛使用，学生可以通过在线课程、虚拟实验室、教育 App 等多种渠道获取学习资源，实现了学习的时空自由。这种数字化学习方式不仅拓宽了知识获取的渠道，还增强了学习的互动性和趣味性，使学习变得更加高效和个性化。再次，新教育鼓励学生进行跨学科学习，打破传统学科界限，促进知识的整合与创新。学生通过跨学科项目、主题式学习等方式，能够在解决真实世界问题的过程中，综合运用多学科知识，培养跨学科思维和创新能力。这种学习方式不仅提升了学生的综合素养，还为他们未来的职业生涯和社会参与打下了坚实的基础。最后，新教育还强调团队合作与社交技能的培养。在小组合作、团队项目等学习活动中，学生需要学会沟通、协商、协作，这些经历对于他们的社会适应能力和领导力发展至关重要。通过参与团队学习，学生不仅能够提升个人的学习效率，还能在相互学习中取长补短，共同成长。

新教育对学生学习方式的影响是全面而深远的。它不仅改变了学生的学习态度和行为习惯，还为他们提供了更加丰富、多元、个性化的学习路径。在新教育理念的引领下，学生正逐步成长为具有自主学习能力、创新思维能力和良好社交技能的未来公民。这一过程不仅是对学生个体成长的促进，更是对教育本质的深刻反思和重新定位。

2. 新教育对学生思维能力的影响

在新教育的浪潮中，学生思维能力的发展成为一个备受瞩目的焦点。新教育不仅强调知识的传授，更注重培养学生的综合素质，尤其是思维能力，这为学生未来的学习和生活奠定了坚实的基础。新教育通过引入多元化的教学方法，极大地丰富了学生的思维训练途径。传统教育往往侧重于"填鸭式"的知识灌输，而新教育则鼓励学生主动探索、合作学习。例如，项目式学习和探究式学习等方法，让学生在解决问题的过程中，学会独立思考、批判性分析和创造性表达。这些活动不仅激发了学生的好奇心和求知欲，还促使他们从不同角度审视问题，培养了其发散思维和聚合思维的能力。新教育强调跨学科整合，进一步拓宽了学生的思维视野。在传统教育体系中，各学科往往孤立存在，难以形成知识的有机联系。而新教育通过主题式学习、跨学科项目等方式，让学生将不同学科的知识融会贯通，形成更为全面和系统的认知框架。这种整合不仅加深了学生对知识的理解，还促进了他们跨领域思考和创新能力的发展，为解决复杂问题提供了新思路。

此外，新教育注重培养学生的信息素养和数字思维能力。随着信息技术的飞速发展，信息处理和数据分析成为现代人才不可或缺的技能。新教育通过开设信息技术课程、编程教育等，引导学生掌握信息检索、筛选、分析和应用的能力，同时培养他们利用数字工具进行创造和创新的能力。这不仅提高了学生的学习效率，还为他们适应未来社会的信息化需求打下了坚实的基础。

新教育还鼓励学生参与社会实践和志愿服务，通过亲身体验增强他们的社会责任感和公民意识。这些活动促使学生从更广阔的视角思考问题，关注社会现实，学会在复杂的社会环境中做出合理判断。这种经历不仅丰富了学生的情感世界，还锻炼了他们解决实际问题的能力，使他们的思维更加成熟和全面。

新教育对学生思维能力的影响是深远而全面的。它不仅提升了学生的逻辑思维、创新思维和批判性思维能力，还拓宽了他们的知识视野，增强了他们的信息素养和社会责任感。在新教育的引领下，学生们正逐步成长为具有独立思考能力、创新精神和社会责任感的未来公民，为社会的进步和发展贡献着自己的力量。

3. 新教育对学生情感态度的影响

在新教育的广阔图景中，学生情感态度的转变无疑是最为细腻且深远的篇章之一。新教育不仅着眼于知识技能的传授，更重视个体情感世界的培育与塑造，其对学生情感态度的影响，体现在以下几个方面。

3.1 增强自我认知与自信心

新教育倡导以学生为中心的教学理念，鼓励学生主动参与、积极探索，这一过程极大地促进了学生的自我认知。通过项目式学习、合作学习等多种教学模式，学生有机会展示自己的特长，认识到自己的价值，从而逐步建立起坚实的自信心。这种自信不仅局限于学业成就，更体现在面对挑战时的勇气与坚持，为学生未来的个人成长和社会适应奠定了坚实的基础。

3.2 培养积极情绪与乐观态度

新教育环境下，课堂氛围更加开放包容，教师不再是单纯的知识传递者，而是学生情感的支持者和引导者。通过情绪管理教育、正面激励等方法，学生学会了识别并调节自己的情绪，培养了积极应对生活挑战的心态。面对困难时，他们更倾向于寻找解决问题的方法而非逃避，这种乐观向上的态度成为他们人生旅途中的宝贵财富。

3.3 促进社交技能与同理心的发展

新教育强调团队合作与社会实践，为学生提供了大量与人交往的机会。在共同完成任务的过程中，学生学会了倾听、尊重他人意见，以及如何在团队中发挥个人作用，这些经历促进了他们社交技能的提升。同时，通过参与社区服务、角色扮演等活动，学生能够更好地理解他人的情感与需求，培养出深刻的同理心，这对于构建和谐社会至关重要。

3.4 激发探索精神与创新意识

新教育鼓励学生保持好奇心，勇于探索未知领域。通过跨学科学习、科技创新项目等，学生的想象力与创造力被充分激发，他们开始享受探索的乐趣，不再满足于现成的答案，而是勇于提出新问题，尝试新方法。这种探索精神与创新意识，不仅是个人成长的动力，也是推动社会进步的重要力量。

新教育通过多维度、全方位的教育实践，深刻地影响着学生的情感态度。它不仅帮助学生建立了健康的自我认知与自信心，还培养了积极情绪、乐观态度、良好的社交技能与同理心，以及宝贵的探索精神与创新意识。这些情感态度的积极变化，为学生成为具有社会责任感、能够适应未来社会挑战的全面发展人才奠定了坚实的基础。

三、新教育对教师的挑战与其所带来的机遇

1. 新教育下教师角色的转变

在新教育的浪潮中，教师作为教育体系的核心要素，其角色定位正经历着前所未有的深刻转变。这一转变不仅是对传统教育模式的超越，更是对新时代教育需求的积极响应。

从知识灌输到学习引导。传统教育中，教师往往扮演着知识权威的角色，通过讲授的方式向学生灌输知识。然而，在新教育理念下，教师的角色转变为学习的引导者，致力于激发学生的学习兴趣，培养其自主学习能力。这意味着教师需要设计开放性问题，鼓励学生主动探究，通过项目式学习、合作学习等多种方式，让学生在实践中掌握知识，形成批判性思维和解决问题的能力。

从单一教学到多元发展。新教育强调学生的全面发展，包括认知能力、情感态度、社交技能等方面。因此，教师的角色也从单一的教学者扩展为促进学生全面成长的导师。教师需要关注每位学生的个性化需求，通过差异化教学策略，帮助学生发现自我潜能，发展特长。同时，教师还须具备良好的心理辅导能力，成为学生心理健康的支持者和守护者。

从信息提供者到资源整合者。在信息爆炸的时代，教师不再是唯一的信息来源。相反，他们成为信息海洋中的导航者，负责筛选、整合优质教育资源，为学生提供丰富多样的学习材料和学习路径。这要求教师具备强大的信息筛选能力和技术运用能力，能够利用互联网、数字图书馆等资源，构建线上线下相结合的学习环境，促进学生学习方式的多样化。

从评价者到反馈促进者。传统教育评价体系侧重于对学生学习成果的终结性评价，而新教育则倡导形成性评价，强调过程与结果并重。在这一转变中，教师的角色从单纯的评价者转变为反馈促进者，通过持续观察、记录和分析，为学生提供及时、具体、建设性的反馈，帮助他们认识自己的学习状况，调整学习策略，实现自我提升。

新教育对教师角色的转变提出了更高要求，要求教师不仅是知识的传播者，更是学生成长道路上的伙伴和引路人。这一转变不仅是对教师个人能力的挑战，更是推动教育现代化、促进学生全面发展的重要机遇。教师应积极拥抱变革，不断提升自我，以适应新时代教育的需求。

2. 教师面对新教育的挑战

在新教育理念的浪潮下，教师们正面临着前所未有的挑战，这些挑战不仅源自教育内容与方法的革新，更涉及教育观念的深刻转变。新教育强调学生主体地位、个性化学习、跨学科融合，以及信息技术与教育的深度融合，这对传统教育模式下的教师角色提出了全新的要求。

2.1 教育理念的重塑

传统教育中，教师往往是知识的传递者，学生被动接受知识。而新教育要求教师转变为学习的引导者和促进者，鼓励学生主动探索、合作学习。这一转变要求教师摒弃"填鸭式"教学，学会设计以学生为中心的教学活动，激发学生的学习兴趣和创造力。理念的更新是教师面临的首要挑战，它要求教师不断反思自己的教学实践，勇于尝试新的教育理念和模式。

2.2 专业技能的提升

随着信息技术的飞速发展，新教育要求教师掌握现代教学技术，如多媒体教学、在线学习平台的使用、大数据分析等，以优化教学效果。同时，新教育注重跨学科整合，要求教师具备跨学科的知识结构和教学能力，能够设计综合性的学习任务，促进学生全面发展。这要求教师不断学习新知识、新技能，以适应教育技术的快速发展和课程内容的不断更新。

2.3 个性化教学的实施

新教育倡导因材施教，关注每个学生的个体差异，要求教师能够识别并满足学生的不同学习需求。这要求教师具备较强的观察、分析和评估能力，能够根据学生的兴趣、能力和学习风格制订个性化的教学计划。然而，在实践中，如何在大班额条件下实现有效的个性化教学，是许多教师面临的难题。

2.4 情感与心理的关怀

新教育强调师生关系的和谐，要求教师不仅是知识的传授者，更是学生情感的倾听者和心理的支持者。在学业压力和社会竞争加剧的背景下，教师需要更加关注学生的心理健康，提供必要的心理辅导和支持。这对教师的心理学素养和情感管理能力提出了更高要求。

新教育对教师而言，既是一场深刻的变革，也是一次自我成长和提升的契机。面对挑战，教师需要保持开放的心态，积极学习、勇于实践，不断提升自身的专业素养和教育教学能力，以适应新时代教育发展的需要。同时，教育管理部门和学校也应为教师专业发展提供支持，共同推动新教育的深入实施。

3. 新教育为教师带来的发展机遇

新教育对教师提出挑战之余，我们亦不可忽视其为教育领域，尤其是教师队伍所带来的前所未有的发展机遇。新教育理念的兴起，不仅重塑了教育的面貌，更为教师的职业发展开辟了广阔的新天地，促使教师在教学实践中不断自我超越，实现个人价值与社会贡献的双重飞跃。

3.1 专业技能深度与广度的拓展

新教育强调跨学科融合与创新思维，要求教师不再局限于传统学科框架内，而是鼓励其跨领域学习，将艺术、科技、人文等多元素融入教学之中。

这一变革促使教师不断提升自身的专业知识与技能，通过参加专业培训、工作坊和在线课程等方式，拓宽视野，深化理解，从而在课堂上创造出更加丰富多元的学习体验。这种持续的学习过程，不仅增强了教师的专业素养，也为他们提供了在专业领域内深耕细作、成为领域内专家的机会。

3.2 教育技术与数字素养的提升

随着信息技术的飞速发展，新教育积极拥抱数字化工具与平台，如智能教学系统、在线协作平台等，以实现教育的个性化和高效化。这一趋势要求教师掌握现代教育技术手段，提升数字素养，有效利用技术资源优化教学设计，增强师生互动，提高教学效率。通过技术赋能，教师能够探索更多元化的教学方法，如翻转课堂、项目式学习等，这些新型教学模式不仅激发了学生的学习兴趣，也为教师提供了展示创新思维和实践能力的舞台。

3.3 领导力与团队协作的强化

新教育鼓励教师成为教育改革的积极参与者和领导者，无论是学校内部的课程开发、团队建设，还是参与社区教育项目，都为教师提供了展现领导才能的机会。同时，新教育倡导团队合作，鼓励教师之间跨年级、跨学科的合作与交流，共同解决教学难题，分享成功经验。这种合作模式不仅促进了教师间的相互学习与支持，也提升了教师的团队协作能力和领导力，为他们在教育领域内的长远发展奠定了坚实的基础。

新教育为教师带来的发展机遇是多维度、全方位的。它不仅推动了教师专业能力的持续升级，还促进了其教育技术与数字素养的提升，以及领导力与团队协作能力的强化。面对这些机遇，教师应当积极拥抱变化，勇于探索实践，将个人成长与教育创新紧密结合，共同推动教育事业的蓬勃发展。

四、新教育的实施策略与建议

1. 新教育实施的前提条件

新教育作为教育改革的新篇章，旨在通过创新的教育理念与实践，培养适应未来社会需求的全面发展人才。然而，任何改革的推进都非一蹴而就的，新教育的实施同样需要将一系列前提条件作为基石，以确保其顺利落地并持续发挥效能。

1.1 政策支持与法律框架

政策是新教育实施的导向与保障。政府须出台相关政策，明确新教育的目标、内容及实施路径，为新教育提供法律支撑和政策引导。这包括制定教育发展规划，将新教育纳入国家教育体系，以及通过立法形式确保教育公平与质量提升。同时，建立灵活的教育监管机制，鼓励地方和学校根据实际情况创新实践，为新教育探索留出空间。

1.2 教育资源保障

教育资源是新教育实施的物质基础，包括资金投入、教学设施、信息技术支持等。政府和社会各界应加大对教育的投资，特别是向农村和边远地区倾斜，缩小教育资源的地域差异。建设现代化教学设施，如智能教室、数字图书馆等，提升教学信息化水平。此外，还需重视教育内容的更新与丰富，确保学生能够接触最前沿的知识与技能。

1.3 师资队伍建设

教师是新教育实施的关键。建立一支高素质、专业化的教师队伍，是实现新教育目标的核心。这要求加强教师培训，提升教师的教育理念、教学技能及其信息技术应用能力，鼓励教师参与教育研究与实践创新。同时，优化教师评价机制，不仅关注学生的学业成绩，更重视教师的教育教学改革成果，激发教师的职业热情与创造力。

1.4 社会文化环境

良好的社会文化环境是新教育成功实施的土壤。全社会应形成尊重知识、崇尚创新的文化氛围，鼓励家长、社区及社会各界参与和支持教育改革。通过媒体宣传、公益活动等形式，普及新教育理念，增强公众对新教育的认知与认同。同时，倡导开放包容的教育观念，尊重学生的个性差异，营造有利于学生全面发展的成长环境。

新教育的实施是一个系统工程，需要政府、学校、家庭及社会各界的共同努力。只有在政策支持、资源保障、师资建设及社会文化环境等多方面的协同作用下，新教育才能真正落地生根，绽放出璀璨的光彩，为我国乃至全球的教育事业注入新的活力与希望。

2. 新教育实施的关键步骤

在新教育的广阔蓝图中，实施策略不仅是理论转向实践的桥梁，更是推动教育改革深化、促进学生全面发展的关键。

2.1 明确教育目标，构建愿景共识

新教育实施的首要步骤是明确教育目标，包括对学生核心素养的培养、创新能力的激发以及终身学习能力的培养等。学校需组织教师、家长乃至学生共同参与，通过研讨会、问卷调查等形式，形成对教育愿景的共识。这一步骤的关键在于确保所有参与者都能深刻理解新教育的核心价值，为后续行动奠定坚实的思想基础。

2.2 优化课程体系，融合创新元素

课程体系是实施新教育的核心载体。学校应根据教育目标，对现有课程进行优化升级，融入 STEM 教育、项目式学习、跨学科整合等创新元素，旨在培养学生的批判性思维、解决问题的能力和团队协作精神。同时，注重开设选修课程，鼓励学生根据个人兴趣和潜能进行选择，实现个性化发展。

2.3 强化师资培训，提升教学能力

教师是新教育实施的关键力量。学校应定期组织教师参加专业发展培训，内容涵盖教育理念更新、教学方法创新、信息技术应用等多个方面。通过建立学习型组织，鼓励教师之间进行教学观摩、案例分享，促进教师间的交流与合作，不断提升教学质量和创新能力。

2.4 实施评价改革，注重过程与结果并重

评价体系的改革是新教育实施的重要一环。应摒弃单一的分数评价，构建多元化评价体系，既关注学生的学习成果，也重视其学习过程中的表现，如学习态度、合作能力、创新思维等。通过自我评价、同伴评价、教师评价等多种方式，全面了解学生的学习状况，为学生提供个性化反馈，促进其全面发展。

2.5 促进家校合作，营造良好教育生态

家校合作是新教育实施不可或缺的一环。学校应建立有效的家校沟通机制，定期举办家长会、开放日等活动，让家长了解学校的教育理念、教学计划及孩子的学习进展。同时，鼓励家长参与学校活动，共同为孩子的成长营造良好的家庭和社会环境。

综上所述，新教育实施的关键步骤涵盖了从目标设定到评价反馈的全过程，每一步都需精心策划、细致执行，以确保新教育理念能够真正落地生根，开花结果。

3. 新教育实施的保障措施

新教育理念的推广与实施，不仅需要前瞻性的规划与创新的策略，更离不开坚实有效的保障措施。这些措施如同新教育的基石，确保其能够在复杂多变的教育环境中稳健前行，真正实现教育质量的飞跃与学生学习体验的优化。

3.1 政策支持与法律保障

政府层面的政策支持是新教育实施的首要保障。制定和完善相关法律法规，明确新教育的地位、目标及实施路径，为教育改革提供坚实的法律基础。同时，通过设立专项基金、实行税收优惠等政策激励，鼓励学校、企业及社会组织积极参与新教育实践，形成全社会支持教育创新的良好氛围。此外，建立灵活的教育管理机制，赋予学校更多的自主权，以便根据自身特色灵活调整教育方案，更好地适应新教育理念的要求。

3.2 强化师资培训与专业发展

教师是新教育实施的关键。加强教师队伍建设，通过系统的在职培训、国际交流、学术研讨等形式，提升教师的教育理念、教学方法及信息技术应用能力。建立教师成长档案，实施个性化职业发展规划，激励教师不断学习新知识，勇于探索和实践新教育模式。同时，构建教师评价体系，不仅关注教学成果，更重视对教育创新能力和学生全面发展的促进，以此引导教师积极投身于新教育的实践之中。

3.3 加大教育资源投入与优化配置

资源是新教育实施的物质基础。政府和社会应加大对教育的财政投入，特别是向农村和边远地区倾斜，缩小教育资源的地域差异。优化教育资源配置，确保信息技术、实验设备、图书资料等现代化教学手段的普及与更新，为学生提供丰富多样的学习资源和环境。同时，探索公私合作模式，鼓励社会资本进入教育领域，拓宽教育资金来源，提高教育资源的使用效率。

3.4 建立健全评估与反馈机制

科学的评估与反馈机制是新教育持续改进的动力。建立多元化评价体系，既评价学生的学习成果，也评价教师的教学效果和课程设计的科学性。采用大数据、云计算等现代信息技术手段，收集、分析教学数据，为教育决策提供精准支持。定期开展教育质量监测，及时发现并解决实施中的问题，形成闭环管理，确保新教育理念的有效落地与持续优化。

通过政策支持、师资培训、资源投入及评估反馈等保障措施的综合施策，可以为新教育的实施构建一个全方位、多层次的支持体系，推动教育事业的持续健康发展，培养出更多具有创新精神和社会责任感的新时代人才。

4. 新教育未来的发展

随着全球经济的快速发展和科技的迅猛进步，新教育的发展趋势正经历深刻的变革。这些变革不仅体现在教育内容、方法和手段上，更体现在教育理念和教育目标的根本性转变上。首先，信息技术在教育中的应用将更加广泛。云计算、大数据、物联网和人工智能等现代信息技术的普及，使得教育业务逐渐智能化、自动化和数字化。这些技术的应用不仅提高了教育的效率，降低了教育的成本，还为学生提供了更加丰富和多样化的学习资源。未来，随着这些技术的不断成熟，它们将在教育领域发挥更加重要的作用，推动教育模式的创新和变革。其次，教育培养目标将转向以能力培养为主。面对未来职业的改变，特别是人工智能和机器人技术的快速发展，许多传统的工作岗位将被取代，新的职业将不断涌现。因此，教育体系必须及时调整人才培养目标，从以知识记忆为主转向以能力培养为主。这包括培养学生的批判性思考能力、创造能力、创新精神和创业精神，以及人机合作的能力。这些能力将成为未来社会所需人才的核心竞争力。再次，混合式学习将成为未来教育的重要形态和发展趋势。混合式学习不仅结合了面对面学习和在线学习的优势，还融合了多种教学设备、教学方法、学习策略和评价方法。这种学习方式能够满足不同学生的学习需求，提高学习效果，降低成本。随着学校互联网普及率的提高和混合式学习实践的深入，这种学习方式将在我国得到更广泛的应用和推广。个性化培养也将成为未来教育的重要趋势。随着社会对人才需求的多样化，学校将更加注重根据学生的特点采取针对性的教育培养方式。这种培养方式不仅符合人才成长的规律，还能够激发学生的潜能，培养具有独特个性和创新能力的人才。未来，学校将更多地采用个性化教学计划、个性化学习资源和个性化评价方式，以满足不同学生的需求。最后，教师的角色和作用也将发生重大变化。在未来教育中，教师将不再是单纯的知识传授者，而是学生学习规划者和引导者。他们将通过为学生提供个性化的学习方案，帮助学生制订学习计划，引导学生正确选择信息、处理信息，并帮助学生解决发展中的疑难问题。这种转变要求教师具备更高的专业素养和更强的创新能力，以适应未来教育的需求。

4.1 个性化与定制化教育的深化

随着大数据、人工智能等技术的日益成熟，新教育将更加注重学生的个性化需求。通过智能分析学生的学习习惯、兴趣偏好及能力水平，教育系统能够提供定制化的学习路径和资源，实现"一人一案"的教学模式。这不仅能够有效提升学习效率，还能激发学生的内在学习动力，促进其全面发展。

4.2 跨学科融合与创新能力培养

面对快速变化的世界，单一学科的知识已难以满足未来社会的需求。新教育将推动跨学科融合，鼓励学生跨越传统学科界限，进行综合性学习和项目式探索。通过解决真实世界的问题，培养学生的创新思维、批判性思维和团队协作能力，为他们成为未来社会的创新者和领导者奠定基础。

4.3 终身学习体系的构建

随着知识更新速度的加快，终身学习已成为个人适应社会发展的必然选择。新教育将致力于构建一个开放、灵活、终身可用的学习体系，包括在线教育平台、社区学习中心、微学位认证等，使学习不再受时间、地点限制，成为伴随人一生的活动。这将促进社会整体的知识水平和创新能力持续提升。

4.4 情感与社会技能的培养

在人工智能日益普及的背景下，人类的情感交流、社会互动能力显得尤为重要。新教育将加强对学生的情感智力、同理心、领导力等社会技能的培养，通过模拟社交场景、团队合作项目等方式，帮助学生学会有效沟通、建立良好人际关系，使其成为具有社会责任感和高尚品德的公民。

4.5 可持续发展教育的普及

面对全球性的环境、经济和社会挑战，可持续发展教育将成为新教育的重要组成部分。通过融入环境科学、经济学、社会学等多领域知识，教育学生理解并实践可持续发展的理念，培养他们成为能够解决复杂问题，推动社会向更加公正、绿色方向发展的力量。

新教育的未来发展方向将是多元化、智能化、个性化的，旨在培养具有全球视野、创新能力、社会责任感和可持续发展意识的未来公民。这一进程需要教育者、政策制定者、科技企业及社会各界的共同努力，塑造一个更加公平、高效且富有活力的教育体系。新教育的发展趋势将更加注重信息技术的应用、能力培养、混合式学习、个性化培养和教师角色的转变。这些趋势将推动教育体系的不断创新和变革，为未来社会培养更多具有创新精神和实践能力的人才。

五、新教育发展面临的问题

1. 教育资源分配不均

新教育理念的推广与实践，需要充足的教育资源作为支撑。然而，当前教育资源在全球及国内范围仍存在显著的不均衡现象。偏远地区和弱势群体往往难以获得高质量的教育资源，包括现代化的教学设施、优秀的师资力量以及丰富的教育素材。这种资源分配的不均，不仅限制了新教育理念的普及深度，也可能加剧教育不公，成为新教育发展的一大障碍。

2. 传统观念的束缚

新教育倡导以学生为中心，注重培养其创新思维、批判性思维及终身学习的能力，这与传统应试教育体系下的"填鸭式"教学形成鲜明对比。转变教育理念和实践，意味着要打破长期以来形成的固有教学模式和家长、社会对教育的传统认知。这一过程中，如何平衡新旧观念的冲突，减少改革阻力，是新教育面临的重要挑战之一。

3. 技术应用的双刃剑

随着信息技术的飞速发展，新教育积极拥抱数字化、智能化工具，以期提升教学效率和学习体验。然而，技术应用的双刃剑效应也不容忽视。一方面，它能为学生提供个性化的学习路径、丰富的学习资源；另一方面，过度依赖技术可能导致学生社交能力下降、注意力分散，甚至加剧教育不平等（如数字鸿沟）。如何有效整合技术，既发挥其积极作用，又规避潜在风险，是新教育必须面对的问题。

4. 评价体系改革难度

新教育的成功实施，离不开与之相匹配的评价体系。传统的以考试成绩为主要标准的评价体系，难以全面反映学生的综合素质和能力发展。构建多元化、发展性的评价体系，虽已达成共识，但在实际操作中，如何确保评价的公正性、有效性和可操作性，以及如何在社会层面形成对新评价体系的广泛认可，都是亟待解决的难题。

新教育在发展前景上虽充满希望，但也面临着教育资源分配不均、传统观念束缚、技术应用双刃剑效应，以及评价体系改革难度大等多重挑战。面对这些挑战，需要政府、学校、家庭及社会各界的共同努力，通过持续创新与协作，为新教育的健康发展铺平道路。

新教育作为一种顺应时代潮流、回应社会需求的教育理念与实践，其深远意义不容忽视。未来，我国教育改革应继续汲取新教育的精髓，结合本国实际，不断创新教育模式，以期培养出更多具备创新精神、社会责任感与全球视野的新时代人才，为实现中华民族伟大复兴的中国梦贡献力量。同时，加强国际教育合作，共同探索适应未来社会需求的教育新路径，也是新时代赋予我们的重要使命。

新教育的启示不仅在于对当前教育实践的反思与改进，更在于对未来教育发展的前瞻与引领。通过跨学科整合、个性化教学、社区与家庭参与，以及教育公平与质量的双重提升等方向的深入研究与实践，我们有理由相信，新教育将为人类社会培养出更多具有创新精神、实践能力和社会责任感的人才，共同推动教育的持续进步和社会的繁荣发展。

第四节　班主任育人工作体系

在当今社会快速发展的背景下，教育作为国之大计、党之大计，其重要性日益凸显。班主任作为学校教育的基层管理者和学生成长道路上的重要引路人，其育人工作的质量直接关系到学生的全面发展、个性成长，以及社会的和谐稳定。因此，构建和完善班主任育人工作体系，不仅是提升教育质量的关键一环，也是适应新时代教育需求、培养德智体美劳全面发展的社会主义建设者和接班人的必然要求。

近年来，随着教育改革的不断深化，素质教育理念逐渐深入人心，同时对学生的全面发展提出了更高要求。这要求班主任不仅要关注学生的学业成绩，更要重视学生的心理健康、道德品质、创新能力及培养其社会实践能力。然而，在实际教育工作中，部分班主任仍面临教育理念滞后、工作方法单一、家校合作不畅等问题，导致育人效果不尽如人意。同时，信息化时代的到来，使学生获取信息的渠道更加多元，思想更加活跃，也给班主任的育人工作带来了新的挑战。如何在复杂多变的教育环境中，准确把握学生需求，创新育人模式，成为当前班主任育人工作亟待解决的问题。

一、班主任育人工作的理论基础

1. 育人理念的内涵与发展

班主任作为学校教育工作的中坚力量，其育人理念在学生的成长与发展中发挥着至关重要的作用。育人理念不仅是班主任开展育人工作的核心指导思想，更是其教育行为的基础和依据。

育人理念的核心内涵在于"育人为本"。这一理念强调教育不仅仅是知识的传授，更是一种生命对生命的影响，一种灵魂对灵魂的触动。它致力于为学生创造一个充满挑战和机遇的学习环境，通过全方位的教育引导，支持和促进每个学生的全面发展。在班主任的工作中，育人理念体现为以德育为基础，注重培养学生的道德观念和价值观。班主任通过引导、激励和榜样示范，能够对学生进行全面的德育培养，帮助他们树立正确的人生观，养成良好的品德。

随着时代的发展，育人理念也在不断地丰富和发展。传统的教育理念往往侧重于知识的传授和应试技能的培养，而现代育人理念则更加注重学生的全面发展。这包括学生的身心健康、道德品质、知识技能及创新能力等多方面素养的提升。班主任在育人工作中，需要关注学生的个体差异和多元需求，通过个性化的教育方式和多样化的教育手段，激发学生的学习兴趣和潜能。同时，班主任还需要注重对学生的情感教育和道德培养，引导他们形成正确的世界观、人生观和价值观，成为有理想、有道德、有文化、有纪律的社会主义建设者和接班人。

在育人理念的发展过程中，班主任的角色也在不断地转变。传统的班主任往往扮演着"管理者"的角色，侧重于维护班级的纪律和秩序。而现代育人理念下的班主任则更多地扮演着"引导者"和"支持者"的角色。他们不仅关注学生的学业状况，还关心学生的日常生活和情感需求，通过与学生建立深厚的情感联系，为他们提供个性化的关怀和支持。这种角色转变不仅提高了班主任的职业素养和教育教学能力，也促进了师生之间的良性互动和共同成长。

此外，育人理念的发展还体现在对家校合作的重视上。班主任需要与家长保持密切联系，共同关注学生的成长。通过家长会、家长工作坊等方式，班主任可以与家长分享学生在校的表现，共同探讨学生的成长问题，建立起良好的家校互动平台。这种合作不仅有助于形成教育合力，还能够为学生的全面发展提供更加广阔的空间和资源。

育人理念是班主任育人工作的理论基础和核心指导思想。它强调"育人为本"，关注学生的全面发展，要求班主任在育人工作中注重学生的个体差异和多元化需求，通过个性化的教育方式和多样化的教育手段，激发学生的学习兴趣和潜能。同时，育人理念的发展也推动了班主任角色的转变和对家校合作的重视，为学生的健康成长和全面发展提供了有力的保障。

2. 班主任角色的定位与特点

在班主任育人工作体系中，班主任的角色定位与特点是构建高效育人机制的关键所在。班主任不仅是班级的管理者，更是学生心灵的引路人、成长的伙伴，以及家校沟通的桥梁，其角色定位多元且复杂，具有鲜明的特点。

2.1 班级管理的核心组织者

班主任首先是一个组织者，负责班级日常运作的规划与执行。这包括制定班级规章制度、安排班级活动、协调各任课教师的教学进度等。在这一过程中，班主任须展现出高度的责任心与组织能力，确保班级秩序井然，为学生的学习和生活创造一个良好的环境。同时，班主任还须具备灵活应变的能力，面对班级中出现的突发情况，能够迅速做出决策，有效解决问题。

2.2 学生心灵的导师与引路人

相较于其他教师，班主任更侧重于学生的全面发展，尤其是心理健康与品德教育。班主任需深入了解每位学生的性格、兴趣、家庭背景等，成为学生信赖的朋友和倾诉的对象。在学生的成长过程中，班主任扮演着心理咨询师的角色，帮助学生解决成长烦恼，树立正确的价值观、人生观。此外，班主任还需通过言传身教，引导学生形成良好的道德品质和积极向上的生活态度。

2.3 家校合作的桥梁与纽带

家校合作是现代教育的重要组成部分，班主任在此过程中扮演着桥梁与纽带的角色。班主任须主动与家长建立联系，定期沟通学生在校表现及家庭情况，共同探讨学生的教育策略。通过家长会、家访、电话访谈等多种形式，班主任能够增进家校之间的理解与信任，形成教育合力，为学生的健康成长提供全方位的支持。

2.4 持续学习与自我提升的践行者

面对不断变化的教育环境和学生需求，班主任还是一个持续学习与自我提升的践行者。这要求班主任不断学习新的教育理念、教学方法和心理学知识，以提升自己的专业素养和教育艺术。同时，班主任还须反思自己的工作实践，勇于接受批评与建议，不断调整和优化育人策略，以适应时代发展的需要。

班主任在育人工作体系中扮演着多重角色，既是班级管理的核心组织者，又是学生心灵的导师与引路人，家校合作的桥梁与纽带，以及持续学习与自我提升的践行者。这些角色定位与特点共同构成了班主任育人工作的丰富内涵，为培养德智体美劳全面发展的社会主义建设者和接班人奠定了坚实的基础。

3. 班主任育人工作的基本原则

在构建班主任育人工作体系的过程中，明确并遵循一系列基本原则，是确保教育实践活动科学、有效、人性化的关键。这些原则指导着班主任的日常行为与教育策略，是其专业成长与价值实现的基石。以下是班主任育人工作应遵循的几大基本原则。

3.1 全面发展原则

班主任应秉持促进学生全面发展的教育理念，关注学生的德、智、体、美、劳等多方面发展。这意味着在教育过程中，不仅要重视知识的传授与技能的培养，更要注重学生的道德品质、心理健康、身体素质、审美情趣及社会实践能力的全面提升。通过组织多样化的教育活动，激发学生的兴趣与潜能，帮助他们成长为具有社会责任感、创新精神和实践能力的复合型人才。

3.2 因材施教原则

每个学生都是独一无二的个体，拥有不同的兴趣、能力和发展需求。班主任须深入了解每位学生的特点，实施个性化教育，即因材施教。这要求班主任具备敏锐的观察力和良好的沟通技巧，能够识别学生的优势与短板，设计适合其特点的学习计划和成长路径。通过差异化教学、个别辅导等方式，促进每位学生的最佳发展。

3.3 情感关怀原则

情感是连接师生心灵的桥梁。班主任应给予学生充分的情感关怀，建立基于信任、尊重与理解的师生关系。通过倾听学生的心声、关注他们的情感变化，及时给予鼓励、支持与引导，帮助学生建立积极的自我认知，增强自信心和抗压能力。情感关怀不仅能够促进学生的心理健康，还能激发其学习动力，形成良好的班级氛围。

3.4 家校合作原则

家庭是教育的第一课堂，家校合作是提升育人效果的重要途径。班主任应主动与家长建立密切联系，共同参与学生的成长教育。通过定期家访、召开家长会、搭建家校沟通平台等方式，分享学生在校表现，了解家庭背景，共同探讨教育策略，形成教育合力。家校合作有助于形成一致的教育理念，为学生提供更加和谐、全面的成长环境。

3.5 持续学习与反思原则

时代在发展，教育理念与方法也在不断更新。班主任应树立终身学习的理念，不断吸收新知识、新技能，提升专业素养。同时，反思是成长的关键，班主任应定期回顾自己的工作实践，总结经验教训，不断调整优化教育策略，以适应学生发展的需要，实现自我超越。

班主任育人工作的基本原则是指导其教育实践的根本遵循，它们相互关联、相互促进，共同构成了班主任育人工作的理论框架与实践指南。

4. 班主任育人工作的实践探索

4.1 班级管理与文化建设

在班主任育人工作的实践探索中，班级管理与文化建设是营造良好教育环境、促进学生全面发展的基石。下面将深入探讨如何通过有效的班级管理和积极的文化建设，为学生营造一个和谐、进取、富有创造力的学习氛围。班级管理是班主任工作的核心内容之一，它直接关系到班级秩序的稳定与学生学习效率的提升。在实践中，班主任应秉持"精细化管理"与"人性化关怀"相结合的原则。精细化管理要求班主任制订明确的班级规章制度，如考勤制度、卫生值日制度、学习小组制度等，确保班级日常运作有序进行。同时，利用现代信息技术手段，如班级微信群、在线作业平台等，提高管理效率，增强家校沟通。然而，仅有制度管理是不够的，班主任还须注重人性化关怀，关注学生的个体差异和情感需求。通过定期的一对一谈心、心理健康教育、建立成长记录袋等方式，深入了解每位学生的性格特点、学习状态及家庭背景，给予个性化的指导和支持。这种精细化管理与人文关怀的结合，有助于建立师生间的信任桥梁，促进学生实现自我管理和自我成长。

班级文化是班级的灵魂，它潜移默化地影响着学生的价值观和行为习惯。班主任应主导班级文化的建设，通过设计班级愿景、制订班训、布置教室环境等方式，营造积极向上的班级氛围。例如，可以组织学生共同讨论并确定班级目标，如"团结、勤奋、创新、超越"，并将这些理念融入班级装饰、日常活动中，使之成为学生共同的精神追求。

此外，班级文化建设还须注重活动的多样性和参与性。定期举办主题班会、读书分享会、文体活动、志愿服务等，不仅丰富了课余生活，还增强了学生的集体荣誉感和团队协作能力。通过这些活动，学生能够在实践中学习合作、分享、责任等社会技能，促进全面发展。

班级管理与文化建设是班主任育人工作中不可或缺的两个方面。通过精细化管理与人性化关怀，构建有序而温馨的班级环境；通过积极向上的文化建设，激发学生的内在潜能，促进其全面发展。班主任应不断探索和实践，使班级成为每一位学生健康成长的乐园。

4.2 学生个体的发展与指导

在班主任育人工作的实践探索中，学生个体的发展与指导是不可或缺的一环。每位学生都是独一无二的个体，他们拥有不同的性格、兴趣、能力和发展潜力。因此，班主任需要深入了解每一位学生的特点，为他们提供个性化的指导和支持，促进其全面发展。

为了确保学生个体发展的有效性，班主任应首先与学生共同制订个性化教育计划。这一计划应基于学生的学业成绩、兴趣爱好、职业规划以及心理发展等多方面因素。通过与学生进行深入的交流和沟通，班主任可以了解学生的真实需求和期望，从而为他们量身定制适合的学习和发展路径。个性化教育计划的制订不仅有助于提升学生的自信心和学习动力，还能使他们在未来的学习和生活中更加明确自己的方向和目标。

4.3 心理健康教育的实施

在个体发展的过程中，学生的心理健康同样至关重要。班主任应关注学生的心理状态，及时发现并解决他们可能遇到的心理问题。通过定期开展心理健康教育活动，如心理健康讲座、心理辅导等，班主任可以帮助学生建立正确的心理认知，提升他们的心理调适能力。同时，班主任还应鼓励学生积极参与体育活动、文艺表演等课外兴趣小组，以丰富他们的课余生活，缓解学习压力，促进身心健康。

4.4 学业与职业规划的指导

针对学生的学业与职业规划，班主任应提供专业的指导和建议。在学业方面，班主任应根据学生的学习情况和兴趣爱好，为他们提供选课建议和学习方法指导，帮助他们提高学习效率，提升学业成绩。在职业规划方面，班主任应引导学生了解不同职业的特点和要求，鼓励他们根据自己的兴趣和能力选择适合自己的职业方向。同时，班主任还可以邀请校友或行业专家来校讲座，为学生提供更多的职业信息和经验分享。

4.5 家校合作的加强

在学生个体发展的过程中，家校合作起着举足轻重的作用。班主任应积极与家长保持联系，定期向家长反馈学生的学习和生活情况，共同探讨学生的发展方向和策略。通过家校合作，班主任可以更加全面地了解学生的家庭背景和教育环境，从而为他们提供更加精准和有效的指导。同时，家长的支持和配合也能使学生在个体发展的过程中感受到更多的关爱和鼓励。

班主任在学生个体发展与指导中扮演着至关重要的角色。通过制订个性化教育计划、实施心理健康教育、提供学业与职业规划指导以及加强家校合作等措施，班主任可以有效地促进学生的全面发展，为他们的未来奠定坚实的基础。

5. 家校合作与社区资源的整合

在班主任育人工作的实践探索中，家校合作与社区资源的整合是一个不可或缺的重要环节。这一策略不仅能够有效提升教育的全面性和针对性，还能促进学生的全面发展，为其营造更加和谐、多元的成长环境。

家校合作是现代教育理念中的重要组成部分。班主任作为家校沟通的桥梁，应主动搭建起家长与学校之间的紧密联系。通过定期的家长会、家访、电话沟通以及家校联系册等多种方式，班主任可以及时向家长反馈学生的在校表现，了解学生在家庭中的情况，共同解决学生在学习和生活中遇到的问题。这种双向沟通机制有助于形成教育合力，确保教育目标的一致性，使学生在家校之间得到连续且一致的教育引导。

同时，班主任还应积极倡导并参与家校共育活动。例如，组织亲子阅读、家庭教育讲座、家校共建项目等，这些活动不仅能增进亲子关系，还能提升家长的教育意识和能力，促进家校教育理念的深度融合。通过这些实践活动，班主任能够引导家长成为教育的积极参与者，而不再是旁观者，从而共同为学生的健康成长贡献力量。

社区资源的整合则是班主任育人工作另一维度的拓展。社区作为学生生活的重要场所，蕴含着丰富的教育资源。班主任应主动与社区建立联系，挖掘和利用社区的文化、体育、科技等资源，为学生开展丰富多彩的课外活动，为社会实践提供平台。比如，组织学生参观社区内的历史遗迹、科技馆、图书馆等，参与社区志愿服务、环保活动等，这些都能有效拓宽学生的视野，增强其社会责任感和实践能力。

此外，班主任还可以邀请社区内的专业人士、志愿者等走进校园，为学生开展专题讲座、技能培训等，这些活动能够为学生提供更多元的学习体验，激发其学习兴趣和潜能。同时，通过组织学生走出校园，参与社区服务和学习，班主任还能在实践中培养学生的团队合作精神、沟通能力和社会责任感，促进其综合素质的全面提升。

家校合作与社区资源的整合是班主任育人工作中不可或缺的一环。通过构建家校共育的桥梁，充分利用社区资源，班主任能够为学生提供更加全面、多元的教育环境，促进其身心健康和全面发展。未来，随着教育理念的不断进步和社会资源的日益丰富，家校合作与社区资源整合的实践探索将不断深化，为培养更多优秀的人才奠定坚实的基础。

二、班主任育人工作的策略与方法

1. 情感教育与心理疏导

在班主任育人工作的广阔天地里，情感教育与心理疏导如同一股温暖的春风，轻轻吹拂学生的心田，滋养着他们成长的每一步。这一节将深入探讨情感教育与心理疏导在班主任工作中的重要性、实施策略及其对学生全面发展的积极影响。

1.1 情感教育：心灵的桥梁

情感教育，简而言之，是教育者通过创设富有情感色彩的教育环境与氛围，以情动人，以情感人，从而达到培养学生良好情感品质、促进其身心和谐发展的目的。班主任作为班级的灵魂人物，应首先成为情感的传递者，通过日常的言行举止，向学生传递爱、尊重与理解。这要求班主任不仅要关注学生的学业成绩，更要细心观察他们的情绪变化，及时给予鼓励与支持，让每位学生都能感受到班级的温暖与归属感。实施情感教育，班主任可以采取主题班会、角色扮演、情感日记等多种形式，鼓励学生表达自己的感受，学会倾听他人，培养同理心。这些活动不仅能够增进师生间的信任与理解，还能有效提升学生的情绪管理能力，为他们建立健康的人际关系奠定坚实基础。

1.2 心理疏导：心灵的灯塔

面对学业压力、人际关系冲突等成长烦恼，学生难免会遇到心理困扰。心理疏导作为班主任育人工作的重要组成部分，旨在通过专业的方法和技术，帮助学生识别、理解并处理这些负面情绪，促进其心理健康发展。班主任应具备一定的心理学基础知识，能够识别学生常见的心理问题，如焦虑、抑郁等，并能适时引导其通过正面渠道寻求帮助，如学校心理咨询室、专业心理咨询师等。同时，班主任还应积极营造开放、包容的班级氛围，鼓励学生勇敢表达自己的困惑与需求，减少心理问题的隐蔽性。此外，开展心理健康教育讲座、小组辅导等活动，也是心理疏导的有效途径。这些活动能够增强学生的自我认知，教会他们有效的应对策略，如时间管理、压力释放技巧等，从而在面对挑战时更加从容不迫。

情感教育与心理疏导是班主任育人工作中不可或缺的两翼，它们相辅相成，共同构筑学生健康成长的坚实屏障。通过细腻的情感关怀与专业的心理疏导，班主任能够成为学生心灵的引路人，引领他们在成长的道路上勇往直前，绽放属于自己的光芒。

2. 德育活动的设计与实施

在班主任育人工作的广阔天地里，德育活动的设计与实施是塑造学生品德、培养社会责任感的关键环节。有效的德育活动不仅能够增强学生的道德认知，还能促进其情感与行为的正向发展，为学生的全面成长奠定坚实基础。

2.1 活动设计的原则

针对性与普遍性相结合：德育活动应针对当前学生普遍存在的道德困惑或社会热点问题，同时兼顾不同学生的个性差异，确保活动既有普遍性又能精准施策。

实践性与体验性并重：通过角色扮演、社会实践、志愿服务等形式，让学生在亲身体验中领悟道德真谛，增强德育的实效性。

教育性与趣味性融合：设计富有创意、形式多样的活动，让学生在轻松愉快的氛围中接受教育，激发其参与热情。

持续性与系统性规划：德育活动不应是零散、随机的，而应形成一套从低到高、循序渐进的体系，确保学生品德培养的连续性。

2.2 内容规划

主题教育：围绕社会主义核心价值观、爱国主义、集体主义等主题，定期举办讲座、研讨会，深化学生理解。

角色扮演与情景模拟：通过模拟法庭、道德剧场等活动，让学生在角色扮演中体会不同社会角色的责任与担当。

社会实践与志愿服务：组织学生参与社区服务、环保行动等，让学生在服务社会中学会感恩、奉献，培养社会责任感。

校园文化活动：利用节日庆典、主题班会等平台，融入德育元素，营造积极向上的校园文化氛围。

2.3 实施策略

家校合作：加强与家长的沟通，鼓励家长参与德育活动的设计与实施，形成家校共育的良好机制。

资源整合：充分利用校内外资源，如邀请社会楷模进校园分享、利用网络平台开展线上德育课程等，拓宽德育渠道。

反馈与评估：建立活动效果反馈机制，通过问卷调查、小组讨论等方式收集学生、教师及家长的意见，及时调整活动方案，确保德育活动的持续优化。

激励机制：设立"德育之星""优秀志愿者"等奖项，表彰在德育活动中表现突出的学生，激发学生的积极性与创造力。

德育活动的设计与实施是一项系统工程，需要班主任以高度的责任心和创新精神，不断探索、实践，以期在学生的心田播撒下真善美的种子，培养出既有知识技能又具备高尚品德的新时代接班人。

3. 学习指导与学业规划

在班主任育人工作体系中，学习指导与学业规划是不可或缺的一环，它不仅关乎学生当前的学习成效，更影响其未来的职业发展和人生轨迹。下面将深入探讨班主任如何通过科学的学习指导与个性化的学业规划，帮助学生养成良好的学习习惯，明确学习目标，从而激发其内在的学习动力，促进其全面发展。

3.1 精准学习诊断，定制个性化指导

班主任首先需进行精准的学习诊断，通过日常观察、作业分析、考试反馈及与学生的一对一交流，全面了解每位学生的学习现状、优势与短板。基于此，制订个性化的学习指导方案，包括但不限于学习方法调整、知识点强化、时间管理技巧等，确保每位学生都能在适合自己的节奏下取得进步。同时，鼓励学生自我反思，培养自我诊断能力，形成自主学习的良性循环。

3.2 学业目标设定，分阶段实施

学业规划应着眼于长远，从学生的兴趣、特长及志向出发，与学生共同设定短期、中期及长期的学习目标。短期目标可具体到每次考试的成绩提升、某一技能的掌握；中期目标涉及学期末的学习成果、参与竞赛或社会实践的收获；长期目标则关联高考志愿、大学专业选择乃至职业规划。通过分阶段实施，逐步引导学生向既定目标迈进，每达成一个小目标都是对自信心和学习动力的正向强化。

3.3 资源整合利用，搭建成长平台

班主任应成为学生学习资源的整合者，不仅限于校内的课程资源，还应积极引入校外优质教育资源，如在线课程、学术讲座、社会实践机会等，为学生提供多元化的学习路径。同时，建立学习互助小组，鼓励学生之间互帮互助，形成积极向上的学习氛围。此外，利用家校合作机制，与家长保持密切沟通，共同关注学生的学习进展，家校合力为学生搭建更加宽广的成长舞台。

3.4 心理健康关注，指导情绪管理

进行学习指导与学业规划的同时不应忽视学生的心理健康。班主任须

具备一定的心理辅导能力，定期开展心理健康教育活动，教授学生有效的情绪管理技巧，帮助他们在面对学习压力时能够自我调节，保持积极乐观的心态。通过设立"心灵驿站"、开展个别谈心活动等方式，及时发现并解决学生的心理问题，为他们的学业之旅保驾护航。

班主任在学习指导与学业规划中的角色至关重要，既要做知识的引路人，也要成为心灵的导师，通过精准诊断、目标设定、资源整合及心理健康关注，全方位促进学生的健康成长与全面发展。

三、班主任育人工作的成效评价

1. 评价标准与指标体系的构建

在班主任育人工作的成效评价中，构建科学、全面、公正的评价标准与指标体系是至关重要的。这不仅有助于客观衡量班主任的工作效果，还能为班主任的工作实践提供指导，推动班级管理和学生发展的全面提升。

评价标准的设计原则：

目标一致性：评价标准应与教育目标相一致，反映班主任工作的核心价值和任务。评价标准的设计应紧扣班主任育人工作的重点，确保评价内容不偏离教育目标。

引导方向性：评价标准应具有明确的导向性，引导班主任朝着正确的方向努力。通过设定评价标准，鼓励班主任关注学生的全面发展，注重德育、智育、体育、美育和劳动技术教育的均衡发展。

客观可行性：评价标准应符合当前学校的实际水平，具有可操作性。评价指标应易于观察和测量，确保评价结果的客观性和准确性。

直接可测性：评价指标应具有明确的测量方法和标准，便于对班主任的工作进行量化评估。通过具体的指标数据，能够直观反映班主任的工作成效。

指标体系的构建：

德育效果：包括思想品德课及格率、学生守则遵守情况、三好学生率、先进表彰情况以及学生的心理健康状况等。这些指标能够反映班主任在德育工作中的实际效果。

智育效果：涵盖学习成绩巩固率、人均成绩提高率、学习成绩差生转化率、成绩优秀人数提高率等。这些指标能够客观反映班主任在智育工作中的贡献。

体育效果：包括体育课及格率、体育达标率，早操、课间操、课外体育锻炼情况以及学生的身体健康状况等。这些指标能够体现班主任在体育工作中的重视程度和实际效果。

美育效果：涉及音乐课、美术课及格率，审美观、情操、审美习惯以及文艺活动表现等。这些指标能够反映班主任在美育工作中的引导和培养作用。

劳动技术教育效果：包括劳动技术课及格率、劳动观点、劳动习惯以及劳动形式丰富性情况等。这些指标能够体现班主任在劳动技术教育中的指导和促进作用。

还可以根据学校的实际情况和班主任工作的特点，设置一些特定的评价指标，如班级获得荣誉称号、班主任获得荣誉称号、班主任工作会议的经验交流等。这些指标能够全面反映班主任在育人工作中的综合表现。

构建科学、全面、公正的评价标准与指标体系，是班主任育人工作成效评价的基础和关键。通过不断完善和优化评价标准与指标体系，能够推动班主任育人工作的持续提升和发展。

2. 评价方法的选择与应用

在班主任育人工作的成效评价中，选择恰当的评价方法并合理应用，是确保评价结果科学、客观、全面的关键。下面将探讨几种主要的评价方法及其在实际工作中的应用策略。

2.1 评价方法的选择

定量评价与定性评价相结合：定量评价通过收集可量化的数据，如学生成绩、行为表现频次等，进行统计分析；而定性评价则侧重于对学生情感态度、价值观等非量化方面的描述性评价。两者结合，能够更全面地反映班主任育人工作的成效。

过程评价与结果评价并重：过程评价关注班主任在教育过程中的行为、策略及其对学生成长的持续影响；结果评价则侧重于教育目标的实现程度。此外，重视过程能确保评价的公正性和发展性；关注结果则能直观体现教育效果。

自我评价与他人评价互补：班主任的自我反思是评价的重要组成部分，有助于自我提升；同时，来自学生、家长、同事及学校管理层的多维度反馈，能提供更全面的视角，提升评价的客观性和准确性。

2.2 评价方法的应用

建立多元化评价体系：根据学校特色和班主任工作的实际情况，设计包含多个维度的评价指标体系，如师德师风、班级管理、学生发展、家校合作等，确保评价的全面性和针对性。

实施动态评价与跟踪：采用成长记录袋、电子档案等方式，记录班主任育人工作的过程与成效，定期进行阶段性评估，及时调整工作策略，形成持续改进的闭环。

强化评价结果的反馈与运用：将评价结果及时反馈给班主任，鼓励其根据反馈进行自我调整和优化。同时，将评价结果作为班主任绩效考核、专业发展培训的重要依据，激励班主任不断提升育人能力。

引入第三方评价机构：在条件允许的情况下，引入专业的第三方评价机构进行独立评价，以增强评价的公信力和专业性，为班主任育人工作提供更加客观、科学的参考。评价方法的选择与应用是班主任育人工作成效评价的核心环节，需结合实际情况，灵活运用多种评价方法，构建全面、动态、多元的评价体系，以科学评价促进班主任育人工作的持续优化与提升。

3. 评价结果的反馈与改进

在班主任育人工作体系中，评价结果的反馈与改进是不可或缺的一环，它直接关系到育人工作的持续优化与提升。

3.1 评价结果反馈的重要性

评价结果反馈是连接评价实践与育人工作改进之间的桥梁。它不仅能够帮助班主任清晰地认识到自身工作的成效与不足，还能够激发班主任的自我反思与成长动力。通过及时、准确的反馈，班主任可以了解学生在道德品质、学业成绩、心理健康等多方面的表现，从而更加精准地定位育人工作的重点与难点，为后续工作提供科学依据。

3.2 具体反馈机制

建立多元化反馈渠道：学校应构建包括学生、家长、教师及上级领导在内的多元化反馈体系，确保评价结果的全面性与客观性。通过问卷调查、座谈会、个别访谈等形式，广泛收集各方意见与建议。

实施定期反馈制度：将评价结果反馈纳入学校常规工作，设定固定的反馈周期，如每学期末或每学年结束时，确保反馈的及时性与连续性。

强化个性化反馈：针对每位班主任的具体工作表现，提供个性化的反馈报告，明确指出优点与待改进之处，并提出具体的改进建议。

3.3 基于反馈的改进措施

制订个性化发展计划：根据评价结果反馈，班主任应结合自身实际情况，制订切实可行的个人发展计划，明确发展目标、路径与时间。

加强专业培训与学习：针对反馈中暴露的知识与技能短板，班主任应积极参加各类专业培训与学习交流活动，不断提升自身的育人能力与水平。

优化育人策略与方法：结合学生特点与时代需求，不断创新育人理念与方法，如引入项目式学习、情感教育等新型教育模式，提高育人的针对性与实效性。

建立持续改进机制：将评价结果反馈与改进视为一个持续循环的过程，定期回顾与评估改进措施的实施效果，及时调整策略，确保育人工作的持续优化与提升。

评价结果的反馈与改进是班主任育人工作体系中的重要组成部分，它要求班主任以开放的心态接受反馈，勇于自我革新，不断追求育人工作的卓越与完美。通过构建科学有效的反馈机制与改进措施，班主任能够更好地履行育人职责，为学生的全面发展贡献力量。

四、班主任育人工作面临的挑战与对策

1. 当代学生特点的变化与挑战

在快速变迁的社会与文化背景下，当代学生群体展现出了前所未有的多元性和复杂性，这些特点不仅深刻地影响着他们的成长轨迹，也为班主任的育人工作带来了前所未有的挑战。

随着互联网技术的飞速发展，当代学生生活在一个信息爆炸的时代。海量信息的涌入，一方面拓宽了他们的知识视野，另一方面也造成了认知负荷过重的问题。学生需要在庞杂的信息中辨别真伪、挖掘价值，这对他们的信息筛选能力、批判性思维提出了更高要求。班主任须引导学生学会有效管理信息，培养健康的信息消费习惯，避免信息过载导致的焦虑与迷茫。

1.1 个性化与差异化需求的凸显

相较于以往，当代学生更加注重个人价值的实现与个性的表达。他们渴望被理解、被尊重，对教育的需求更加多样化、个性化。这要求班主任在日常工作中，不仅要关注学生的学习成绩，更要深入了解每位学生的兴趣、特

长及心理需求，实施差异化教学策略，构建包容的班级文化，促进每位学生的全面发展。

1.2 心理韧性与压力管理的新挑战

面对学业竞争、人际关系、未来规划等多重压力，当代学生的心理健康问题日益凸显。部分学生缺乏有效的情绪调节能力和压力管理技巧，容易出现焦虑、抑郁等心理问题。班主任须加强心理健康教育，建立心理支持系统，通过开设心理健康讲座、开展团体辅导、提供一对一咨询等方式，帮助学生增强心理韧性，学会积极应对生活挑战。

1.3 社交媒体与网络文化的深刻影响

社交媒体已成为当代学生社交生活的重要组成部分，它改变了传统的交流方式，同时也带来了网络欺凌、隐私泄露、过度依赖等问题。班主任须引导学生正确认识并合理使用社交媒体，培养网络素养，增强自我保护意识，营造健康的网络生态环境。

当代学生特点的变化为班主任育人工作带来了多方面的挑战。面对这些挑战，班主任须不断更新教育理念，提升专业素养，采取更加灵活多样的教育策略，以适应学生发展的新需求，促进学生的健康成长与全面发展。同时，加强家校合作，形成教育合力，共同应对时代赋予的新课题。

2. 家校社协同育人的困境与对策

在班主任育人工作体系中，家校社协同育人作为关键环节，对于促进学生全面发展具有不可替代的作用。然而，在实践中，这一模式的推进面临着诸多挑战，同时也孕育着创新与发展的机遇。

2.1 家校社协同育人的困境

沟通机制不畅：家校之间缺乏有效的沟通平台和机制，导致信息传递不畅，家长难以了解学生在校的真实情况，学校也难以获取家庭教育的支持。社区资源的整合与利用更是缺乏系统性的规划。

角色定位模糊：在家校社协同育人的过程中，各方角色定位不明确，容易出现责任推诿的现象。家长可能过度依赖学校，忽视自身教育责任；学校则可能因资源有限，难以深入社区开展合作。

资源分配不均：教育资源在不同地区、不同学校间存在显著差异，家校社协同育人的实施程度也因此参差不齐。优质教育资源向城市集中，农村及偏远地区的学生难以充分享受到家校社合作教育。

观念差异：家长与学校在教育理念上存在差异，部分家长过于注重学业成绩，忽视学生综合素质的培养，这与学校推行的全面发展教育理念相悖，影响了家校合作的深度和广度。

2.2 对策与建议

建立高效沟通机制：利用现代信息技术，如家长微信群、学校官方网站等，搭建家校沟通平台，定期举办家长会、开展家校论坛等活动，增强信息透明度，促进家校之间的理解和信任。

明确角色定位与责任：通过制订家校社协同育人的相关政策与指南，明确各方职责，鼓励家长参与学校教育，同时学校应主动寻求社区支持，共同设计并实施教育项目。

优化资源配置：政府应加大对农村及偏远地区教育的投入，缩小城乡教育资源差距。同时，鼓励社会各界捐赠教育资源，支持家校社合作项目，实现资源的有效整合与共享。

推动教育理念融合：通过举办家庭教育讲座、亲子阅读活动等，引导家长树立正确的教育观念，重视学生的全面发展。学校也应开放课堂，邀请家长参与教学，强化家校教育理念的一致性。

家校社协同育人虽面临挑战，但通过构建高效的沟通机制、明确角色定位、优化资源配置以及推动教育理念融合，可以逐步克服困境，形成强大的教育合力，为学生的健康成长创造更加有利的环境。

3. 班主任专业素养的提升路径

在班主任育人工作体系中，专业素养是支撑其有效开展教育活动的基石。面对日益复杂多变的教育环境和学生个体需求的多样性，班主任专业素养的提升显得尤为重要。

3.1 持续学习与自我反思

首先，班主任应树立终身学习的理念，不断拓宽知识视野，更新教育观念。通过参加专业培训、阅读教育理论书籍、参与学术交流等方式，深入了解教育心理学、班级管理、学生发展等方面的最新研究成果和实践经验。同时，班主任还需进行自我反思，定期审视自己的工作方法和效果，识别存在的不足，勇于改进和创新，实现自我超越。

3.2 实践探索与经验积累

实践是检验真理的唯一标准，也是提升专业素养的有效途径。班主任应积极参与各类教育实践活动，如主题班会、心理健康教育、家校合作等，将理论知识应用于实际工作中，通过实践发现问题、解决问题，不断积累宝贵的实践经验。此外，班主任之间应积极进行案例分享和互助研讨，通过集体智慧促进个人成长，形成良性互动的学习共同体。

3.3 情感投入与人文关怀

班主任的工作不仅仅是传授知识，更重要的是情感的交流与心灵的引导。因此，提升专业素养还需注重情感投入与人文关怀能力的培养。班主任应深入了解每位学生的兴趣、特长、家庭背景及心理状态，以朋友的身份倾听学生的心声，用爱心和耐心关怀每一位学生，帮助他们建立自信，克服困难，促进其全面发展。

3.4 技术融合与创新应用

随着信息技术的发展，现代教育手段日新月异。班主任应紧跟时代步伐，掌握现代信息技术，如利用网络平台进行家校沟通、运用多媒体教学资源丰富课堂内容、通过大数据分析学情等,以提高工作效率和教育质量。同时,鼓励班主任探索符合时代特征的教育管理模式,如项目式学习、合作学习等,激发学生的主动学习意识,培养创新思维和解决问题的能力。

班主任专业素养的提升是一个持续的过程,需要内外因共同作用。通过持续学习、实践探索、情感投入和技术融合等多维度路径,班主任可以不断提升自身的教育理念、管理能力和教育艺术,更好地适应新时代教育发展的要求,为学生的健康成长和全面发展贡献智慧和力量。

五、班主任育人体系未来研究的方向与展望

处于新时期,我们不得不正视教育领域日新月异的变化以及学生个体需求的多元化发展趋势。因此,必须进一步丰富和完善班主任育人工作体系,才能为国家培养更多栋梁之材。班主任育人工作体系不仅包含对学生学业成绩的关注,更涵盖了情感关怀、道德引导、综合素质培养等多个方面。班主任作为连接学校、家庭和社会的桥梁,通过日常的教育管理和个性化的心理辅导,能够有效促进学生的全面发展。未来,随着教育改革的深入和育人理念的不断更新,班主任育人工作体系的研究仍需持续深化,以更好地适应时代发展的需求,培养更多具有社会责任感、创新精神和实践能力的新时代人才。

1. 深化个性化教育策略的研究

随着大数据、人工智能等技术的快速发展,教育领域正逐步迈向智能化、个性化时代。未来研究应更加深入地探索如何利用现代信息技术手段,如学习分析学、智能推荐系统等,为每位学生量身订制成长路径和学习计划,使班主任的育人工作更加精准高效。这要求研究者不仅要关注技术应用的可行性,还要重视其在促进学生全面发展、维护心理健康等方面的实际效果。

2. 强化家校社协同育人的机制研究

班主任作为连接学校、家庭与社会的桥梁,其育人工作的成效很大程

度上依赖于三者之间的有效协同。未来研究需进一步细化家校社合作的模式与机制，探讨如何通过制度建设、资源整合、信息共享等方式，形成教育合力，共同营造良好的育人环境。同时，也要关注不同文化背景下家校社沟通的挑战与策略，以促进教育的公平性与包容性。

3. 拓展心理健康教育的研究领域

心理健康既是学生全面发展的重要组成部分，也是班主任育人工作中的重要一环。未来研究应加大对青少年心理健康问题的关注，不仅限于传统的焦虑、抑郁等障碍，还应包括网络成瘾、自我认同困惑等新兴问题。通过跨学科合作，探索更为有效的心理干预与预防策略，帮助班主任提升心理健康教育的专业能力，为学生的健康成长保驾护航。

4. 推动班主任专业成长与评价体系创新

班主任的专业素养直接关系到育人工作的质量。未来研究应关注班主任职业发展的持续支持体系构建，包括专业培训、职业路径规划、绩效评价等方面。特别是要建立一套科学合理的班主任评价体系，既注重工作成果的量化考核，也强调教育过程中的情感投入与人文关怀，激励班主任不断提升自身素养，实现职业价值。

未来对班主任育人工作体系的研究应紧跟时代步伐，不断探索新技术、新方法的应用，深化家校社协同育人的理论与实践，加强心理健康教育的研究与落实，并推动班主任专业成长与评价体系的创新。通过这些努力，我们期待构建一个更加科学、高效、人性化的班主任育人工作体系，为培养德智体美劳全面发展的社会主义建设者和接班人贡献力量。

第二章

新时期班主任的责任与使命

第一节　班主任角色扮演的要求

在当前教育体系中，班主任作为学生成长道路上的重要引导者，其角色扮演的成效直接影响学生的全面发展。随着社会和教育改革的不断深化，教育领域对班主任的综合素质和专业能力提出了更高要求。然而，现实中不少班主任在角色扮演上仍面临诸多挑战，如教育理念滞后、管理方法单一、心理疏导能力不足等，这些问题严重制约了班主任工作的实效性。

一、班主任角色的基本认知

1. 班主任角色的定义

班主任，作为学校教育中一个至关重要的角色，其定义远远超出了简单的教学管理范畴。班主任不仅是知识的传授者，更是学生品德成长的引领者、班级文化的塑造者以及家校沟通的桥梁。具体而言，班主任角色首先体现为班级的组织者与管理者。他们需要合理规划班级活动，确保教学秩序井然，同时关注每位学生的个性发展与心理健康。其次，班主任是学生情感的倾听者与指导者，需敏锐捕捉学生的情绪变化，提供适时的心理支持与辅导。再次，班主任还是学生价值观的塑造者，通过言传身教，引导学生树立正确的世界观、人生观和价值观。此外，班主任还承担着家校合作的重任，他们需与家长建立紧密的沟通机制，共同关注学生的成长，形成教育合力。在这个过程中，班主任的专业素养、人格魅力以及沟通技巧都发挥着不可替代的作用。班主任角色是一个多维度、综合性的存在，他们既是教育者，也是管理者、引导者和沟通者，其角色定义涵盖了对学生全面发展的全方位关怀与促进。

2. 班主任角色的特点

班主任角色在教育体系中独具特色，其特点主要体现在以下几个方面：首先，班主任是班级的组织者与管理者。他们需要全面规划班级的日常教学与管理活动，确保班级秩序井然、学习氛围浓厚。这一角色要求班主任具备较强的组织能力和管理智慧，以有效应对班级中的各种挑战。其次，班主任是学生成长的引路人。他们不仅要关注学生的学业成绩，更要关心学生的身心健康和全面发展。通过个性化的指导和关怀，帮助学生树立正确的价值观，培养良好的行为习惯，为学生的未来奠定坚实基础。此外，班主任还是家校沟通的桥梁。他们需要与家长保持密切联系，及时反馈学生的学习和生活情况，共同商讨教育策略。这一角色特点要求班主任具备良好的沟通能力和协作精神，以促进家校共育的良好局面。

总之，班主任角色具有鲜明的组织性、引导性和沟通性。这些特点不仅体现了班主任在教育体系中的重要地位，也对其专业素养和综合能力提出了较高要求。因此，班主任应不断提升自我，以更好地履行这一神圣职责。

3. 班主任角色的重要性

在教育体系中，班主任角色具有举足轻重的地位。他们不仅是学生学习生活的直接管理者，更是学生品德形成、学业进步及身心健康的关键引导者。班主任通过日常的班级管理和与学生的密切互动，能够深入了解每位学生的性格特征、学习状况及家庭背景，从而为学生提供个性化的指导和支持。班主任的言行举止对学生产生着深远的影响。他们不仅是知识的传授者，更是学生行为规范的楷模。班主任应以身作则，通过自身的良好品德和行为习惯，潜移默化地影响着学生，帮助学生树立正确的世界观、人生观和价值观。此外，班主任还承担着家校沟通的重要职责。他们作为学校与家庭之间的桥梁，及时传达学校的教育理念和教学要求，同时反馈学生在学校的表现，促进家校合作，共同为学生的全面发展营造良好的环境。因此，班主任角色的重要性不言而喻。他们不仅是学生成长道路上的引路人，更是教育体系中不可或缺的一环。提升班主任的专业素养和综合能力，对于培养德智体美劳全面发展的社会主义建设者和接班人具有重要意义。

二、班主任角色扮演的理论基础

1. 教育学理论对班主任角色的指导

教育学理论在班主任角色扮演中起着重要的指导作用。陶行知的教育思想为现代班主任工作提供了宝贵的理论支持。他提出的"教学做合一"理念，强调了理论与实践相结合，倡导班主任不仅是知识的传授者，更是学生实践的指导者和引领者。这一理论要求班主任在班级管理中，不仅要注重知识的传授，更要关注学生的实际操作能力，通过实践活动培养学生的综合素质。陶行知还强调，教师和学生在人格上是平等的，教育应以学生为本，宽容对待学生。这一观点指导班主任在班级管理中，尊重学生的个性差异，理解学生的需求，以平等、公正的态度对待每一位学生。这种教育理念有助于建立良好的师生关系，促进学生的健康成长。此外，现代教育理念逐渐从知识传授转向学生能力的培养，角色扮演等教学方法被广泛应用于教育实践中。这些方法不仅激发了学生的学习兴趣，还提高了学生的参与度、合作能力和解决问题的能力。班主任在班级活动中，可以借鉴这些教学方法，设计多样化的角色扮演活动，以促进学生的全面发展。综上所述，教育学理论为班主任角色扮演提供了坚实的理论基础，指导班主任在班级管理中注重理论与实践相结合，尊重学生的个性差异，运用多样化的教学方法，促进学生的健康成长和全面发展。

2. 心理学理论在班主任角色扮演中的应用

心理学理论在班主任角色扮演中起着至关重要的作用。首先，心理学为班主任提供了深入了解学生心理特点的工具，使他们能够更准确地把握学生的行为和情绪变化。通过掌握学生的心理特征，班主任可以更有效地进行教育和管理，设计更具个性化的教学内容，激发学生的学习兴趣和动力。其次，心理学在心理辅导方面为班主任提供了宝贵的指导。班主任可以利用心理学技巧，如积极倾听、情绪调节和问题导向等，及时发现并解决学生的心理问题。这些技能有助于建立师生之间的信任和互动，促进学生的心理健康发展。此外，心理学理论还有助于班主任与学生建立良好的师生关系。班主任通过理解学生的情绪变化，及时给予情绪疏导和心理支持，可以增进与学生之间的理解和信任。这种良好的师生关系不仅有利于学生的学习和发展，还能提高班级的凝聚力和教学效果。总之，心理学理论在班主任角色扮演中的应用是多方面的，它为班主任提供了深入了解学生、有效进行心理辅导和建立良好师生关系的工具和方法。班主任应不断提升自己的心理学知识和技能，为学生的全面发展和健康成长提供坚实的保障。通过心理学的指导，班主任可以更加有效地履行自己的职责，为学生的成长成才贡献力量。

3. 管理学理论对班主任工作的启示

管理学理论为班主任工作提供了宝贵的启示。首先，目标设定理论强调明确、具体且可衡量的目标对于激发个体潜能的重要性。班主任应与学生共同设定清晰的学习与成长目标，通过阶段性反馈和调整，激励学生不断进步。其次，领导风格理论指出，有效的领导者能根据情境采用不同的领导方式。班主任需灵活运用指导型、支持型、参与型等领导风格，以满足不同学生的需求，促进班级和谐与凝聚力。再次，团队管理理论强调沟通与协作的力量。班主任应构建开放的沟通渠道，鼓励学生间的正向交流，同时培养团队合作精神，让每个学生都能在集体中找到归属感与价值。最后，激励理论提醒我们，外在奖励与内在动机并重是提升工作和学习效率的关键。班主任应设计多元化的激励机制，既表彰学生的成就，又激发其内在的学习兴趣和自我驱动力。管理学理论为班主任提供了科学的管理框架与实用策略，有助于班主任更有效地扮演教育者、引导者和协调者的角色，促进学生全面发展。

三、新时期班主任角色的转变

在快速变化的新时期教育背景下，班主任作为学生成长道路上的重要引路人，其角色定位不再局限于传统的班级管理者和知识传授者，而是向着更加多元化、专业化、人性化的方向发展。这一转变不仅是对时代需求的积极响应，也是教育现代化进程的必然产物。本节将从教育理念、师生关系、专业技能，以及社会参与四个维度，深入探讨新时期班主任角色的深刻转变。

1. 教育理念的革新：从知识灌输到全面发展

传统教育模式下，班主任往往侧重于知识的传授与考试成绩的提升，而在新时期，随着素质教育理念的深入人心，班主任的角色逐渐转变为促进学生全面发展的推动者。这意味着，班主任不仅要关注学生的学业成绩，更要重视学生的心理健康、道德品质、创新能力、社会实践能力等多方面素质的培养。他们开始设计并实施更加个性化、多元化的教育活动，鼓励学生探索自我、发挥潜能，培养学生的批判性思维、团队合作精神和社会责任感，为学生的终身发展奠定坚实基础。

2. 师生关系的重塑：从权威主导到平等对话

传统的师生关系中，班主任往往扮演着权威者的角色，学生处于被动接受的位置。然而，在新时期，随着教育理念的更新，班主任与学生之间的关系正逐步向平等、尊重、合作的模式转变。班主任开始倾听学生的声音，尊重学生的个性差异，鼓励学生表达自己的观点和想法，通过开放式的班级会议、小组讨论等形式，建立起基于理解和信任的沟通桥梁。这种平等对话的氛围有助于激发学生的主体意识，增强学生的自信心和参与度，促进师生共同成长。

3. 专业技能的提升：从单一管理到复合能力

面对信息爆炸和知识更新速度加快的新时代，班主任的专业技能要求也随之提升。教师不应仅仅满足于日常班级管理和基本教学任务的完成，而是需要不断学习新知识、新技能，成为终身学习者。这包括掌握现代教育技术手段，如利用多媒体和网络资源丰富教学内容；提升心理辅导能力，有效识别并干预学生的心理问题；增强课程整合与设计能力，开展跨学科项目式学习等。此外，班主任还须具备一定的法律知识和危机管理能力，以应对校园欺凌、网络安全等复杂问题，确保学生的身心健康和安全。

4. 社会参与的深化：从学校走向社区乃至社会

新时期班主任的角色不再局限于校园之内，而是扩展到社区乃至更广泛的社会活动中，成为学生连接社会的桥梁。班主任通过组织学生参与志愿服务、社会实践、文化交流等活动，不仅拓宽了学生的视野，增强了社会责任感，也促进了学校与家庭、社区乃至社会各界的有效联动。这种开放式的教育模式有助于培养学生的公民意识和社会实践能力，使他们在实践中学习，在服务中成长，为将来成为有责任感、有担当的社会公民打下良好基础。

新时期班主任角色的转变是教育发展的必然趋势，它要求班主任在教育理念、师生关系、专业技能以及社会参与等方面进行全面升级，以适应时代的需求，促进学生的全面发展。这一转变不仅是对班主任个人素养的挑战，更是对整个教育体系的一次深刻变革。通过不断探索和实践，班主任将成为引领学生健康成长、推动教育创新的重要力量，与学生共同绘制出新时代教育的美好蓝图。在这个过程中，班主任的自我成长与职业发展也将得到极大的丰富和提升，实现个人价值与社会价值的和谐统一。

四、班主任角色扮演的实践要求

1. 教育教学能力要求

在班主任角色扮演的实践要求中，教育教学能力是核心要素之一。班主任不仅需要掌握扎实的学科知识，还应具备将知识有效传授给学生的教学能力。这要求班主任能够根据学生的认知特点和兴趣点，设计生动、有趣的教学活动，激发学生的学习兴趣，提高教学效果。

教育教学能力还体现在课堂管理上。班主任须具备维持良好课堂秩序的能力，通过有效的沟通与引导，营造积极向上的学习氛围。同时，班主任应善于观察学生的学习状态，及时调整教学策略，以满足不同层次学生的学习需求。此外，班主任还应具备教育创新能力，不断探索和实践新的教学方法和手段，以适应教育改革的需要。通过参加专业培训、学术研讨等活动，班主任可以不断更新教育理念，提升教育教学水平。总之，班主任的教育教学能力是其角色扮演成功与否的关键。只有不断提升自身的教育教学能力，班主任才能更好地履行班主任职责，为学生的全面发展提供有力保障。因此，班主任应重视教育教学能力的培养和提升，努力成为学生成长道路上的引路人。

2. 班级管理能力要求

在班主任角色扮演的实践要求中，班级管理能力是至关重要的组成部分。班级管理能力不仅关乎班级的日常运作效率，还直接影响学生的学习氛围和成长环境。班主任须具备出色的组织协调能力，能够合理安排班级活动，确保教学秩序的井然有序。这包括制订并执行班级规章制度，以及有效处理学生间的矛盾和冲突，营造一个和谐、积极的学习环境。此外，班主任还应拥有敏锐的观察力和预见性，能够及时发现班级中存在的问题和隐患，并采取相应措施予以解决。这要求班主任不仅要关注学生的学业成绩，更要关心他们的心理健康和人际关系，做到因材施教、因人而异。在信息时代背景下，班主任还须具备一定的信息技术应用能力，能够利用现代科技手段提高班级管理效率。例如，通过建立班级微信群、使用在线管理平台等方式，加强与家长和学生的沟通，实现家校共育的良好局面。班级管理能力是班主任角色扮演不可或缺的一部分。只有不断提升自身的班级管理能力，班主任才能更好地履行职责，为学生的全面发展保驾护航。

3. 学生指导与辅导能力要求

在班主任角色扮演的实践要求中，学生指导与辅导能力是一项至关重要的技能。班主任不仅需要传授知识，更需要成为学生心灵的引路人，帮助他们在学习和生活中健康成长。这一能力要求班主任具备深入了解学生个性、兴趣、能力及心理状态的洞察力。通过日常观察和沟通交流，班主任应能准确把握学生的需求与困惑，为他们提供个性化的学习指导和心理支持。在学业指导方面，班主任需掌握科学的学习方法，能够引导学生制定合理的学习计划，培养自主学习的能力。同时，面对学习上有困难的学生，班主任应具备耐心和策略，通过个别辅导或组织学习小组等方式，帮助他们克服学习障碍。在心理辅导上，班主任应具备一定的心理学知识，能够识别学生的心理问题，如焦虑、抑郁等，并适时给予心理疏导和干预。班主任还应通过开展心理健康教育活动，帮助学生养成积极的心态，增强应对挫折的能力。班主任应具备良好的学生指导与辅导能力，成为学生成长道路上的良师益友，用专业知识、人文关怀和无私奉献，为学生的全面发展保驾护航。这不仅是对班主任职业素养的考验，更是其教育情怀的深刻体现。

4. 家校合作与沟通能力要求

在家校共育的框架下，班主任作为桥梁和纽带，其家校合作与沟通能力显得尤为重要。实践要求班主任不仅要具备扎实的专业知识，还要拥有良好的人际交往和沟通技巧。首先，班主任应主动建立和维护与家长的良好关系，通过定期家访、家长会、电话沟通等方式，保持密切的家校联系。在与家长交流时，班主任须展现出真诚、尊重和理解的态度，认真倾听家长的意见和建议，共同商讨孩子的教育问题。其次，班主任应具备清晰、准确的表达能力，能够简明扼要地向家长传达学校的教育理念、教学计划和孩子的在校表现。同时，也要善于倾听家长的反馈，理解家长的关切和期望，积极寻求共识和解决方案。最后，班主任还应具备一定的冲突调解能力，面对家校之间的分歧和矛盾，能够冷静分析、公正处理，以维护家校关系的和谐稳定。通过有效的家校合作与沟通，班主任可以凝聚家校双方的力量，形成教育合力，共同促进孩子的全面发展和健康成长。总之，家校合作与沟通能力是班主任角色扮演中不可或缺的一部分，其实践要求班主任不断提升自身的专业素养和人际交往能力，以更好地履行职责、服务学生。

五、班主任角色扮演的提升策略

1. 专业发展与培训策略

在提升班主任角色扮演能力的过程中，专业发展与培训策略起着至关重要的作用。首先，学校应为班主任提供系统的专业培训，涵盖学生心理学、班级管理、教育法律等多个方面，以确保班主任具备全面的教育背景。培训内容应注重实践操作与理论知识的结合，通过案例分析、角色扮演等形式，增强培训的实效性和针对性。其次，鼓励班主任参与教育研讨和交流活动，与同行分享经验、探讨问题，这不仅有助于拓宽视野，还能激发创新思维。学校可以定期组织班主任论坛、工作坊等活动，为班主任搭建交流平台。此外，建立班主任个人成长档案，记录其专业发展历程、培训经历及工作成果，这既是对班主任努力的认可，也是对其未来发展方向的指引。通过定期评估与反馈，帮助班主任明确自身优势与不足，制订个性化的成长计划。总之，专业发展与培训策略是提升班主任角色扮演能力的有效途径，它要求学校、班主任及社会各界共同努力，为班主任的专业成长提供有力支持。

2. 激励与评价机制构建

在班主任角色扮演的提升策略中，构建科学有效的激励与评价机制至关重要。这一机制旨在激发班主任的工作热情，促进其专业成长，并确保教育质量的持续提升。激励机制方面，学校应设立明确的奖励制度，对表现突出的班主任给予物质和精神上的双重激励，包括奖金、荣誉证书、晋升机会等，以肯定其工作成果，增强其职业荣誉感。同时，通过定期举办班主任经验交流会、研讨会等活动，为班主任提供展示自我、相互学习的平台，进一步激发其工作积极性。评价机制则需注重全面性和客观性。学校应建立一套完善的班主任评价体系，从班级管理、学生发展、家校沟通等多个维度对班主任的工作进行全面评估。评价过程中，要确保信息收集的准确性和评价的公正性，避免主观臆断和偏见。此外，评价结果应及时反馈给班主任，帮助其明确自身优势与不足，为后续的改进和提升提供依据。总之，构建科学有效的激励与评价机制，是提升班主任角色扮演能力的关键环节。它不仅能够激发班主任的工作动力，还能促进其专业成长，为学校的整体发展贡献力量。

3. 学校支持与资源整合

在班主任角色扮演的提升策略中，学校支持与资源整合起着至关重要的作用。学校应为班主任提供全方位的支持，确保他们在角色扮演中能够充分发挥潜力。首先，学校应建立健全的班主任培训体系，定期组织专业培训和交流活动，帮助班主任不断更新教育理念，提升班级管理技能。同时，学校可以邀请优秀班主任分享经验，形成传帮带的良好氛围。其次，学校在资源分配上应给予班主任更多倾斜，如提供充足丰富的教育教学设备和资料，确保班主任能够顺利开展各项工作。此外，学校还应鼓励班主任利用现代科技手段，如教育软件、网络平台等，提高教学效率和管理水平。资源整合方面，学校应协调各任课教师、家长以及社会资源，形成教育合力。通过定期召开家长会、建立家校联系机制等方式，增强家长对班主任工作的理解和支持。同时，学校可以积极与社区、企事业单位等合作，拓展教育资源，为班主任和学生提供更多实践机会和成长空间。学校支持与资源整合是班主任角色扮演提升不可或缺的一环，只有在学校的大力支持下，班主任才能更好地发挥角色作用，促进学生全面发展。

4. 班主任自我提升的路径

班主任自我提升是一个持续不断的过程，其核心在于不断学习、反思与实践。具体而言，班主任可以通过以下几个路径实现自我提升：首先，加强理论学习。班主任应广泛阅读教育学、心理学及相关领域的书籍和文献，掌握最新的教育理念和班级管理方法。这有助于班主任更新教育观念，提升专业素养。其次，注重实践反思。班主任应在日常工作中，不断总结经验教训，反思自己的管理行为和决策过程。通过撰写教育日志、参加教学研讨等方式，深入剖析问题根源，寻找改进策略。再次，积极参与培训与交流。班主任应珍惜各种培训和交流机会，与同行分享经验，汲取他人的智慧。通过参加班主任工作坊、研讨会等活动，拓宽视野，提升解决实际问题的能力。最后，保持积极心态。班主任应保持乐观向上的心态，勇于面对挑战和困难。在自我提升的过程中，难免会遇到挫折和失败，但班主任应将其视为成长的机会，不断调整心态，坚定信念。班主任自我提升的路径包括加强理论学习、注重实践反思、积极参与培训与交流以及保持积极心态。这些路径相辅相成，共同促进班主任专业素养和班级管理能力的提升。

第二节 班主任角色扮演的现实内容

在教育的广阔天地里，班主任角色承载着不可估量的重要性。他们是连接学校、家庭与社会的桥梁，是学生成长道路上的引路人。班主任不仅传授知识，更在潜移默化中塑造学生的品格，影响着他们的价值观形成。首先，班主任是学生心灵的灯塔。在学习与生活的海洋中，学生时常会遇到困惑与挑战，班主任的关怀与指导如同明灯，照亮他们前行的道路，帮助他们建立自信，勇敢面对困难。其次，班主任是班级文化的塑造者。通过组织各类活动与日常管理，班主任营造出积极向上的班级氛围，这种氛围能够激发学生的集体荣誉感，促进同学间的相互尊重与合作。再次，班主任还是家校沟通的纽带。他们与家长保持密切联系，及时反馈学生的学习与生活状况，与家长共同为学生的全面发展出谋划策，形成教育合力。班主任角色的重要性体现在其对学生个体成长、班级文化建设及家校合作等多方面的深远影响上。他们是教育园地里不可或缺的园丁，用爱与智慧浇灌着每一棵幼苗，期待着他们茁壮成长，绽放出属于自己的光彩。

一、班主任角色扮演的现实内容

1. 教育教学管理者

在班主任的多重角色中，教育教学管理者是不可或缺的一个。作为教育教学管理者，班主任不仅负责班级的日常教学安排，还承担着提升学生学业成绩与综合素质的重任。

班主任需精通教学计划与课程管理，确保教学活动的有序进行。他们要根据学生的学习特点和需求，科学合理地分配教学资源，优化课程设置，以实现教学目标。同时，班主任还需密切关注学生的学习进度与反馈，及时调整教学策略，以满足不同层次学生的学习需求。

在班级管理上，班主任扮演着规则的制订者与执行者的角色。他们需建立一套完善的班级管理制度，规范学生的行为举止，营造良好的学习氛围。通过有效的奖惩机制，班主任激励学生积极进取，培养他们的自律意识和责任感。班主任还需关注学生的心理健康与情感需求。作为教育教学管理者，他们不仅要传授知识，更要成为学生情感的依托，帮助学生解决学习与生活中的困惑，促进其全面发展。

班主任作为教育教学管理者，在班级建设中发挥着举足轻重的作用，他们的专业素养与管理能力直接影响着班级的整体风貌与学生的成长发展。

2. 学生心理辅导员

在班主任角色扮演的现实内容中，学生心理辅导员的角色显得尤为重要。班主任不仅是知识的传授者，更是学生心理健康的守护者。作为学生心理辅导员，班主任须具备敏锐的洞察力，及时发现并解决学生的心理困扰。在日常班级管理中，班主任应关注学生的情绪变化，通过细心的观察和深入的交流，了解学生的内心世界。面对学生的焦虑、抑郁等心理问题，班主任需运用专业的心理辅导技巧，为学生提供必要的心理支持和引导。此外，班主任还应积极组织心理健康教育活动，如开展心理健康讲座、心理剧表演等，增强学生的心理调适能力。通过这些活动，班主任不仅能够普及心理健康知识，还能帮助学生养成积极的心态，提高应对生活挑战的能力。

在学生心理辅导员的角色扮演中，班主任的耐心、细心和责任心至关重要。只有真正走进学生的内心，才能成为他们心灵的灯塔，照亮他们成长的道路。因此，班主任应不断提升自身的心理辅导能力，为学生的全面发展贡献自己的力量。这一角色的成功扮演，将为学生的健康成长奠定坚实的基础。

3. 家校沟通桥梁

在家校共育的生态系统中，班主任扮演着无可替代的桥梁角色。这一现实内容不仅关乎教育信息的传递，更是情感与理解的纽带。班主任需定期与家长进行沟通，通过家长会、家访、电话访谈及社交媒体等多种渠道，确保家校双方能及时、准确地掌握学生的学习与生活状况。

在沟通中，班主任需展现高度的专业素养与人文关怀，既要客观反馈学生在校表现，又要耐心倾听家长的意见与建议。通过双向交流，共同分析学生成长中的问题与机遇，制定出更加个性化、科学化的教育策略。此外，班主任还需积极搭建家校合作平台，如组织亲子活动、家长课堂等，增强家长的教育参与感，提升家庭教育的质量。这些活动不仅促进了家校之间的理解与信任，更为学生的全面发展营造了和谐的外部环境。

班主任作为家校沟通的桥梁，其角色之重要，不容忽视。通过细致入微的沟通工作，班主任不仅能够有效整合家校教育资源，还能为学生的健康成长铺设坚实的道路，真正实现家校共育的共赢局面。

4. 班级文化建设者

在班级这一微缩的社会单元中，班主任不仅是知识的传播者，更是班级文化的灵魂建筑师。作为班级文化建设者，班主任通过一系列精心设计的活动与规范，塑造积极向上的班级氛围。班主任通过组织主题班会、文化节、读书分享会等活动，引导学生树立正确的价值观，培养学生的集体荣誉感和归属感。同时，制订班级公约，明确行为准则，营造和谐有序的学习环境，让学生在潜移默化中形成良好的行为习惯。此外，班主任还要注重班级物质文化的建设，如教室布置、图书角、荣誉墙等，每一处细节都力求蕴含教育的深意，激发学生的求知欲和创造力。通过班级文化的建设，班主任不仅美化了学习环境，更在学生的心灵深处种下了文化的种子。在班级文化建设的过程中，班主任既是策划者，也是实践者，更是引领者。他们用自己的智慧和爱心,为学生的全面发展搭建起一座坚实的桥梁,让班级成为学生心灵的港湾和成长的摇篮。通过班级文化的熏陶,学生将更加自信、自强,为未来的学习和生活奠定坚实的基础。

二、班主任角色扮演的挑战与对策

1. 教育教学管理面临的挑战与对策

挑战:

在教育教学管理中,班主任面临多重挑战。首先,学生群体的多样性与个性化需求日益显著,如何适应不同学生的学习风格和能力水平,成为一大难题。其次,教育资源的有限性与教学质量的追求之间存在矛盾,如何在有限资源下实现教学效果最大化,考验着班主任的智慧。再次,家校沟通不畅或观念差异,往往影响了教育合力的形成,增加了管理的复杂性。最后,面对信息技术的快速发展,如何有效利用数字工具提升教学效率,也是班主任必须面对的新挑战。

对策:

针对上述挑战,班主任可采取以下对策:一是实施差异化教学策略,通过分层教学、小组合作学习等方式,满足不同学生的需求。二是优化资源配置,创新教学方法,如采用项目式学习、翻转课堂等,提高教学效率。三是加强家校合作,建立有效的沟通机制,定期举办家长会,增进共识,形成教育合力。四是积极拥抱技术变革,参加信息技术培训,掌握现代教育技术手段,如在线教育平台、智能教学软件等,以科技赋能教育教学管理。通过这些措施,班主任可有效应对挑战,提升教育教学管理水平。

2. 学生心理辅导面临的挑战与对策

在班主任角色扮演中,学生心理辅导是一项至关重要的任务,但也面临着诸多挑战。一方面,学生心理问题多样化,从学业压力到人际关系,再到家庭影响，每一个问题都需要班主任具备专业的心理辅导知识和敏锐的洞察力。然而，很多班主任缺乏心理学专业背景，难以准确识别和处理这些复杂问题。另一方面，学生心理状态的隐蔽性也增加了心理辅导的难度。学生往往不愿意主动透露自己的心理问题，这要求班主任在日常班级管理中与学生建立高度的信任关系，以便及时发现问题并干预。针对这些挑战，对策如下：首先，班主任应接受系统的心理辅导培训，提升专业素养，确保能够科学有效地进行学生心理辅导。其次，加强家校沟通，了解学生的家庭背景和成长环境，为心理辅导提供全面信息支持。同时，班主任应努力营造开放、包容的班级氛围，鼓励学生表达内心感受，及时发现并解决心理问题。此外，建立心理健康档案，跟踪学生心理变化，为长期心理辅导提供依据。

班主任在学生心理辅导方面虽面临挑战，但通过专业培训、家校合作和营造良好班级氛围等对策，可以有效应对，为学生的健康成长保驾护航。

3. 家校沟通面临的挑战与对策

在家校沟通方面，班主任面临着多重挑战。首先，家长与学校在教育理念上可能存在差异，导致沟通时出现误解和分歧。其次，部分家长忙于工作，缺乏时间参与学校活动，使得家校合作难以深入。再次，信息技术虽为家校沟通提供了便利，但也带来了信息过载、沟通效率下降等问题。针对这些挑战，班主任可采取以下对策：一是加强教育理念宣传，通过家长会、讲座等形式，增进家长对学校教育理念的理解与认同。二是创新家校沟通方式，如利用微信群、家校通等平台，定期发布学校动态、学生表现，同时设立专门时间解答家长疑问，提高沟通效率。三是开展家访活动，班主任深入了解学生家庭背景，与家长面对面交流，建立信任关系，共同制订学生成长计划。四是组织家校共建活动，如亲子运动会、志愿服务等，让家长亲身参与学校生活，增强家校合作的紧密性。通过这些对策的实施，班主任可有效克服家校沟通中的障碍，促进家校之间的和谐合作，为学生的全面发展创造更加有利的条件。家校沟通是班主任角色扮演中不可或缺的一部分，其顺畅与否直接关系到教育效果能否良好地实现。

4. 班级文化建设面临的挑战与对策

在班主任角色扮演中，班级文化建设是一个至关重要的环节。然而，这一过程并非易事，面临着诸多挑战。一方面，学生背景的多样性给班级文化建设带来了难度。不同家庭背景、性格特点和兴趣爱好的学生，对于班级文化的理解和接受程度存在差异，导致文化建设难以形成共识。另一方面，学业压力的沉重也挤压了班级文化建设的空间。在应试教育的大背景下，教师和学生往往更加注重学习成绩，忽视班级文化的培育。为了应对这些挑战，班主任可以采取以下对策：首先，加强与学生的沟通与对其的理解，了解他们的需求和期望，与学生共同制订符合班级实际的文化建设方案。其次，通过组织多样化的班级活动，如主题班会、文化展览等，增强学生的凝聚力和归属感，促进班级文化的形成。同时，班主任还应积极引导学生树立正确的价值观，培养他们的文化素养和审美能力。总之，班级文化建设是一个长期而复杂的过程，需要班主任付出更多的努力和智慧。只有克服挑战，采取有效的对策，才能营造出积极向上、和谐融洽的班级氛围，为学生的全面发展提供良好的环境。

三、班主任角色扮演的案例分析

1. 成功案例：李老师的班级变革

李老师是一所初中学校的班主任，面对班级纪律松散、学习氛围不浓的问题，她决定通过角色扮演的方式进行班级管理改革。李老师不仅在课堂上扮演知识传授者的角色，还在课外活动中化身为学生的朋友和引导者。她组织了一系列团队建设活动，如户外拓展、角色扮演游戏等，让学生在轻松愉快的氛围中增强集体荣誉感。李老师还特别注重个别辅导，针对每位学生的不同情况，她扮演着心理咨询师、职业规划师等多重角色，为学生提供个性化的指导和支持。通过她的努力，班级纪律得到了显著改善，学生的学习积极性和成绩也有了明显提升。

李老师的成功案例在于她能够灵活地运用多种角色扮演策略，满足学生的不同需求。她不仅关注学生的学业成绩，更重视学生的心理健康和全面发展。通过积极的班级活动和个别辅导，李老师成功地营造了一个温馨、和谐、积极向上的班级氛围。这一案例表明，班主任在角色扮演中应注重因材施教，灵活应变，才能真正实现班级管理的有效性和针对性。同时，班主任的关爱和付出也是促进学生成长的重要因素。

2. 失败案例介绍与分析

在班主任角色扮演的实践中，不乏失败的案例，这些案例为我们提供了宝贵的反思机会。以某初中班主任李老师为例，其在班级管理中过于强调权威，忽视了与学生的情感沟通，导致师生关系紧张。李老师在班级中制定了严格的规章制度，要求学生无条件遵守。然而，这种高压政策并未带来预期的班级秩序，反而激发了学生的逆反心理。学生开始消极抵抗，课堂纪律涣散，学习氛围沉闷。李老师虽然意识到问题的严重性，但由于缺乏有效的沟通技巧，难以走进学生的内心世界，班级状况每况愈下。分析此案例，我们发现李老师在班主任角色扮演中陷入了权威主义的误区。他忽视了教育的本质是引导而非控制，缺乏对学生个体差异的尊重和理解。此外，李老师未能建立起良好的师生关系，导致教育信息传递受阻，教育效果大打折扣。此失败案例警示我们，班主任在角色扮演中应注重情感沟通，尊重学生个性，营造和谐的班级氛围。同时，应不断提升自身的教育理念和沟通技巧，以更好地适应学生发展的需要。通过反思和改进，我们可以避免类似失败的再次发生，推动班主任角色扮演向更加成功的方向发展。

3. 案例的启示与反思

通过对上述班主任角色扮演案例的深入分析，我们获得了诸多启示。首先，班主任不仅是知识的传授者，更是学生品格塑造的重要引导者。成功案例中班主任通过言传身教，潜移默化地影响了学生的行为和价值观，这启示我们，班主任在日常工作中应注重自身言行，以身作则。其次，班主任在处理学生问题时，应具备高度的责任心和耐心。成功案例中的班主任面对复杂情况时，始终保持冷静，耐心倾听，细致分析，最终找到了合适的解决方案。这提醒我们，面对学生问题时，不能急于求成，而应深入了解，因材施教。最后，我们也应反思，班主任角色扮演的成功与否，不仅取决于班主任个人的努力，还需要学校、家庭和社会的共同支持。学校应为班主任提供更多的培训和发展机会，家庭应积极配合班主任的工作，社会应营造尊师重教的良好氛围。班主任角色扮演的案例为我们提供了宝贵的经验和启示，也促使我们不断反思和改进。在未来的教育实践中，我们应更加注重班主任角色的塑造和发展，为学生的全面成长提供更有力的支持。

四、班主任角色扮演的提升策略

1. 提升教育教学管理能力

在班主任角色扮演的过程中，提升教育教学管理能力是至关重要的。教育教学管理能力不仅关乎班主任对班级日常运营的把控，更直接影响学生的学习成效与全面发展。为有效提升这一能力，首先，班主任应加强对教育心理学、管理学等相关理论的学习，将理论知识与实践相结合，形成科学的管理策略。其次，要注重培养自身的组织协调能力，善于调动班级资源，为学生创造一个和谐、积极的学习环境。再次，班主任还须具备敏锐的观察力和判断力，能够及时发现并解决学生在学习、生活中遇到的问题。

最后，建立有效的家校沟通机制也是提升教育教学管理能力的重要一环。班主任应积极与家长保持密切联系，共同关注孩子的成长，形成家校共育的良好氛围。通过定期的家长会、家访等方式，班主任可以更加全面地了解学生的家庭背景、性格特点，从而制订更加个性化的教育方案。提升教育教学管理能力是班主任角色扮演中不可或缺的一环，需要班主任在实践中不断学习、探索与创新，以更好地服务于学生的成长与发展。

2. 提升学生心理辅导能力

在班主任角色扮演的提升策略中，增强学生心理辅导能力至关重要。学生处于成长关键期，面临学业、人际等多重压力，良好的心理辅导能帮助他们健康成长。班主任应接受专业心理辅导培训，掌握基本的心理咨询技巧和方法，以便在日常工作中及时发现并解决学生的心理问题。通过定期的心理健康教育课程和主题班会，班主任可以传授应对压力、管理情绪的有效策略，增强学生的心理韧性。

此外，建立班级心理辅导小组，鼓励学生相互倾诉、分享经验，形成积极向上的班级氛围。班主任应作为倾听者和指导者，积极参与小组讨论，帮助学生建立正确的自我认知，培养积极的应对机制。在实施心理辅导时，班主任还需注重个性化，针对不同学生的心理特点和需求，制订个性化的辅导方案。通过家访、个别谈话等方式，深入了解学生的家庭背景和成长经历，为精准辅导提供有力支持。

总之，提升学生心理辅导能力是班主任角色扮演不可或缺的一环。通过专业培训、心理健康教育、班级辅导小组和个性化辅导等措施，班主任可以有效促进学生心理健康，为他们的全面发展奠定坚实基础。

3. 提升家校沟通能力

在班主任角色扮演中，提升家校沟通能力是至关重要的。有效的家校沟通不仅能够增强家长对学校教育工作的理解和支持，还能为学生的全面发展创造更加和谐的环境。

为了提升家校沟通能力，首先，班主任应树立正确的沟通观念，将家长视为教育合作伙伴而非单纯的信息接收者。这要求班主任保持开放和包容的态度，尊重家长的意见和建议，积极寻求共识。其次，班主任应掌握有效的沟通技巧。例如，定期举行家长会，面对面地与家长交流学生的在校表现；利用电话、微信等，及时传达学生的重要信息和进步情况；以及通过家访，深入了解学生的家庭背景和成长环境，从而制订更加个性化的教育方案。此外，班主任还应注重家校沟通内容的针对性和实效性。在沟通时，要明确目的，突出重点，避免冗长和无关紧要的闲聊。同时，要积极反馈家长的合理诉求和建议，及时调整教育策略，确保家校双方在教育目标上保持一致。

总之，提升家校沟通能力是班主任角色扮演中不可或缺的一环。通过树立正确的沟通观念、掌握有效的沟通技巧以及注重沟通内容的针对性和实效性，班主任能够更好地搭建家校合作的桥梁，为学生的健康成长保驾护航。

4. 提升班级文化建设能力

在班级管理中，班主任不仅是知识的传递者，更是班级文化的塑造者。提升班级文化建设能力，对于营造良好的学习氛围、增强学生的集体归属感至关重要。

班主任应明确班级文化的核心价值观，通过主题班会、班级活动等形式，将这些价值观内化为学生共同的行为准则。同时，鼓励学生积极参与班级文化的创建过程，如设计班徽、班歌，制订班级公约等，让学生在实践中体验文化的力量。此外，班主任还需注重班级环境的布置，营造积极向上的学习氛围。教室的每一个角落都可以成为文化展示的窗口，如设立读书角、荣誉墙等，让学生在潜移默化中受到鼓舞和激励。在提升班级文化建设能力的过程中，班主任还应具备敏锐的观察力和灵活的应变能力。及时捕捉班级中的正能量事件，进行表扬和宣传，同时对于不良倾向也要及时引导和纠正。通过持续的班级文化建设，形成独具特色的班级风貌，为学生的全面发展提供有力支撑。

总之，提升班级文化建设能力是班主任角色扮演中的重要一环。班主任应不断探索和实践，以文化为引领，打造和谐、进取、富有特色的班集体。

班主任的角色扮演在教育过程中具有不可或缺的重要性。班主任不仅是知识的传授者，更是学生品德形成、心理健康及综合素质提升的关键引导者。班主任通过多样化的角色扮演，如组织者、协调者、心理辅导者等，有效促进了班级管理和学生发展的和谐统一。班主任角色扮演的现实内容丰富多样，涵盖班级管理、学生关系处理、家校沟通等多个方面。这些角色扮演的成功与否，直接影响班级氛围的构建及学生的成长环境是否良好。研究表明，具备高度责任感、专业素养和人文关怀的班主任，更能在角色扮演中发挥积极作用。班主任在角色扮演过程中面临的挑战不容忽视。如教育理念的更新、学生个体差异的处理、家校合作中的沟通障碍等，都需要班主任不断提升自我，创新工作方法，以适应新时代教育发展的需求。

班主任角色扮演的现实内容研究对于深化教育改革、提升教育质量具有重要意义。未来，应进一步加强对班主任角色扮演的实证研究，探索更多有效的角色扮演策略，以促进学生全面发展。

第三节　班主任角色扮演存在的问题

在当今教育领域，班主任作为学校管理与教育教学的关键环节，承担着学生思想教育、学业指导、心理健康，以班级管理的多重职责。随着教育理念的不断进步和社会环境的快速变化，班主任的角色定位与扮演方式面临着前所未有的挑战。传统的班主任管理模式往往侧重于纪律维护与成绩提升，而在关注学生个性化发展、心理健康及社会能力培养方面存在不足。这一背景下，班主任角色扮演的问题日益凸显，成为影响教育质量与学生全面发展的重要因素。

一、班主任角色定位及职责

1. 班主任角色的历史演变

班主任角色的历史演变是一个复杂而深刻的过程。从最初的教育形态，到现代班级授课制的形成，班主任的角色定位与职责不断发展和完善。

在原始社会，教育尚未从社会生产中分离出来，没有专职的教育工作人员。然而，德育作为教育的重要组成部分，已经随着人类社会的产生而产生。原始社会的人们在劳动过程中逐步形成了团结、互助和保护集体利益等行为标准，这些可以看作班主任角色在德育方面的萌芽。

随着古代学校的出现，个别授课制成为主要的教学方式。在这一时期，教师通常承担"家长代理人"的角色，但还没有形成系统的班主任工作。班级授课制的出现，特别是 17 世纪捷克教育家夸美纽斯提出的固定教师、固定时间、固定班级和固定教材的理念，为班主任角色的形成奠定了基础。

在我国，班主任制度最早可以追溯到 1942 年中国共产党领导的解放区颁布的《小学训导纲要》。1952 年，教育部正式颁布《小学暂行规程（草案）》与《中学暂行规程（草案）》，明确规定中小学设立班主任角色，辅助校长和教导主任管理学生。这一制度的实施，标志着班主任角色在我国教育体系中正式确立。

随着改革开放的深入和教育理念的不断更新，班主任的角色定位逐渐从管理者转变为教育者、引领者。班主任不仅要关注学生的学业成绩，更要注重学生的品德修养、身心健康等全面发展。现代班主任不仅是班级的组织者和领导者，更是学生发展的指导者和心灵的导师。

总之，班主任角色的历史演变是一个不断发展和完善的过程，体现了教育理念的不断进步和教育制度的不断创新。

2. 班主任角色的现状分析

在当前教育体系中，班主任角色承载着多重职责与期望，其现状呈现复杂而多维的面貌。一方面，班主任被赋予了班级管理、学生心理辅导、家校沟通等多重任务，成为学校教育与家庭教育之间的桥梁。他们不仅要关注学生的学习成绩，更要关心学生的身心健康与全面发展，这一角色定位无疑对班主任的专业素养和综合能力提出了极高要求。

然而，现实情况中，班主任角色扮演的实践往往面临诸多挑战。一方面，教育资源分配不均、工作压力大、评价体系单一等问题，使得班主任难以充分发挥其角色功能。部分班主任因忙于应对行政事务和考试成绩压力，忽视了对学生个性化发展的关注与引导。另一方面，随着信息化时代的到来，学生的成长环境更加复杂多元，班主任在应对网络成瘾、心理健康问题等新型挑战时，往往感到力不从心，缺乏专业的培训和指导。

此外，家校合作的不畅也是影响班主任角色发挥的重要因素。部分家长对班主任的工作缺乏理解和支持，甚至与班主任存在误解和冲突，这无疑增加了班主任的工作难度，限制了其角色效能的发挥。

班主任角色在现实中面临着多重困境与挑战，其现状亟须得到改善与优化。未来，应通过加强班主任专业培训、完善教育评价体系、促进家校共育等措施，为班主任角色的更好发挥创造有利条件。

3. 班主任的职责与功能

在教育体系中，班主任扮演着举足轻重的角色，其职责与功能直接关系到学生的全面发展与班级的和谐氛围。班主任的首要职责是学生的日常管理，包括考勤记录、纪律维护以及学生行为规范的引导，确保学生在校期间的安全与秩序。此外，班主任还需密切关注学生的心理状态，及时发现并解决学生的心理问题，成为他们心灵的引路人。

在教学方面，班主任需与各科教师紧密合作，了解学生的学习情况，为学习困难的学生提供必要的辅导与帮助,同时鼓励学生发展特长,培养他们的学习兴趣与自主学习能力。在品德教育上,班主任更是重任在肩,需通过班会、主题活动等形式,对学生进行爱国主义教育、集体主义教育以及公民道德教育,塑造学生健全的人格与高尚的品德。

此外,班主任还承担着家校沟通的重要功能,作为学校与家长之间的桥梁,班主任需定期与家长交流学生的学习与生活情况,共同促进学生的健康成长。在职业规划与升学指导方面,班主任也应给予学生必要的建议与指导,帮助他们明确未来的方向,为未来的学习与工作打下坚实的基础。

班主任的职责与功能涵盖了日常管理、教学辅助、品德教育、家校沟通以及职业规划等多个方面,是促进学生全面发展的重要力量。然而,在实际操作中,班主任角色扮演仍存在着诸多问题与挑战,需要教育者与社会各界共同努力,不断完善班主任制度,发挥其最大的教育效能。

二、班主任角色扮演存在的问题剖析

1. 角色认知不清与定位模糊

在班主任角色扮演的过程中,角色认知不清与定位模糊是首要且基础性的问题。班主任作为学校教育的中坚力量,承担着学生管理、教育引导、家校沟通等多重职责。然而,在实际工作中,许多班主任对自身的角色认知存在偏差,导致角色定位模糊,进而影响其工作效能。一方面,部分班主任对班主任角色的理解仅限于学生日常管理,忽视了其教育引导和心理疏导的重要作用。他们可能过于关注学生的学习成绩和纪律表现,而忽视了对学生个性发展和心理健康的关注,导致班主任角色单一化、片面化。另一方面,一些班主任对自身的角色定位缺乏清晰的认识,容易在多重角色中迷失方向。他们可能既想成为学生的朋友,又想保持教师的威严,结果在两者之间摇摆不定,难以找到平衡点。这种角色定位的模糊性不仅影响了班主任的工作效果，还可能造成师生关系紧张，不利于班级管理和教育工作的顺利开展。此外，角色认知不清与定位模糊还可能导致班主任在工作中缺乏明确的目标和计划，容易陷入盲目和随意。他们可能缺乏系统的教育理念和科学的管理方法，仅凭个人经验和直觉行事，难以形成有效的教育合力。

总之，班主任角色认知不清与定位模糊是当前班主任角色扮演中存在的突出问题，需要引起高度重视。只有明确角色认知，清晰角色定位，班主任才能更好地履行职责，发挥应有的作用。

2. 教育理念落后与方法不当

在对班主任角色扮演存在问题的剖析中，教育理念落后与方法不当是尤为突出的两个方面。教育理念作为教育行为的指导思想，其先进性与否直接关系到教育效果的好坏。当前，部分班主任仍秉持传统、陈旧的教育理念，过分强调师道尊严，忽视了学生的主体地位和个性发展。这种"一言堂"式的教育模式不仅压抑了学生的积极性和创造性，还可能导致师生关系的紧张与对立，从而影响班级管理的整体效能。与此同时，教育方法的不当也是班主任角色扮演中的一个显著问题。一些班主任在教育过程中缺乏灵活性和创新性，往往采用简单粗暴的管理手段，如严厉的惩罚和高压政策，而忽视了情感沟通和心理疏导的重要性。这种"一刀切"的教育方法不仅无法针对不同学生的特点进行因材施教，还可能对学生的心理健康造成负面影响，导致学生产生逆反心理和逃避行为。

此外，随着时代的发展和教育环境的变化，学生群体的特点和需求也在不断变化。然而，部分班主任未能及时更新教育观念和方法，依然沿用过去那一套做法，这显然已经无法满足现代教育的需求。因此，班主任需要不断学习和探索新的教育理念和方法，以适应时代的发展和学生的变化，从而更好地履行班主任的角色职责。

教育理念落后与方法不当是班主任角色扮演中存在的重要问题，亟须引起广大教育工作者的高度重视和深刻反思。

3. 情感投入不足与沟通障碍

在班主任角色扮演中，情感投入不足与沟通障碍是两大显著问题，直接影响了教育工作的质量和效果。情感投入不足，指的是班主任在日常管理和教学中，未能充分展现出对学生个体的关心和理解。班主任作为班级的核心领导者，其情感投入是构建和谐班级氛围的关键。然而，在实际工作中，部分班主任可能因工作量大、时间紧张等原因，忽视了对学生的情感关怀，导致师生关系疏远。这种缺乏情感投入的状态，不仅不利于学生个体的成长，还可能导致班级凝聚力下降，影响整体学习氛围。沟通障碍则是班主任与学生、家长之间信息传递不畅的又一重要问题。有效的沟通是班主任了解学生需求、解决学生问题的关键。然而，在实际沟通中，由于表达方式不当、信息理解偏差等原因，班主任与学生、家长之间常常出现沟通障碍。这种障碍不仅可能导致误解和矛盾的产生，还可能使班主任错过解决问题的最佳时机，进而影响教育工作的顺利进行。

针对情感投入不足与沟通障碍，班主任应提高认识，增强情感投入，同时学习并掌握有效的沟通技巧。通过深入了解学生需求、建立积极的师生关系，以及加强与家长的沟通与合作，班主任可以更好地发挥角色作用，为学生的全面发展提供有力支持。只有这样，班主任角色扮演中的问题才能得到根本解决，教育工作才能取得更好的成效。

4. 职业发展困境与压力挑战

在班主任角色扮演中，职业发展困境与压力挑战是不可忽视的重要问题。随着教育改革的不断深入，班主任被赋予了更多的职责与期望，但相应的职业发展路径却显得相对狭窄和模糊。一方面，班主任在职业晋升上面临诸多限制。尽管他们在学生管理、德育建设等方面付出了巨大努力，但由于评价体系往往侧重于教学成果，班主任的专业成长和晋升机会往往不如任课教师丰富。这种职业晋升的瓶颈，严重挫伤了班主任的工作积极性和职业认同感。另一方面，班主任的工作压力巨大。他们不仅要完成繁重的教学任务，还要负责班级的日常管理、学生心理辅导、家校沟通等多方面工作。这种全方位的角色扮演，使得班主任常常处于身心疲惫的状态，难以有足够的时间和精力进行自我提升和职业发展。

此外，社会对班主任角色的高期望值也给他们带来了巨大的心理压力。家长、学校乃至整个社会都对班主任寄予厚望，希望他们能够培养出德智体美劳全面发展的学生。这种过高的期望值，往往使班主任陷入自我怀疑和焦虑之中，进一步加剧了他们的职业发展困境。

班主任在职业发展上面临的困境与压力挑战不容忽视。为了改善这一状况，需要教育管理部门、学校和家长共同努力，为班主任提供更多的职业发展机会和支持，减轻他们的工作压力，提高他们的职业认同感和幸福感。

三、班主任角色扮演问题的成因分析

1. 社会环境因素的影响

社会环境是影响班主任角色扮演的重要因素之一。随着社会的快速发展和教育的不断改革，班主任的角色定位和工作内容也在不断调整和变化。然而，这种变化往往伴随着一系列挑战和问题。首先，社会对于教育的期望和要求不断提高。现代社会要求公民具备良好的人文素养和科学素养，具备创新精神、合作意识和开放的视野。这种多元化的需求使得班主任的角色变得更加复杂和多样。然而，并不是所有班主任都能及时适应这种变化，部分班主任的认知仍停留在传统的教育理念和角色定位上，导致他们难以满足现代教育的需求。其次，教育政策的调整和改革也对班主任的角色扮演产生了影响。新课改的推行要求班主任不仅要关注学生的学业成绩，还要注重学生的综合素质和个性化发展。然而，一些班主任对于新课改的理解和执行存在偏差，导致他们在班级管理和教育中出现了一系列问题。

此外，社会舆论和媒体的影响也不容忽视。一些负面报道和舆论压力使班主任在工作中承受了巨大的心理压力，影响了他们的角色扮演和工作积极性。部分班主任在面对复杂的学生问题和家长期望时，可能会感到无所适从，甚至产生职业倦怠感。

社会环境的变化对班主任的角色扮演产生了深远的影响。为适应现代教育的需求，班主任需要不断更新教育理念，提高专业素养，同时还需要关注社会舆论和政策变化，及时调整自己的角色定位和工作策略。只有这样，才能更好地履行班主任的职责，为学生的全面发展提供有力支持。

2. 学校管理制度的制约

学校管理制度的制约是一个不可忽视的因素。当前，许多学校的管理制度对班主任的角色定位和工作范围有着严格的规定，这在一定程度上限制了班主任的灵活性和创新性。一方面，学校倾向于将班主任视为班级的管理者和维护者，强调其对班级纪律和秩序的维护。这种定位导致班主任在日常工作中过于注重对规章制度的执行，而忽视了对学生个体差异的关注和个性化教育的实施。班主任在角色扮演上往往陷入单一化、权威化的困境，难以与学生建立平等、和谐的师生关系。另一方面，学校管理制度对班主任的工作时间和工作内容有着明确的规定，使班主任难以在课外时间或非教学领域进行深入的拓展和探索。例如，一些学校规定班主任只能在学生在校期间进行管理，而对于学生的家庭教育和社会教育则缺乏必要的参与和引导。这种限制不仅影响了班主任对学生全面了解的程度，也削弱了其在学生成长过程中的引导和支持作用。此外，学校管理制度中对班主任的评价和考核机制也存在一定的问题。一些学校过于注重学生的学业成绩和班级的纪律表现，而忽视了班主任在教育学生做人、培养学生品德等方面的努力和贡献。这种评价导向使班主任在角色扮演上更加注重表面化的管理和成绩的提升，而忽视了对学生内在素质和综合能力的培养。

学校管理制度的制约是影响班主任角色扮演的重要因素之一。为改善这一问题，学校应适当调整管理制度，为班主任提供更多的自主权和发挥空间，以促进其更好地履行教育职责和发挥育人作用。

3. 个人素质能力的局限

在班主任角色扮演问题的成因分析中，个人素质能力的局限是一个不可忽视的重要因素。班主任作为学校教育的中坚力量，其个人素质和能力直接关系班级管理和学生教育的成效。首先，部分班主任在教育理念上存在滞后性，难以适应新时代教育发展的需求。他们可能过于依赖传统的教学方法和管理模式，缺乏创新意识和实践能力，导致在班级管理和学生教育中出现诸多不适应和相关问题。其次，一些班主任在心理素质方面存在不足，难以有效应对复杂多变的班级环境和学生需求。面对学生的问题和挑战，他们可能缺乏足够的耐心和同理心，无法深入了解和解决学生的实际需求，从而影响了班级管理的效果。最后，班主任的专业知识和技能水平也是影响其角色扮演的重要因素。部分班主任可能缺乏系统的教育学、心理学和管理学知识，导致其在班级管理和学生教育中缺乏科学性和针对性。同时，他们可能缺乏有效的沟通技巧和协调能力，难以与学生、家长和学校各方建立良好的合作关系。

个人素质能力的局限是班主任角色扮演问题的重要成因之一。为提升班主任的角色扮演能力，需要重视和加强班主任的个人素质和能力培养，包括更新教育理念、提升心理素质、加强专业知识和技能培训等方面。只有这样，才能确保班主任在班级管理和学生教育中发挥更大的作用，为学生的全面发展提供有力的支持。

四、班主任角色扮演的改进策略与建议

1. 明确角色定位，提升认知水平

明确角色定位并提升认知水平是班主任角色改进的关键一环。班主任不仅是知识的传授者，更是学生品德形成、心理健康及班级文化建设的引导者。因此，明确班主任的多重角色定位，对优化其教育行为至关重要。首先，班主任需深刻认识到自己是学生学习与生活的双重导师。这要求班主任在日常工作中，既要关注学生的学习进度与成效，又要细心体察学生的情感需求与心理变化，做到因材施教，因势利导。其次，班主任应明确自己在班级文化建设中的核心作用，通过组织丰富多彩的班级活动，营造积极向上的班级氛围，增强学生的集体荣誉感与归属感。提升认知水平，意味着班主任需不断更新教育观念，紧跟时代步伐。这包括学习先进的教育理论，了解教育心理学的基本原理，以及掌握现代教育技术手段。通过持续学习，班主任能够更加科学地理解学生行为背后的深层动机，从而采取更加有效的教育策略。

总之，明确角色定位与提升认知水平是班主任角色扮演改进的基础。只有在清晰的角色认知指引下，班主任才能更加自信、从容地应对教育实践中的各种挑战，为学生的全面发展贡献自己的力量。

2. 更新教育理念，优化教育方法

更新教育理念与优化教育方法是班主任角色扮演改进策略中不可或缺的一环。传统教育理念往往侧重知识传授与纪律管理，而在当前多元化、信息化的社会背景下，这已难以满足学生全面发展的需求。

更新教育理念，意味着班主任需从"以教师为中心"转变为"以学生为中心"，关注学生的个体差异与全面发展。这要求班主任不仅要传授知识，更要培养学生的创新思维、实践能力和社会责任感。同时，要树立终身学习的观念，不断提升自身的专业素养与教育智慧，以更好地适应教育环境的

变化。

优化教育方法，则要求班主任在教育实践中灵活运用多种教学策略。例如，采用项目式学习、合作学习等新型教学模式，激发学生的学习兴趣与主动性；利用信息技术手段，如在线教育资源、智能教学平台等，拓宽学生的学习渠道与视野。此外，班主任还应注重情感教育与心理辅导，通过有效的沟通与引导，帮助学生建立积极的人生态度与良好的人际关系。

在实施这些改进策略时，班主任还需保持开放的心态，勇于尝试与创新，不断反思与调整自己的教育实践。同时，学校与教育行政部门也应提供必要的支持与保障，如组织专业培训、搭建交流平台等，以促进班主任教育理念与方法的持续更新与优化。通过这些努力，班主任角色扮演中的问题将得到有效解决，为学生的健康成长与全面发展创造更加有利的环境。

3. 加强情感投入，改善沟通技巧

在班主任角色扮演的改进策略中，加强情感投入与改善沟通技巧是不可或缺的一环。班主任作为学生成长道路上的重要引导者，其情感投入的程度直接影响师生关系的和谐与否，而沟通技巧则是这一关系得以顺畅发展的桥梁。

情感投入是班主任与学生建立深厚情感联系的基础。班主任应主动关心学生的学习、生活和心理状态，通过日常的点滴关怀，让学生感受来自老师的温暖与支持。这种情感上的共鸣能够极大地提升学生的归属感和信任感，为后续的班级管理和教育工作打下良好的基础。

与此同时，改善沟通技巧也至关重要。班主任需要学会倾听，耐心听取学生的意见和建议，理解他们的需求和困惑。在沟通时，应注重语言的准确性和得体性，避免使用过于严厉或模糊的言辞，以免给学生带来不必要的心理压力或误解。此外，班主任还应善于运用非语言沟通方式，如肢体语言、面部表情等，以更加直观、生动的方式传递信息和情感。

为加强情感投入和改善沟通技巧，班主任可以参加相关的培训课程，学习心理学、教育学等方面的知识，提升自己的专业素养和人际交往能力。同时，也可以借鉴其他优秀班主任的经验和做法，不断反思和总结自己的角色扮演过程，努力成为一位深受学生喜爱和尊敬的班主任。

加强情感投入与改善沟通技巧是班主任角色扮演改进策略中的重要组成部分，对促进师生关系的和谐发展具有深远意义。

4. 促进职业发展，缓解工作压力

在班主任角色扮演的改进策略中，促进班主任的职业发展与缓解其工作压力是不可或缺的一环。班主任作为教育的中坚力量，其职业成长不仅关乎个人能力的提升，更直接影响到教育质量和学生的全面发展。

为促进班主任的职业发展，学校和教育行政部门应提供多样化的培训和学习机会。这包括定期举办教育心理学、班级管理、学生心理辅导等方面的研讨会和工作坊，帮助班主任不断更新教育理念，掌握先进的教育方法。同时，鼓励班主任参与课题研究、学术交流，通过实践和研究相结合的方式，提升其专业素养和创新能力。

针对班主任工作压力大的问题，学校应建立有效的心理支持系统。这包括设立心理咨询室，为班主任提供心理咨询服务，帮助他们排解工作中的负面情绪和压力等。此外，学校还可以通过开展团队建设活动、组织文体娱乐等方式，增强班主任之间的凝聚力和归属感，营造积极向上的工作氛围。

在制度建设方面，学校应完善班主任评价机制，确保评价的公正性和科学性。通过合理的激励机制，表彰和奖励在班主任工作中表现突出的个人和集体，激发班主任的工作热情和积极性。同时，建立合理的工作负担调节机制，避免班主任因工作过度而产生职业倦怠。

通过促进职业发展和缓解工作压力，可以有效提升班主任的角色扮演能力，进而推动教育事业的持续健康发展。

　　班主任在角色扮演中普遍面临多重角色冲突。他们既是教育者，又是管理者，还需承担心理辅导、家校沟通等多重职责。这种角色多样性导致班主任在实际工作中难以平衡各种要求，进而影响教育效果和自身职业发展。班主任的专业素养与角色扮演能力存在不足。部分班主任在教育理念、管理技巧、心理辅导等方面缺乏系统的培训和实践经验，导致他们在面对复杂教育情境时难以做出恰当的反应和决策。班主任角色扮演受到学校文化和管理制度的制约。一些学校的传统文化和管理模式限制了班主任的创新精神和个性化发展，使他们在角色扮演中缺乏足够的自主性和灵活性。

　　家校合作不足也是影响班主任角色扮演效果的重要因素。家长对班主任角色的认知偏差、家校沟通渠道不畅等问题，导致班主任难以获得家长的有效支持和配合，进而影响教育工作的顺利开展。

　　班主任角色扮演存在的问题涉及角色冲突、专业素养、学校文化和管理制度及家校合作等多个方面。这些问题不仅影响了班主任的工作效率和教育效果，也制约了班主任的个人成长和职业发展。因此，我们需要从多个层面入手，采取有效措施加以改进和完善，以更好地发挥班主任在教育事业中的重要作用。

第三章

班主任应具备的专业素养

第一节 班主任的专业理想和信念

当前时代，教育是国家发展的基石，而班主任作为教育体系中的关键角色，其专业素养、理想与信念对学生的成长成才具有深远影响。随着教育改革的不断深化，班主任的专业发展日益受到重视，其专业理想和信念作为内在动力，对提升教育质量、促进学生全面发展具有重要意义。

一、班主任的专业理想

1. 班主任专业理想的概念界定

在专业教育领域中，班主任的专业理想是指班主任作为教师群体中的特殊角色，所持有的关于教育工作的长远目标、价值取向和职业追求的综合体现。它超越了日常教学管理的范畴，深入到对教育本质、学生成长规律及自身职业发展规律的深刻理解和把握。班主任的专业理想不仅关乎个人职业愿景的构建，更是对教育理想的执着追求。它体现在班主任对教育事业的热爱、对学生全面发展的深切关怀，以及对自身专业素养不断提升的自觉要求上。这种理想具有高度的前瞻性和导向性，能够引领班主任在教育实践中不断探索、创新，以更加科学、人文的方式开展班级管理和学生教育工作。

同时，班主任的专业理想也是一个动态发展的过程，随着教育环境的变化、教育理念的更新及个人经验的积累而不断丰富和完善。它要求班主任始终保持对教育事业的热情和敬畏之心，不断反思和调整自己的教育行为，以实现个人价值与教育理想的和谐统一。因此，明确班主任专业理想的概念界定，对深入理解其职业内涵、提升专业素养具有重要意义。

2. 班主任专业理想的内涵

班主任的专业理想，是其教育生涯中的精神灯塔，不仅指引着个人的职业发展路径，也深刻影响着学生的成长环境。其内涵丰富而深远，主要包括以下几个方面。首先，班主任的专业理想体现在对学生全面发展的追求上。他们致力于培养具有健全人格、创新精神和社会责任感的未来公民，关注学生的身心健康与个性成长，努力为学生营造一个充满爱与尊重的学习环境。其次，班主任的专业理想蕴含着对教育事业的无限热爱与忠诚。他们视教育为神圣使命，不断探索和实践先进的教育理念与方法，以提升教育质量为己任，努力成为学生心灵的引路人。

另外，班主任的专业理想还体现在对自我成长的持续追求上。他们不断学习新知识、新技能，提升专业素养与教育教学能力，以更加饱满的热情和更加专业的态度投身于教育事业。班主任的专业理想是其职业生涯中的核心动力，它不仅关乎个人的成长与发展，更关乎学生的未来与社会的进步。通过不断追求和实践这一理想，班主任能够成为学生成长道路上的坚实后盾，为教育事业的繁荣发展贡献力量。

3. 班主任专业理想的形成与发展

班主任专业理想的形成与发展是一个动态且深刻的过程。它始于对教育事业的热爱与憧憬，通过不断的实践与反思逐渐成形。在初涉教育领域时，班主任往往怀揣着对教育的崇高理想，渴望通过自己的努力，塑造学生的品格，启迪他们的智慧。

随着教学经验的积累，班主任开始面对各种复杂的教育情境，这些情境既是对其专业能力的考验，也是专业理想深化的契机。在实践中，班主任不断反思自己的教育理念与方法，调整自己的教育策略，以适应学生的多样化需求。同时，班主任专业理想的发展也离不开持续的学习与进修。通过参加教育培训、阅读教育理论书籍、与同行交流等方式，班主任能够拓宽教育视野，深化对教育本质的理解，从而进一步丰富和完善自己的专业理想。最终，班主任的专业理想将内化为一种坚定的教育信念，指导其在教育道路上不断前行。这种信念不仅是对教育事业的忠诚与热爱，更是对学生全面发展的深切关怀与不懈追求。正是这种专业理想的形成与发展，塑造了班主任独特的职业魅力与人生价值。

二、班主任的信念体系

1. 信念体系的理论基础

班主任的信念体系，作为其专业成长的基石，根植于广泛而深厚的理论基础上。首先，教育学原理为班主任的信念提供了宏观指导，强调教育的目的、过程、方法及师生关系，为班主任塑造以学生为中心、全面发展的教育理念奠定基础。心理学，特别是发展心理学和教育心理学，揭示了学生心理发展的规律和特点，帮助班主任理解并尊重学生个体差异，形成因材施教、促进心理健康的信念。

其次，社会学视角强调教育与社会发展的紧密联系，促使班主任关注学生的社会化过程，培养其具有社会责任感、批判性思维和跨文化交流能力的信念。伦理学则提供了道德判断的框架，引导班主任秉持公正、仁爱、尊重的原则，处理班级事务，维护教育公平。

这些学科理论相互交织，共同构成了班主任信念体系的多元支撑。它们不仅为班主任提供了理论指引，还鼓励其在实践中不断探索、反思与成长，以更加科学、人文的态度面对教育挑战，致力于成为学生心灵的引路人、品德的塑造者和知识的传播者。

2. 班主任信念的核心要素

班主任信念体系的核心要素，主要体现在对教育使命的深刻理解、对学生个体差异的尊重及对班级管理的持续创新上。首先，教育使命的深刻理解是班主任信念的基石。班主任须坚信，教育的本质是培养全面发展的人才，而非单纯追求分数。他们应将促进学生身心健康、品德养成和综合能力提升作为工作的出发点和落脚点。其次，尊重学生个体差异是班主任信念的重要体现。班主任应认识到每个学生都是独一无二的个体，拥有不同的兴趣、能力和发展潜力。因此，在教育过程中，班主任需采取因材施教的方法，关注每一位学生的成长需求，为他们提供个性化的指导和支持。最后，对班级管理的持续创新是班主任信念的活力源泉。面对不断变化的教育环境和学生需求，班主任需保持开放的心态，勇于尝试新的管理理念和方法，以不断提升班级管理的效率和效果。同时，他们还应鼓励学生参与班级管理，培养学生的自主性和责任感。

班主任信念的核心要素包括对教育使命的深刻理解、对学生个体差异的尊重及对班级管理的持续创新，这些要素共同构成了班主任信念体系的坚固基石。

3. 班主任信念的实践意义

班主任的信念体系不仅是对教育理念的坚守，更是指导其日常教育工作的行动指南。在实践中，班主任的信念具有深远意义。首先，班主任的信念能够引导其做出正确的教育决策。面对复杂多变的教育情境，坚定的信念使班主任能够迅速判断并采取有效措施，确保教育的公正性和有效性。这种决策能力，正是基于对教育事业的深刻理解和执着追求。其次，班主任的信念能够激发其工作热情和创造力。拥有崇高信念的班主任，往往能够以更加饱满的热情投入教育工作中，不断探索和创新教育方法，为学生创造更加优质的学习环境。最后，班主任的信念能够影响学生的成长和发展。班主任作为学生成长道路上的重要引路人，其信念体系中的积极元素将潜移默化地传递给学生，激励他们形成正确的世界观、人生观和价值观。这种深远的影响，是任何教育手段都无法替代的。

班主任应高度重视自身信念体系的建设和完善，通过不断学习和实践，将信念转化为实际行动，为学生的全面发展贡献自己的力量。同时，学校和社会也应给予班主任更多的支持和关注，共同推动教育事业的繁荣发展。

三、班主任专业理想与信念的关系

1. 专业理想与信念的相互作用

在班主任的职业生涯中，专业理想与信念是相互依存、相互促进的。专业理想为班主任指明了奋斗的方向和目标，它像一盏明灯，照亮着班主任前行的道路，激励着班主任不断追求卓越，为学生的成长和发展倾注心血。

而信念则是班主任实现专业理想的内在动力和精神支柱。它使班主任在面对困难和挑战时能够坚定信念，不屈不挠地追求自己的教育理想。班主任的信念不仅影响着自身的教育行为，更在潜移默化中塑造着学生的心灵，引导学生树立正确的世界观、人生观和价值观。

专业理想与信念之间的相互作用还体现在它们的相互促进上。一方面，专业理想的实现需要坚定的信念作为支撑；另一方面，信念的坚定又需要专业理想的不断引领和激励。二者在班主任的职业生涯中形成了良性循环，推动着班主任不断向前发展。

因此，班主任应当注重培养自己的专业理想和信念，使二者相互融合、相互促进，共同为教育事业的发展贡献自己的力量。只有这样，班主任才能在复杂多变的教育环境中始终保持清醒的头脑和坚定的信念，为学生的全面发展和社会的进步做出更大的贡献。

2. 专业理想与信念对班主任工作的影响

班主任的专业理想与信念对其工作产生着深远的影响。专业理想为班主任提供了明确的方向和目标，使他们能够在复杂多变的教育环境中保持坚定的步伐。拥有崇高专业理想的班主任，更倾向于将学生的全面发展放在首位，致力于营造一个积极向上、和谐有序的班级氛围。同时，坚定的信念是班主任面对挑战和困难时的精神支柱。在教育实践中，班主任难免会遇到各种问题和挑战，但坚定的信念能够帮助他们保持冷静和理性，积极寻找解决问题的方法。这种信念不仅增强了班主任的职业认同感，也提升了他们的工作满意度和成就感。此外，专业理想与信念还促使班主任不断学习和进步。为实现自己的理想，班主任会积极寻求专业成长的机会，不断提升自己的教育理念和教育教学能力。这种持续的学习和发展，不仅有利于班主任个人的职业成长，也为学生提供了更高质量的教育服务。

班主任的专业理想与信念对其工作具有积极的推动作用。它们不仅为班主任提供了明确的方向和目标，还增强了他们的职业认同感和应对挑战的能力，促使他们在教育实践中不断追求卓越。

3. 班主任专业理想与信念的培养策略

班主任专业理想与信念的培养，是提升教育质量、塑造学生品格的关键。为实现这一目标，可采取以下策略：首先，加强教育培训。通过定期举办班主任专业发展研讨会、工作坊等活动，引入先进教育理念，让班主任不断更新教育观念，明确专业发展方向，从而坚定其教育信念。其次，强化实践锻炼。鼓励班主任积极参与班级管理、学生心理辅导等实践活动，将专业理想转化为实际行动，通过实践不断检验和修正信念，使其更加符合教育实际。再次，建立榜样引领机制。树立优秀班主任典型，通过分享他们的教育故事、教育理念，激励其他班主任向他们学习，形成积极向上的教育氛围。最后，注重自我反思。引导班主任定期对自己的教育工作进行回顾和总结，分析存在的问题和不足，明确改进方向，从而不断调整和完善自己的专业理想与信念。

通过上述策略的实施，班主任能够在教育实践中不断成长，形成稳定而坚定的专业理想与信念，为学生的全面发展提供有力保障。

四、班主任专业理想与信念的实证研究

首先，通过问卷调查的方式，收集大量班主任关于其专业理想与信念的数据，以此为基础进行量化分析，揭示班主任群体在专业理想与信念上的普遍特征与差异。其次，为更深入地理解班主任的专业理想与信念，本研究还邀请了部分班主任进行深入访谈。访谈内容围绕班主任的职业经历、教育理念、面对挑战时的应对策略等方面展开，以期通过班主任的个人叙事，挖掘其专业理想与信念背后的深层次原因。问卷调查与访谈均采用了标准化的工具与流程，数据分析则借助专业的统计软件与质性分析软件进行。

通过对多所学校班主任的深度访谈与问卷调查，本节对班主任的专业理想与信念进行了细致分析。研究发现，大部分班主任持有坚定的教育信念，认为教育不仅是知识的传授，更是学生品格与价值观的培养。在专业理想方面，他们普遍期望能够成为学生心灵的引路人，帮助学生树立正确的世界观、人生观和价值观。实证数据还显示，班主任的专业理想与信念在实际教学工作中得到了不同程度的体现。一些班主任通过创新教学方法、关注学生个体差异、加强家校沟通等方式，努力将专业理想转化为具体行动。然而，也有部分班主任因工作压力、教育资源限制等因素，在专业理想的实践上遇到了一定困难。此外，研究还发现，班主任的专业理想与信念和其个人成长经历、教育背景及所在学校的文化氛围密切相关。那些在教育领域有深厚积淀、能够持续学习并反思自身实践的班主任，往往能够更好地坚守并实践自己的专业理想与信念。班主任的专业理想与信念在实证研究中呈现出多样性与复杂性，既有个体差异，也受到外部环境的影响。未来，应进一步探索如何为班主任提供更多的支持与资源，以助其更好地实现专业理想与信念。

班主任普遍持有高度的教育责任感与使命感，他们致力于学生的全面发展，不仅关注学生的学业成绩，更重视学生的品德培养与心理健康。这一

发现强化了班主任作为教育者核心角色的重要性。研究发现，班主任的专业理想普遍聚焦于构建和谐的班级氛围与促进学生自主学习能力的提升。他们通过创新教学方法与管理策略，努力营造一个积极向上、相互尊重的学习环境。这表明，班主任的专业成长与教育理念的不断更新紧密相连。研究也揭示出班主任在专业信念实践中面临的挑战，如资源限制、家长参与度不足以及应试教育压力等，这些因素在一定程度上影响了班主任专业理想的实现。因此，提升班主任的专业支持、加强家校合作及优化教育评价体系，成为促进班主任专业理想与信念落地的关键。

班主任的专业理想与信念是其教育实践的基石，其实现需社会各界共同努力，为班主任创造更加有利的工作环境与支持体系。未来研究可进一步探讨班主任专业成长的路径与策略，以更好地服务于教育事业的发展。

五、班主任专业理想与信念的提升路径

1. 政策法规层面的支持

政策法规在提升班主任的专业理想与信念方面扮演着至关重要的角色。近年来，国家和地方政府出台了一系列旨在加强教师队伍建设的政策法规，为班主任的专业成长提供了坚实的制度保障。

政策法规强调了教师队伍建设的重要性，明确提出要把加强教师队伍建设作为建设教育强国最重要的基础工作来抓。这些政策不仅涵盖了教师的思想政治建设、师德师风涵养，还特别强调了教师专业素养的提升。例如，通过建立健全教师定期培训制度，不断更新教师的教育理念和教学技能，使他们能够更好地适应素质教育发展的要求。同时，政策法规还加大了对教师的待遇保障力度，确保教师的收入水平不低于当地公务员平均水平，这一举措极大地增强了教师的职业荣誉感和归属感，从而坚定了他们从事教育事业的理想信念。此外，政策法规还鼓励社会各界弘扬尊师重教的社会风尚，为教

师创造一个良好的外部环境。通过媒体宣传、社会活动等手段，广泛传播教育家的思想和风貌，提升教师的社会地位，使班主任能够在更加尊重和支持的氛围中，不断提升自己的专业理想和信念。

政策法规层面的支持为班主任专业理想与信念的提升奠定了坚实的制度基础。

2. 学校管理层面的保障

在提升班主任专业理想与信念的过程中，学校管理层扮演着至关重要的角色。为确保班主任队伍能够持续进步，学校应从多方面提供有力保障。首先，学校应建立健全班主任培训体系，定期组织专业培训和交流活动，为班主任提供最新的教育理念和管理方法，帮助他们不断提升专业素养。同时，鼓励班主任参与学术研究，将实践经验转化为理论成果，进一步提升其专业地位。其次，学校应完善班主任评价机制，将专业理想与信念纳入评价体系，通过科学合理的评价激励班主任不断追求卓越。对表现突出的班主任，学校应给予物质和精神上的双重奖励，树立榜样，激发全体班主任的积极性和创造力。最后，学校还应营造积极向上的校园文化氛围，鼓励班主任与学生、家长及同事之间建立良好的沟通关系，形成和谐的教育环境。在这种氛围中，班主任的专业理想与信念将得到更好的滋养和成长。

学校管理层面的保障是提升班主任专业理想与信念不可或缺的一环。通过培训、评价和文化建设等多方面的努力，学校将为班主任的专业成长提供有力支持。

3. 班主任自主发展的策略

班主任的自主发展是提升其专业理想与信念的关键路径。为实现这一目标，班主任可采取以下策略：首先，持续学习与反思。班主任应不断更新教育理念，通过参加培训、阅读专业书籍和期刊，以及在线学习等方式，拓宽知识视野。同时，定期进行教学和管理工作的反思，总结经验教训，明确改进方向。其次，制定个人发展规划。根据自身实际情况和专业发展目标，班主任应制定切实可行的个人发展规划，明确短期和长期目标，以及实现这些目标的具体措施和时间表。再次，积极参与教研活动。通过参与学校或区域的教研活动，班主任可以与同行交流经验，分享心得，共同解决教育教学中遇到的问题。这有助于班主任在相互学习中不断成长。最后，注重实践与创新。班主任应将所学理论知识应用于实际工作中，勇于尝试新的教育方法和班级管理策略。在实践中不断检验和完善自己的教育理念，提升专业理想与信念的层次和水平。

通过以上策略的实施，班主任可以在自主发展的道路上不断前行，为成为更加优秀的教育工作者奠定坚实基础。

班主任的专业理想和信念是其职业发展的重要支撑，也是提升教育质量的关键因素。本研究通过系统分析班主任的专业理想与信念，为教育工作者提供了有益的参考和启示。未来，我们期待更多关于班主任专业成长的研究，以进一步丰富和完善这一领域的理论与实践体系，共同推动教育事业的持续发展。

第二节　班主任的专业情感和态度

一、班主任的专业情感概述

1. 班主任专业情感的定义

在教育的广阔天地里，班主任作为教师队伍中的特殊群体，扮演着至关重要的角色。他们不仅是知识的传授者，更是学生心灵的引路人，承担着班级管理与学生个体成长的双重责任。班主任的专业情感，作为影响其教育实践与成效的关键因素，其内涵丰富而深远。班主任的专业情感，简而言之，是指班主任在教育工作中，基于个人职业认同，教育理念及对学生、班级和教育的深刻理解，所形成的一系列稳定而深刻的情感体验与态度倾向。这种情感超越了简单的喜好与厌恶，它融合了责任感、爱心、耐心、同理心、敬业精神及对教育事业的热爱等多维度情感元素，是班主任专业素养不可或缺的一部分。首先，责任感是班主任专业情感的核心。它驱使班主任将学生的全面发展视为己任，不仅关注学业成绩，更重视学生的心理健康、品德培养及社会适应能力，愿意为学生的成长付出额外的时间和精力。其次，爱心与耐心是班主任专业情感的温暖体现。爱心让班主任能够以更加包容和理解的态度对待每一位学生，无论其成绩优劣、性格差异；耐心则使他们在面对学生的反复错误或成长挑战时，能够始终保持冷静与坚持，寻找最适合学生的引导方式。同理心是班主任与学生建立深厚情感联系的桥梁。它要求班主任能够站在学生的角度思考问题，感受他们的喜怒哀乐，从而提供更加精准有效的支持与帮助。敬业精神则体现在班主任对工作的严谨态度与不懈努力上。他们不断学习新知，提升自我，勇于创新班级管理方法，力求为学生创造一个积极向上、和谐有序的学习环境。最后，对教育事业的热爱是班主任专业情感的源泉。这份热爱激励着班主任克服工作中的种种困难，保持教育热情，不断探索教育的真谛，为学生的未来铺设坚实的基石。

班主任的专业情感是一种综合性的情感体验，它深刻影响着班主任的教育行为、班级氛围的营造及学生的成长轨迹。理解并培养班主任的专业情感，对提升教育质量、促进学生全面发展具有重要意义。因此，深入探讨班主任专业情感的内涵、特征及其培养策略，对构建更加和谐高效的教育生态系统具有不可估量的价值。

2. 班主任专业情感的重要性

班主任作为班级的领航者，其角色不仅仅是知识的传授者，更是学生情感世界的引导者和塑造者。班主任的专业情感，作为连接教育理念与实践的桥梁，其重要性不言而喻，它不仅深刻影响着学生的成长轨迹，也是教育质量提升的关键要素之一。

2.1 促进学生心理健康

班主任的专业情感主要体现在对学生的深切关怀与理解上。面对青春期学生复杂多变的心理需求，班主任通过展现积极的情感态度，如耐心倾听、同理心回应等，能够有效缓解学生的心理压力，预防并解决可能出现的心理问题。这种情感的投入，为学生构建了一个安全、信任的沟通环境，鼓励他们勇敢表达自我，从而促进其心理健康发展。

2.2 激发学习兴趣与动力

班主任的专业情感还能成为激发学生内在学习动力的源泉。当学生感受到来自班主任的认可、鼓励与期待时，这种正面情感会转化为他们追求知识、克服困难的强大动力。班主任通过个性化的关注与激励，帮助学生发现自我价值，树立自信，从而帮助其在学习道路上更加坚韧不拔，积极探索未知领域。

2.3 构建和谐班级文化

班主任的专业情感在塑造班级文化方面起着核心作用。一个充满爱与尊重的班级氛围，能够促进学生之间的相互理解与支持，形成积极向上的集体精神。班主任通过自身的情感示范，如公平对待每位学生、倡导合作而非竞争的学习态度，能够有效增强班级凝聚力，为学生营造一个温馨、健康的学习生活环境，这对培养学生的社会责任感、团队合作精神具有不可估量的价值。

2.4 提升教育质量

最终，班主任的专业情感是提升整体教育质量不可或缺的一环。良好的师生关系基于深厚的情感基础，这不仅促进了教学活动的顺利开展，还使教育不仅仅停留在知识传授层面，而是深入到学生的情感态度、价值观的培养。班主任的情感投入，使教育过程更加人性化，有助于实现教育的全面发展目标。

班主任的专业情感不仅是个人职业素养的体现，更是教育过程中不可或缺的力量源泉。它不仅关乎学生的心理健康、学习动力，还深刻影响着班级文化的构建与教育质量的提升。因此，加强班主任专业情感的培养与发展，对构建更加和谐、高效的教育生态系统具有重大意义。

二、班主任的专业情感表现

1. 对学生的热爱与关怀

在班主任的专业情感表现中，对学生的热爱与关怀是其核心且不可或缺的一环。这种情感不仅体现了班主任作为教育者的人文关怀，更是其专业素养的重要组成部分。热爱学生，意味着班主任能够以深沉的情感投入教育事业中，将每一个学生的成长视为自己肩上的责任，用心去感知、去理解、去引导。

对学生的热爱，首先体现在班主任对学生个体差异的尊重与接纳上。每个学生都是独一无二的个体，他们有着不同的性格、兴趣、能力和需求。班主任需要拥有一颗包容的心，去欣赏学生的多样性，理解他们的独特性，并据此制订个性化的教育方案。这种基于热爱的尊重，能够让学生感受到被看见、被理解，从而激发他们的学习动力和成长潜能。

其次，关怀则体现在班主任对学生日常生活的细致入微的关心上。无论是学习上的困难，还是生活中的点滴，班主任都应成为学生的坚强后盾。当学生遇到学习瓶颈时，班主任应耐心指导，鼓励他们克服困难；当学生面临生活挑战时，班主任应伸出援手，提供必要的帮助和支持。这种无微不至的关怀，让学生感受到温暖与依靠，有助于培养他们的自信心和应对生活挑战的能力。

最后，班主任的热爱与关怀还体现在对学生心理健康的关注上。随着社会的快速发展，学生面临着越来越多的压力和挑战，心理健康问题日益凸显。班主任需要具备一定的心理学知识，能够敏锐地察觉学生的情绪变化，及时开展心理疏导和干预。通过倾听、理解、鼓励等方式，帮助学生建立积极的自我认知，学会情绪管理，培养坚韧不拔的意志品质。更重要的是，班主任的热爱与关怀应是一种持续的力量，贯穿于学生成长的每一个阶段。从入学初的适应期，到学习过程中的迷茫期，再到毕业前的抉择期，班主任都应陪伴在侧，用爱滋养学生的心灵，用关怀照亮他们的前行之路。这种不离不弃的陪伴，让学生深刻体会到教育的温度，激发他们对生活的热爱和对未来的憧憬。

总之，对学生的热爱与关怀是班主任专业情感表现的重要方面，它不仅是班主任职业素养的体现，更是促进学生全面发展的重要保障。通过这份深沉的情感投入，班主任能够成为学生成长道路上的引路人，引领他们在知识的海洋中遨游，在人生的旅途中勇敢前行。

2. 对教育事业的执着与热情

在班主任的专业情感表现中，对教育事业的执着与热情无疑是最为鲜明且核心的特征之一。这份情感不仅是班主任个人职业精神的体现，更是推动教育事业不断前行的强大动力。它如同一盏明灯，照亮了班主任在教育旅途中的每一步，也深深影响着学生的成长与发展。

对教育事业的执着，体现在班主任对教育工作持之以恒的追求和坚守上。他们深知，教育是一项长期而艰巨的任务，需要耐心、恒心和毅力。因此，无论面对怎样的困难和挑战，班主任都能以坚定的信念和不屈不挠的精神，持续投入教育实践中。他们不仅仅满足于完成日常的教学任务，更致力于探索更高效的教学方法，创新班级管理策略，以期达到最佳的教育效果。

这种执着，不仅让班主任在教育领域中不断取得进步，更为学生树立了积极向上的榜样。而热情，则是班主任专业情感中不可或缺的另一面。它如同一股暖流，流淌在班主任的心间，并外化为他们对学生无微不至的关怀和对教育工作的无限热爱。班主任的热情，不仅体现在他们对学生个体差异的尊重和理解上，更体现在他们愿意花费额外的时间和精力，去了解每一个学生的需求、兴趣和潜能，从而为他们量身定制最适合的成长路径。这种热情，让班主任在教育过程中充满了人文关怀，也使学生能够在温馨、和谐的环境中茁壮成长。

执着与热情的结合，使班主任在教育事业中展现出非凡的魅力和影响力。他们不仅能够有效地激发学生的学习兴趣和积极性，更能够引导学生形成正确的世界观、人生观和价值观。在班主任的悉心教导下，学生们学会了坚持与努力，学会了关爱与尊重，更学会了如何面对生活中的挑战和困难。值得注意的是，班主任对教育事业的执着与热情并非一蹴而就，而是需要经历长时间的积累和沉淀。它源于对教育的深刻理解，对学生的深厚情感，以及对自身职业价值的高度认同。因此，作为教育者，班主任应不断提升自己的专业素养，深化对教育事业的认识，以便更好地将这份执着与热情融入日常的教育工作中，为学生的全面发展贡献自己的力量。

对教育事业的执着与热情是班主任专业情感表现的重要组成部分。它们不仅塑造了班主任独特的职业形象，更为学生的成长和教育事业的发展注入了源源不断的活力。

三、班主任的专业态度分析

1. 严谨认真的工作态度

在探讨班主任的专业态度时，严谨认真的工作态度无疑是其核心组成部分，它不仅体现了班主任对教育事业的尊重与热爱，更是对学生成长负责的具体表现。

1.1 重要性阐述

严谨认真的工作态度是班主任职业素养的基石。它要求班主任在处理班级事务、进行学生管理、组织教学活动等方面，始终保持高度的责任心与细致入微的关怀。这种态度不仅关乎工作效率与质量，更是塑造班级文化、营造良好学习氛围的关键。班主任的严谨认真能够为学生树立正面榜样，引导他们形成对待学习、生活的正确态度，为学生的全面发展奠定坚实基础。

1.2 具体体现

规则制订与执行：班主任需依据学校规章制度，结合班级实际情况，制定科学合理的班级规则，并确保其得到有效执行。这一过程要求班主任应细致考虑规则的可行性、公正性及对学生行为的引导作用，体现其严谨的工作态度。

学生管理：在日常管理中，班主任需细心观察每位学生的行为变化、心理状态，及时发现问题并予以恰当干预。这要求班主任具备敏锐的观察力和高度的责任心，能够因材施教，精准施策。

家校沟通：班主任应定期与家长保持联系，及时反馈学生在校表现，听取家长意见，共同促进学生的健康成长。在这一过程中，班主任需以开放、诚恳的态度对待每一次交流，确保信息的准确传递与理解，体现其认真的沟通态度。

自我提升：严谨认真的班主任不会满足于现状，而是会持续学习最新的教育理念、管理技巧，不断提升自身的专业素养。这种不断进取的精神，是班主任专业成长的重要动力。

1.3 积极影响

严谨认真的工作态度不仅提升了班主任的工作效率与效果，更重要的是，它为学生创造了一个安全、有序、充满正能量的学习环境。在这样的环境中，学生更容易形成自律、勤奋、尊重规则的良好品质，有利于其人格的健全发展。同时，班主任的榜样作用也激励着教师团队的整体进步，促进了学校教育教学质量的整体提升。

总之，严谨、认真的工作态度是班主任专业态度中不可或缺的一环，这不仅是班主任个人职业素养的体现，更是推动班级和谐、促进学生健康成长的重要保障。

2. 持续学习与自我提升的态度

在班主任的专业态度构成中，持续学习与自我提升的态度是不可或缺的一环。这一态度不仅关乎班主任个人职业发展的深度与广度，更直接影响其教育实践的成效及对学生成长的正面影响力。班主任作为班级管理的核心，其知识体系的更新与专业技能的精进，是适应教育改革、促进学生全面发展的重要保障。

2.1 持续学习的必要性

教育领域日新月异，新的教育理念、教学方法、学生心理特征认知等不断涌现，要求班主任必须具备持续学习的意识与能力。持续学习能够帮助班主任紧跟时代步伐，掌握最新的教育理论与实践成果，从而更好地指导班级管理和学生教育工作。这不仅是个人职业素养提升的途径，也是对学生负责、对教育事业忠诚的体现。

2.2 自我提升的实践路径

主动学习新知识：班主任应积极参与各类教育培训、学术研讨会，订阅教育期刊，利用网络平台学习国内外先进的教育理论与实践案例，不断丰富自己的专业知识库。

反思教学实践：通过日常工作的反思、同事间的交流研讨，对自己的班级管理、教学活动进行定期评估，识别存在的问题与不足，寻找改进策略。

技术应用与创新：随着信息技术的发展，班主任应积极探索多媒体、互联网等技术在班级管理中的应用，如利用教育软件进行家校沟通、开展线上心理辅导等，提高教育管理的效率与效果。

心理健康与压力管理：持续学习也包括对自我心理健康的关注与维护，通过参加心理健康培训、练习冥想减压等方法，保持良好的心理状态，以更加积极、健康的姿态面对工作与生活中的挑战。

2.3 自我提升的意义

持续学习与自我提升不仅能够提升班主任的专业素养，增强其教育教学的艺术性，也能够激发班主任的内在动力，使其在面对复杂多变的教育情境时，能够更加从容不迫，创造性地解决问题。此外，班主任的积极学习态度也会成为学生的榜样，激励学生形成终身学习的习惯，共同营造一个积极向上、追求卓越的班级文化氛围。

总之，持续学习与自我提升的态度是班主任专业成长的不竭动力，它要求班主任始终保持开放的心态，勇于探索未知，不断超越自我，以更加饱满的热情和更加专业的姿态，为学生的全面发展保驾护航。

四、班主任专业情感与态度的培养

1. 加强师德教育，提升专业情感

师德教育无疑是一块重要的基石。它不仅关乎班主任个人的职业操守与道德风貌，更直接影响学生的人格塑造与价值导向。因此，加强师德教育，提升班主任的专业情感，是构建高质量教育环境、促进学生全面发展的关键一环。

师德，即教师的职业道德，是教师从事教育活动时应遵循的行为规范和准则。对班主任而言，师德不仅是外在的行为约束，更是内在的精神追求。它体现在班主任对待学生的关爱与尊重、对待工作的敬业与奉献，以及对待同事的团结协作等方面。加强师德教育，旨在唤醒班主任内心深处的教育

情怀，使其能够以更加饱满的热情和更加高尚的情怀投入班级管理和学生教育中。

在具体实施上，加强师德教育应从以下几个方面着手：首先，强化理论学习，树立正确的教育观。通过组织班主任定期学习《中小学教师职业道德规范》等相关文件，以及教育伦理学、心理学等专业知识，引导班主任深刻理解师德内涵，明确自身职责与使命，树立正确的教育理念，将立德树人作为教育的根本任务。

其次，注重榜样引领，发挥先进典型的示范作用。通过表彰师德标兵、分享优秀班主任的育人故事等方式，激发班主任的职业荣誉感和使命感，鼓励他们在日常工作中践行高尚师德，以实际行动影响和带动周围同事，形成良好的师德风尚。

再次，加强实践锻炼，提升师德实践能力。鼓励班主任积极参与学校组织的师德实践活动，如家访、志愿服务、心理健康教育等，通过实践加深对师德的理解与认同，同时提升解决实际问题的能力，使师德教育真正落到实处，内化为班主任的专业情感。

最后，建立师德考核机制，确保师德教育的有效性。将师德表现纳入班主任评价体系，作为评优评先、职务晋升的重要依据，以此激励班主任不断提升自身师德修养，形成良性循环。

总之，加强师德教育是提升班主任专业情感的重要途径。通过系统的理论学习、生动的榜样示范、丰富的实践锻炼及科学的考核激励，可以有效提升班主任师德水平，进而增强其专业情感，为培养德智体美劳全面发展的社会主义建设者和接班人贡献力量。

2. 建立有效的激励机制，促进专业态度的形成

在班主任专业情感与态度的培养过程中，建立有效的激励机制是至关重要的一环。激励机制不仅能够激发班主任的工作热情，还能促进其专业态度的积极形成，从而为学生创造更加健康、积极的学习环境。本节将探讨如何通过构建合理的激励机制，有效促进班主任专业态度的培育。

首先，激励机制应基于班主任的内在需求设计。班主任作为教育工作者，其职业成就感往往来源于学生的成长与进步、自我价值的实现及专业能力的提升。因此，激励机制应着重于表彰班主任在教育管理中的创新实践、学生综合素质的提升及班级文化的建设等方面取得的成就。通过设立"优秀班主任奖""班级管理创新奖"等荣誉奖项，以及提供参加专业培训、学术交流的机会，可以极大地激发班主任的内在动力，促进其专业态度的正向发展。

其次，激励机制需注重公平性与透明度。在制定和执行激励政策时，应确保所有班主任在同等条件下享有公平竞争的机会。通过公开评选标准、评选过程及结果，增强激励机制的公信力，让每一位班主任都能感受到被尊重和认可，进而更加珍视自己的职业角色，形成积极向上的专业态度。

再次，激励机制应结合物质奖励与精神激励双重手段。物质奖励，如奖金、福利待遇的提升，可以满足班主任的基本生活需求，增强其职业吸引力；而精神激励，如颁发荣誉证书、组织表彰大会等，能更深层次地触动班主任的职业荣誉感和社会责任感，促使他们更加专注于教育事业的长期发展。

最后，建立反馈与沟通机制。通过定期收集班主任对激励政策的反馈意见，及时调整优化激励方案，确保激励机制始终贴合班主任的实际需求。同时，鼓励班主任之间进行经验交流与分享，形成良好的学习氛围，进一步促进专业态度的相互借鉴与提升。

总之，建立有效的激励机制是促进班主任专业态度形成的关键。通过精准把握班主任的内在需求，确保激励机制的公平性、透明度，结合物质与精神双重激励，以及构建反馈与沟通机制，可以有效激发班主任的工作热情，培养其积极向上的专业态度，为培养德智体美劳全面发展的社会主义建设者和接班人奠定坚实基础。

五、班主任专业情感与态度对教育效果的影响

1. 对学生发展的影响

在教育这一复杂而细腻的领域中，班主任作为班级的灵魂人物，其专业情感与态度对学生发展的影响深远而持久。班主任不仅是知识的传授者，更是学生情感世界的引路人，其言行举止、情感表达及对待学生的态度，无不在潜移默化中塑造着学生的性格，影响着他们的价值观形成与未来发展路径。首先，班主任的积极情感与正面态度是学生心理健康的重要保障。当学生感受到来自班主任的关爱、尊重与理解时，他们更倾向于建立积极的自我认同，形成乐观向上的生活态度。这种正面的情感体验有助于提升学生的自信心，使他们在面对挑战时能够更加坚韧不拔，勇于探索未知。相反，若班主任表现出冷漠、不耐烦或偏见，可能会让学生感到被忽视或排斥，进而产生自卑、焦虑等负面情绪，影响其心理健康和社会适应能力。其次，班主任的专业情感与态度直接影响学生的学习动力与成效。一个充满热情、耐心细致的班主任能够激发学生的学习兴趣，通过鼓励与肯定，帮助学生树立学习目标，激发他们内在的学习动机。班主任要擅长发现学生的闪光点，即使面对学习困难的学生也能给予个性化的指导和支持，促进其潜能的发挥。相反，缺乏热情或采取简单粗暴教育方式的班主任可能会挫伤学生的学习积极性，导致学生学习动力不足，甚至产生厌学情绪。最后，班主任的情感态度还深刻影响着学生的社交技能与人际关系建立。通过班主任的示范与引导，学生能够学习到如何有效沟通、如何合作解决问题以及如何表达同情与理解。班主任公正无私、包容开放的态度能够营造一个和谐、包容的班级氛围，鼓励学生之间相互尊重与合作，为学生未来的社会生活打下坚实的

基础。

　　班主任的专业情感与态度是学生发展过程中不可或缺的精神滋养。它们不仅关乎学生的心理健康、学习动力，还深刻影响学生的社交能力与人格成长。因此，提升班主任的专业素养，培养其积极健康的情感态度，对于促进学生全面发展、构建和谐教育环境具有重要意义。教育者应充分认识到这一点，并不断努力提升自我，以更加饱满的热情、更加专业的态度，陪伴每一位学生健康成长，成就他们美好的未来。

2. 对班级氛围及教学效果的影响

　　在教育的广阔天地里，班主任作为班级的领航者，其专业情感与态度如同无形的指挥棒，深刻地影响着班级的整体氛围及教学效果。这一节将深入探讨班主任的专业情感与态度如何塑造班级文化，进而作用于学生的学习动力、参与度，以及最终的学习成效。

　　2.1 班级氛围的塑造者

　　班主任的专业情感，尤其是对学生的关爱、尊重与理解，是构建积极班级氛围的基石。当班主任展现出真诚的关怀，愿意倾听学生的心声，理解他们的需求与困惑时，学生感受到的不仅仅是情感上的支持，更是一种被看见、被重视的价值感。这种正向的情感联结能够促进学生间的相互理解和尊重，形成团结友爱的班级氛围。相反，若班主任态度冷漠或过于严厉，可能导致学生产生畏惧或抵触心理，班级氛围趋于紧张，不利于学生的健康成长。

　　2.2 教学效果的催化剂

　　班主任的态度直接影响其教学管理策略的选择与实施，进而影响教学效果。持有积极、开放态度的班主任更倾向于采用鼓励式教育，注重激发学生的内在学习动机，通过小组合作、项目式学习等多样化教学方法，激发学生的学习兴趣和创造力。这种以学生为中心的教学模式，不仅能够提升学生的学习成绩，更重要的是培养了他们的批判性思维、团队合作和社会交往能力。

反之，若班主任持保守或消极态度，或者倾向于采用传统的填鸭式教学，忽视学生的个体差异，导致课堂氛围沉闷，学生参与度低。长此以往，不仅会抑制学生的学习热情，还可能造成学生对学习的厌恶感，严重影响教学效果。

2.3 情感与态度的双向作用

值得注意的是，班级氛围与教学效果之间并非单向影响，而是形成了一个动态的循环系统。积极的班级氛围能够反过来增强班主任的职业满足感，使其更加投入地工作，形成良性循环。反之，不良的氛围也可能导致班主任产生职业倦怠，进一步恶化班级管理和教学效果。

班主任的专业情感与态度对班级氛围及教学效果具有深远影响。它们不仅是教育过程中不可或缺的人文元素，更是推动教育创新与质量提升的关键动力。因此，提升班主任的专业素养，尤其是培养其积极的情感态度和科学的管理理念，对于构建和谐班级、优化教学效果具有重要意义。教育之路，情感为舟，态度为帆，唯有二者协同，方能引领班级航向成功的彼岸。

六、案例分析与实践探讨

1. 成功案例分享

张老师的情感引领和班级变革。在教育这片广袤的田野上，每一位班主任都是辛勤耕耘的园丁，他们用自己的专业情感与态度，滋养着每一颗年轻的心灵。张老师，一位在城市担任多年班主任的教育工作者，便是这样一个以情感为纽带，成功引领班级变革的典范。

张老师接手的是一个在学业成绩、班级纪律及学生心理健康方面均面临挑战的班级。面对这样的现状，张老师没有急于求成，而是优先通过深入家访、个别谈话等方式，细致入微地了解学生的家庭背景、兴趣爱好及心理状态，建立起与学生之间的信任桥梁。她坚信，理解是教育的起点，情感是连接师生的纽带。

在深入了解的基础上，张老师开始实施一系列以情感引领为核心的教育策略。她组织了一系列团队建设活动，如"班级愿景共创会""心灵手账分享"等，鼓励学生表达自己的梦想与困扰，增强班级凝聚力。同时，张老师还创新性地引入了"情感日记"制度，鼓励学生每天记录自己的情绪变化，她则定期批阅，用温暖的话语回应学生，成为学生情感的倾听者和引导者。尤为重要的是，张老师特别注重培养学生的自我管理能力，她设计了一套"积分制"班级管理体系，将学生的日常行为、学业进步、团队合作等多方面表现纳入考核，积分可兑换班级活动基金或个性化奖励，这一举措极大地激发了学生的积极性和责任感。经过一学期的努力，该班级发生了翻天覆地的变化。学生间的矛盾冲突明显减少，学习氛围日益浓厚，学业成绩整体提升，更重要的是，学生们变得更加自信、开朗，学会了相互尊重与合作。家长们的反馈也极为正面，他们惊喜地发现孩子在家中的行为也有了积极性改变。

张老师的成功案例，深刻地展示了班主任专业情感与态度在班级管理中的巨大作用。她用自己的行动证明，当学生感受到被理解、被关爱时，他们更愿意敞开心扉，积极面对挑战，从而实现个人与集体的共同成长。张老师的实践，不仅为班级带来了实质性的变革，更为广大班主任提供了宝贵的经验和启示：在教育的旅途中，情感的力量不容忽视，它是激发学生潜能、构建和谐班级文化的关键。

2. 面临的挑战与应对策略

在班主任工作的广阔天地里，专业情感与态度的培养与实践不仅关乎个人职业素养的提升，更直接影响班级文化的塑造及学生全面发展的实现。本案例分析与实践探讨中，我们深刻洞察到班主任在实际工作中所面临的诸多挑战，并据此提出了一系列有效的应对策略。

面临的挑战：

情感管理的复杂性：班主任面对性格迥异、需求多样的学生群体，如何在尊重个体差异的基础上，有效管理班级情感氛围，促进正向情感交流，是一大挑战。

角色冲突与压力：作为教育者、管理者、心理咨询师等多重角色的集合体，班主任常面临时间分配紧张、角色转换频繁的问题，导致身心压力较大。

技术与理念的融合：现代教育技术的发展要求班主任不仅要掌握传统教学方法，还需不断学习新技术、新理念，以适应信息化教学需求，这对部分班主任构成了技术上的挑战。

家庭与学校的沟通障碍：家校合作是教育成功的关键，但实际操作中，家长观念差异、沟通渠道不畅等因素常导致合作受阻，影响教育效果。

应对策略：

强化情感智慧培养：通过专业培训和工作坊，提升班主任的情感识别与调节能力，学会倾听与同理心，构建基于信任的师生关系，营造积极向上的班级氛围。

时间管理与角色平衡：采用时间管理工具，合理规划工作与休息时间，明确不同角色的优先级，同时，通过团队建设活动增强自我认同感，缓解角色压力。

持续学习与技术创新：鼓励班主任参加在线课程、研讨会，掌握最新的教育技术和教学理念，利用数字化平台促进师生互动，提高教学效率与质量。

建立有效的家校沟通机制：利用社交媒体、家校联系 App 等工具，建立定期沟通机制，举办家长教育讲座，增进家校间的理解与信任，共同促进学生的健康成长。

班主任在面对专业情感与态度实践中的挑战时，需采取积极主动的态度，通过不断学习、自我反思与策略调整，不仅能够有效应对挑战，还能在这一过程中实现个人专业成长，为学生的全面发展奠定坚实的基础。通过这些策略的实施，班主任能够成为更加成熟、高效的教育者，引领班级走向更加和谐、积极的发展道路。

第三节　班主任的专业基础知识

在当今教育体系中，班主任作为班级管理的核心角色，其专业基础知识的掌握程度直接影响班级的整体教育质量和学生的全面发展。随着教育理念的不断进步和教育改革的深入推进，对班主任的专业素养提出了更高的要求。班主任不仅要具备扎实的学科知识，还需掌握教育学、心理学等多方面的专业基础知识，以更好地应对班级管理和学生教育的复杂性。

随着社会对教育质量和学生综合素质的关注度日益提高，班主任的专业基础知识研究也成为回应社会关切、满足家长期待的重要途径。

一、班主任专业基础知识概述

1. 班主任角色的定位与特点

班主任在学校教育中扮演着至关重要的角色。他们不仅是班级的管理者，更是学生成长的引路人。班主任的角色定位，首先在于其教育性与管理性的双重结合。他们需要通过科学的管理手段，确保班级秩序井然。其次，要注重学生的全面发展，为学生提供个性化的成长指导。

班主任的角色特点主要体现在以下四个方面：一是全面性，他们需关注学生的学习、生活、心理等多个方面，为学生的全面发展保驾护航；二是权威性，作为班级的领导者，班主任的言行举止对学生具有深远影响，他们的权威来自对学生无微不至的关怀和公正无私的态度；三是示范性，班主任是学生模仿的对象，他们的行为举止、价值观念都将成为学生学习的范本；四是沟通性，班主任需要与学生、家长、学校各方保持密切沟通，形成教育合力。

班主任的角色定位清晰而独特，他们既是班级的管理者，又是学生心灵的导师。其角色特点体现了教育工作的复杂性和细致性，要求班主任具备扎实的专业基础知识和高度的责任心，为学生的健康成长贡献自己的力量。

2. 班主任专业基础知识的重要性

班主任作为学校教育的关键角色，其专业基础知识的重要性不言而喻。首先，扎实的专业基础知识是班主任有效履行职责的基础。它帮助班主任更好地理解教育政策、学生心理及班级管理等多方面的知识，从而制订出更加科学合理的教育方案。其次，班主任的专业基础知识有助于提升教育质量。通过深入理解教育学、心理学等学科知识，班主任能够更准确地把握学生的学习需求和心理状态，为学生提供更加个性化的指导和帮助。这不仅有助于学生的学习进步，还能促进学生的全面发展。最后，班主任的专业基础知识还是其赢得学生信任和家长尊重的重要保障。具备丰富专业基础知识的班主任能够更自信地面对各种教育挑战，用专业的态度和方法解决问题，从而在学生和家长中树立起良好的形象。

班主任的专业基础知识对于其个人职业发展、学校教育质量的提升及学生健康成长等方面都具有重要意义。因此，每一位班主任都应该注重自身专业基础知识的积累和提升，以便更好地服务于教育事业。

3. 班主任专业基础知识的构成

班主任的专业基础知识构成是确保其能够有效履行职责、促进学生全面发展的关键。这一知识体系主要包括以下四个方面：首先，教育学与心理学知识是班主任专业基础的核心。教育学为班主任提供了关于教育规律、教学方法和教育管理的理论基础，而心理学帮助其理解学生的心理发展规律，从而更好地进行心理辅导和行为引导。其次，班级管理知识也是班主任不可或缺的专业基础。这包括班级组织建设、班级活动策划、学生行为规范等方面的内容，有助于班主任营造一个积极向上、和谐有序的班级氛围。再次，班主任还须具备广博的学科知识。虽然不必精通所有学科，但对学生所学各科的基本内容和教学方法要有所了解，有助于班主任更好地指导学生学习，解答学生疑问。最后，政策法规与职业道德知识也是班主任专业基础的重要组成部分。了解国家教育政策和法律法规，遵循教师职业道德规范，是班主任依法执教、保护学生权益的基础。

班主任的专业基础知识构成是一个多维度、综合性的体系，这些知识的综合运用，将有效提升班主任的专业素养和工作能力。

二、教育学理论与班主任专业知识

1. 教育学基本原理及其对班主任工作的指导

教育学基本原理是班主任专业知识的基石，对班主任工作具有重要的指导作用。其中，教育目标理论明确了学校教育的培养目标和任务，为班主任的工作指明了方向。班主任需深入理解学校教育目标，结合班级现状，制订切实可行的教育计划，以促进学生全面发展。

因材施教原则强调根据学生的个体差异进行有针对性的教育。班主任需通过观察、访谈和查看学生资料等方式，深入了解每位学生的特点，创设多样的教育环境，以满足学生个性化发展的需求。热爱尊重与严格要求相结合的原则要求班主任在关爱、尊重和信任学生的基础上，严格要求学生。这一原则有助于培养学生的自尊心和自我教育能力，促进学生的健康成长。

此外，教管统一原则强调思想教育与严格管理的有机结合。班主任在班级管理中，既要注重思想教育，提高学生的认识水平，又要建立必要的班级管理制度和纪律规范，以引导学生形成良好的行为习惯。

教育学基本原理为班主任工作提供了理论指导和实践策略。班主任需掌握这些原理，灵活运用，以促进学生的全面发展，提高班级管理的效能，为构建良好的班级文化和学习环境贡献力量。

2. 教育心理学在班主任工作中的应用

教育心理学作为研究学生心理的学科，在班主任工作中具有举足轻重的作用。它帮助班主任更深入地理解学生，优化班级管理，促进学生健康成长。首先，教育心理学为班主任提供了观察学生的科学方法。通过观察学生的言行举止、学习态度及人际关系，班主任能准确把握学生的心理特点，为个性化教育提供基础。其次，教育心理学强调心理辅导的重要性。班主任应关注学生的心理健康，及时发现并解决学生的心理困扰。通过个别辅导、小组辅导或团体辅导等形式，帮助学生克服心理障碍，提升心理素质。再次，教育心理学还指导班主任如何营造积极的班级氛围。通过开展多样化的班级活动，增强班级凝聚力，培养学生的集体荣誉感和归属感。同时，制定合理的班级规章制度，确保班级秩序井然，为学生创造良好的学习环境。最后，教育心理学促使班主任不断提升自我认知与情绪管理能力。了解自身性格特点与优势，学会合理调控情绪，以积极的态度面对班级管理工作，为学生树立榜样。

教育心理学在班主任工作中具有不可替代的作用，班主任应不断学习与应用相关知识，以便更好地服务于学生的成长与发展。

3. 教育法律法规与班主任职责

在教育学理论与班主任专业知识的框架下，教育法律法规是班主任不可或缺的专业基础知识。班主任作为学校教育的基层管理者，必须深入了解和自觉遵守教育法律法规，以确保教育工作的合法性和规范性。

教育法律法规，如《中华人民共和国教育法》《中华人民共和国教师法》等，为班主任的工作提供了明确的法律依据。这些法律法规不仅规定了班主任的权利和义务，还明确了班主任在教育教学、学生管理等方面的职责。

班主任在日常工作中，要依法履行教育教学任务，关心、爱护全体学生，尊重学生人格，促进学生的全面发展。同时，班主任还要遵守学校的规章制度，执行教学计划，确保教育教学质量。

在班级管理方面，班主任要依据教育法律法规，制定班级规章制度，组织学生参加各种活动，培养学生的集体主义和爱国主义精神。班主任还要与家长保持密切联系，共同关注学生的成长和教育情况。

此外，班主任要不断提升自身的法律素养和法治能力，通过参加法律培训、阅读法律书籍等方式，不断更新自己的法律知识库。在面对违规行为时，班主任要依法处理，维护学生的合法权益和教育秩序。

教育法律法规是班主任专业知识的重要组成部分，班主任要深入了解和自觉遵守这些法律法规，为学生的健康成长和教育事业的健康发展贡献自己的力量。

三、班级管理与班主任专业技能

1. 班级组织建设与管理原则

在班级管理与班主任专业技能的范畴内，班级组织建设与管理原则占据着举足轻重的地位。首先，班级组织建设应遵循目标导向原则，即班级的所有活动和组织安排都应围绕明确的教育目标进行，确保班级发展的方向性和目的性。其次，民主集中制原则也是不可或缺的，它要求班主任在尊重每个学生意见的基础上，进行集中决策，培养学生的民主意识和集体责任感。再次，班级组织还需注重效率与公平并重。在班级管理中，既要追求管理效率，确保班级运转顺畅，又要兼顾公平，关注每个学生的成长需求，避免资源分配不均。最后，灵活性与稳定性相结合的原则同样重要。班级组织应具备一定的灵活性，以适应不断变化的教育环境和学生需求；同时，也要保持相对的稳定性，确保班级文化的传承和班级秩序的维护。

班级组织建设与管理原则是一个系统工程，需要班主任在实践中不断探索和完善，以构建一个和谐、高效、富有活力的班级集体。这些原则不仅为班主任提供了管理班级的基本框架，更为学生的全面发展奠定了坚实基础。

2. 学生个别教育与心理辅导技巧

在班级管理中，班主任不仅需要关注班级整体氛围与秩序，更要细致入微地进行学生个别教育，掌握有效的心理辅导技巧。面对学生的个性化需求与心理波动，班主任要建立信任关系，通过倾听、理解和尊重，让学生感受到安全与被重视。

个别教育时，班主任应运用差异化教学策略，识别学生的学习风格与能力差异，提供针对性的学习支持与指导。同时，心理辅导技巧不可或缺，如情绪管理训练，帮助学生识别、表达与调节自身情绪，增强心理韧性。认知重构技术的应用，则能引导学生积极面对挑战，转变消极思维模式。

此外，班主任还需掌握危机干预技能，及时识别并有效应对学生的心理问题或突发事件，确保学生心理健康。通过组织团队建设活动、角色扮演等互动方式，增进学生间的相互理解与支持，构建积极向上的班级文化。

班主任在学生个别教育与心理辅导方面，需融合专业知识与人文关怀，以科学的方法促进学生的全面发展，为构建和谐班级环境奠定坚实基础。

3. 家校合作与沟通技巧

在家校合作中，班主任的专业技能尤为重要。有效的家校沟通是构建和谐教育环境、促进学生全面发展的关键。班主任需掌握以下沟通技巧：首先，建立信任桥梁。班主任应主动与家长建立联系，通过定期家访、家长会等形式，增进双方了解，确保信息传递的准确性和及时性。在沟通过程中，保持开放和诚恳的态度，尊重家长意见，共同商讨教育策略。其次，注重个性化沟通。每个家庭和学生都有其独特性，班主任需针对不同情况，采取灵活多样的沟通方式。对于特殊需求的学生，更要与家长进行深入交流，制订个性化的教育方案。再次，培养协同合作能力。班主任应引导家长参与学校活动，如志愿服务、教学辅助等，形成家校共育的良好氛围。最后，积极听取家长的反馈和建议，不断优化班级管理策略，提升教育质量。

总之，家校合作与沟通技巧是班主任专业技能的重要组成部分。通过有效的沟通与合作，班主任能够凝聚家校力量，共同促进学生的健康成长和全面发展。这不仅是教育工作的需要，更是对学生负责、对家长负责、对社会负责的体现。

四、教学活动与班主任专业素养

1. 教学设计与实施能力的要求

在教学活动与班主任专业素养的紧密关联中，教学设计与实施能力显得尤为重要。班主任作为班级教学的引领者，必须掌握扎实的教学设计与实施技巧。

在教学设计方面，班主任需深刻理解教学目标，精准把握教学内容，巧妙构思教学环节，确保教学活动既有深度又具广度。同时，班主任还需注重教学方法的创新与多样性，善于运用启发式、探究式等教学方法，激发学生的学习兴趣与主动性。

在实施教学过程中，班主任应具备良好的课堂掌控能力，灵活应对课堂中的各种突发情况，确保教学活动的顺利进行。此外，班主任还需注重与学生的互动交流，及时捕捉学生的学习反馈，调整教学策略，以满足不同层次学生的学习需求。

总之，教学设计与实施能力是班主任专业素养的重要组成部分。班主任应不断提升自身的教学设计与实施能力，以更加科学、高效的教学方式，促进学生的全面发展与成长。同时，通过不断的教学实践与反思，班主任还能进一步丰富自身的教学经验，提升专业素养，为班级教学工作的顺利开展奠定坚实基础。

2. 学生学业指导与评估方法

在班主任的专业素养中，学生学业指导与评估能力是不可或缺的一环。班主任需掌握科学有效的学业指导方法，帮助学生明确学习目标，制订合理的学习计划，并激发他们的学习兴趣和动力。

在学业指导上，班主任应关注学生的个体差异，因材施教，通过个别辅导、小组讨论等多种形式，帮助学生解决学习中的难题。同时，班主任还需培养学生的自主学习能力，引导他们形成良好的学习习惯和思维方式。

在评估方法上，班主任应采用多元化的评价方式，不仅关注学生的学业成绩，更要重视学生的综合素质和能力的发展。通过课堂观察、作业分析、口头测试、项目评价等多种手段，全面了解学生的学习状况，为后续的学业指导提供依据。

此外，班主任还需及时与家长沟通，共同关注学生的学习进展，形成家校共育的良好氛围。通过定期的家长会、家访等方式，向家长反馈学生的学习情况，共同探讨促进学生学业发展的有效策略。

班主任在学生学业指导与评估方面应具备全面的专业素养，通过科学的方法和策略，为学生的全面发展提供有力支持。

3. 促进学生全面发展的策略与实践

在促进学生全面发展的过程中，班主任扮演着至关重要的角色。为了有效实施这一目标，班主任需采取一系列策略与实践。首先，班主任应重视个性化教育，通过深入了解每位学生的兴趣、特长及学习需求，量身定制学习计划，激发学生的学习潜能。同时，鼓励学生参与多样化的课外活动，如艺术、体育、科技等，以拓宽其视野，培养综合素质。其次，构建积极向上的班级文化至关重要。班主任应引导学生树立正确的价值观，强调团队合作与相互尊重，营造和谐的学习氛围。通过组织主题班会、心理健康教育等活动，增强学生的集体归属感和责任感。再次，家校合作是促进学生全面发展的重要途径。班主任需与家长建立密切沟通机制，及时反馈学生在校表现，共同关注孩子的成长需求，形成教育合力。最后，班主任还需不断更新教育理念，运用现代教育技术，创新教学方法，以更加科学、高效的方式引导学生全面发展，为他们的未来奠定坚实基础。

　　班主任在促进学生全面发展方面需采取多元化策略，注重个性化教育、班级文化建设、家校合作及教育理念创新，为学生的健康成长保驾护航。

五、班主任专业成长与自我提升

1. 班主任专业成长的路径与机制

　　班主任的专业成长是一个不断持续的过程，其路径多样且机制复杂。从路径上看，班主任的专业成长主要通过以下三个方面实现：一是持续学习，通过参加专业培训、阅读教育专著、参与学术交流等方式，不断更新教育理念，掌握先进的教育方法；二是实践反思，在日常班级管理中，班主任需不断总结经验教训，反思教育行为，从而优化管理策略；三是合作交流，与其他班主任、任课教师及学生家长进行密切沟通，共享教育资源，共同解决教育难题。

　　在机制方面，班主任专业成长依赖于内外因的共同作用。内因主要是班主任自身的职业发展意愿和动力，以及自我学习和反思的能力；外因则包括学校提供的培训机会、评价体系以及社会大环境对教育的重视程度等。内外因相互作用，共同推动班主任的专业成长。

　　此外，建立有效的激励机制和评价体系也是促进班主任专业成长的重要方法。学校应鼓励班主任积极参与专业发展活动,并提供必要的支持和保障,同时建立科学合理的评价体系,对班主任的专业成长进行客观公正的评估。

2. 班主任自我反思与实践能力提升

在班主任的专业成长道路上,自我反思与实践能力的提升是不可或缺的一环。班主任作为班级管理的核心,其教育理念、管理方法直接影响学生的成长与发展。

自我反思是班主任专业成长的重要途径。通过深入剖析教育过程中的得失,班主任能够清晰认识到自身的优势与不足,从而有针对性地制订改进计划。这种反思不仅包括对教育结果的回顾,更应涵盖对教育过程、教育策略及师生互动的全方位思考。

实践能力的提升则是班主任自我反思的落脚点。只有将反思成果转化为实际行动,才能真正实现教育质量的提升。班主任应积极参与各类教育培训、教学研讨活动,不断吸收新的教育理念和方法,同时勇于尝试将这些理念和方法应用于班级管理实践中。

在自我反思与实践能力提升的过程中,班主任还应注重建立开放、包容的心态,勇于接受同事、学生及家长的反馈与建议,将这些作为自我提升的宝贵经验。

班主任的自我反思与实践能力提升是其专业成长的关键所在。通过持续的反思与实践,班主任能够不断完善自身的教育理念和管理方法,为学生的全面发展奠定坚实基础。

3. 班主任继续教育与学习共同体建设

在班主任专业成长与自我提升的过程中,继续教育与学习共同体建设扮演着至关重要的角色。继续教育不仅是班主任更新教育理念、掌握现代教育技术的途径,更是其适应教育改革、提升专业素养的必然要求。

学校和教育部门应鼓励并支持班主任参加各类专业培训、学术研讨和进修课程，以拓宽视野、深化专业知识。同时，利用网络平台、远程教育等资源，为班主任提供灵活多样的学习机会，满足其个性化学习需求。

学习共同体建设则是促进班主任之间交流与合作的重要平台。通过组织班主任沙龙、工作坊、经验分享会等活动，营造积极向上的学习氛围，让班主任在相互学习中共同成长。在学习共同体内，班主任可以分享成功案例、探讨教育难题、共商解决方案，从而不断提升自身的教育智慧和实践能力。

此外，建立班主任导师制度，让经验丰富的班主任指导新入职或年轻的班主任，通过传帮带的方式，加速其专业成长。同时，鼓励班主任参与教育科研项目，将实践经验上升为理论成果，进一步提升其专业素养和影响力。

班主任继续教育与学习共同体建设是班主任专业成长不可或缺的两翼，共同推动着班主任队伍向更高水平发展。

班主任的专业基础知识是其教育实践的基石，对提升教育质量、促进学生全面发展具有重要意义。未来，应进一步加强对班主任专业基础知识的培养和提升，为其提供更好的专业发展支持，以更好地适应教育改革和发展的需要。

第四节　班主任的专业基本能力

一、班主任专业基本能力的概述

1. 班主任专业基本能力的内涵

在教育的广阔天地里，班主任作为班级的领航者，其角色至关重要且复杂多面。他们不仅是知识的传授者，更是学生品德形成的引导者、心理健康的守护者及班级文化的塑造者。班主任的专业基本能力，作为支撑其高效履行职责的核心要素，不仅关乎学生个体的成长发展，还深刻影响着整个班级的氛围与效能。本节将深入探讨班主任专业基本能力的内涵，从教育理念、班级管理、学生指导、沟通协调、自我发展等维度进行细致剖析，以期为班主任的专业成长提供理论支撑与实践指导。

1.1 教育理念：灵魂的灯塔

教育理念是班主任专业能力的基石，它决定了班主任教育行为的方向与价值取向。一个具备专业素养的班主任，应具备先进的教育理念，这包括但不限于：

全面发展观：认识到教育的目标是培养德智体美劳全面发展的社会主义建设者和接班人，关注学生的综合素质提升，而非单一的成绩指标。

以人为本：尊重学生的个性差异，理解并尊重每个学生的独特性，鼓励其自我探索与表达，促进个性化发展。

终身学习：倡导并实践终身学习理念，不仅自身不断学习新知，还引导学生树立终身学习的意识，培养其自主学习的能力。

情感教育：重视情感在学生成长中的作用，通过积极的情感交流，建立和谐的师生关系，为学生营造安全、信任的学习环境。

1.2 班级管理：秩序的艺术

班级管理能力是班主任专业能力的核心体现，它关乎班级日常运作的效率与氛围的营造。优秀的班主任须具备：

规则制订与执行：能够基于班级实际情况，制定合理的班级规章制度，并确保其得到有效执行，培养学生的规则意识和责任感。

团队建设：通过组织多样化的班级活动，增强班级凝聚力，促进学生间的相互理解和支持，构建积极向上的班级文化。

时间管理：高效安排班级日程，合理分配教学资源与时间，确保教学活动与班级事务有序进行。

危机处理：具备应对突发事件的能力，如学生冲突、心理健康问题等，能够迅速而妥善地处理，维护班级稳定。

1.3 学生指导：心灵的导航

学生指导能力是班主任专业能力的独特体现，它要求班主任成为学生成长道路上的引路人和同行者。这包括：

学业指导：根据学生的学业状况，提供个性化的学习建议，激发学生的学习兴趣与动力，帮助其制订合理的学习计划。

生涯规划：引导学生探索个人兴趣与潜能，初步规划未来发展方向，提供升学、就业等方面的信息与指导。

心理健康辅导：具备一定的心理学知识，能够识别学生的心理困扰，提供初步的心理支持或引导其寻求专业帮助，维护学生的心理健康。

品德教育：通过榜样示范、主题班会等形式，进行社会主义核心价值观教育，培养学生的道德品质和社会责任感。

1.4 沟通协调：桥梁的艺术

沟通协调能力是班主任工作中不可或缺的一环，它关乎班主任与学生、家长、学校管理层乃至社会各界的互动效果。优秀的班主任应掌握如下能力：

有效沟通：掌握倾听与表达的艺术，能够准确理解学生、家长的需求与期望，清晰传达教育理念与班级要求。

冲突调解：在学生间、师生间或家校间出现矛盾时，能够公正、客观地分析问题，寻找双方都能接受的解决方案。

合作共建：积极与各科教师、学校管理层沟通协作，共同促进学生全面发展；同时，拓展社会资源，为学生创造更多实践与学习机会。

家长参与：建立有效的家校合作机制，鼓励家长参与班级管理与学生教育，形成教育合力。

1.5 自我发展：不息的追求

自我发展能力是班主任专业成长的内在动力，它要求班主任不断反思、学习与创新，以适应教育环境的变化。这包括：

反思实践：定期反思自己的教育行为与管理策略，从中总结经验教训，不断优化工作方法。

专业成长：积极参加教育培训、学术交流等活动，不断更新教育理念与专业知识，提升专业技能。

创新探索：勇于尝试新的教育理念与技术手段，如信息技术在教学中的应用，以适应数字化时代的教育需求。

情绪管理：培养良好的情绪管理能力，保持积极乐观的心态，有效应对工作压力，确保身心健康。

班主任的专业基本能力是一个多维度、综合性的概念，它涵盖了教育理念、班级管理、学生指导、沟通协调及自我发展等多个方面。这些能力相互交织、相互支撑，共同构成了班主任专业成长的基石。在实践中，班主任应不断锤炼这些能力，以更加专业、高效的方式引领学生健康成长，为构建和谐社会贡献教育力量。通过持续的专业成长，班主任不仅能成为学生生命中的重要他人，还能在教育事业的广阔舞台上绽放属于自己的光彩。

二、教育教学能力

1. 教学设计与实施能力

班主任是班级的管理者，更是学生知识学习、品德形成与个性发展的引导者。教育教学能力是班主任专业素养的核心组成部分，其中，教学设计与实施能力尤为关键，它直接关系教学效果的优劣和学生发展的质量。本节将深入探讨班主任在教学设计与实施方面的能力要求，包括设计理论基础、设计基本原则、设计实施策略、教学实施艺术及评估与反馈，旨在为提升班主任的专业实践能力提供理论指导与实践路径。

1.1 教学设计的理论基础

教学设计是教学活动开展前的系统规划过程，旨在通过科学合理的安排，优化教学资源配置，促进学生学习目标的达成。其理论基础主要包括学习理论、教学理论和系统理论。

学习理论：行为主义强调刺激—反应联结，认为学习是通过反复练习强化形成的；认知主义则关注个体内部的心理加工过程，如信息处理、记忆存储等；建构主义强调学习者主动建构知识的过程，认为学习是在社会文化背景中通过与他人的互动实现的。班主任在设计教学活动时，需根据教学内容和学生特点，灵活运用这些理论，促进学生的有效学习。

教学理论：布鲁姆的教学目标分类理论，将教学目标分为认知、情感和动作技能三大领域，为教学设计提供了清晰的目标框架；加涅的信息加工模型揭示了学习过程的信息流和认知加工阶段，为教学策略的选择提供了科学依据。

系统理论：将教学过程视为一个开放系统，强调各要素（如教师、学生、教学内容、教学方法等）之间的相互作用与整体优化。系统理论指导下的教学设计注重预设目标与实际情况的动态调整，追求教学效果的最大化。

1.2 教学设计的基本原则

目标导向原则：明确、具体、可衡量的教学目标是教学设计的起点，所有教学活动应围绕目标展开，确保教学方向的准确性。

学生中心原则：尊重学生的个体差异，关注学生的兴趣、需求和学习能力，设计多样化的教学活动，促进每个学生的全面发展。

互动性原则：鼓励学生积极参与，通过小组讨论、角色扮演、项目式学习等方式，增强师生互动、生生互动，提高其学习的主动性和合作性。

情境性原则：创设贴近学生生活实际或模拟真实情境的学习环境，让学生在情境中学习，提高知识的迁移能力和解决问题的能力。

反馈与调整原则：建立有效的反馈机制，及时收集学生的学习反馈，根据反馈调整教学策略，确保教学活动始终适应学生的学习需求。

1.3 教学设计的实施策略

内容组织：根据学科特点和课程标准，合理编排教学内容，确保知识的逻辑性和连贯性。采用主题式、模块化等方式，使教学内容既系统又灵活。

方法选择：结合教学目标和学生特点，灵活运用讲授法、讨论法、实验法、探究法等多种教学方法，激发学生的好奇心和探索欲。

技术融合：充分利用现代信息技术，如多媒体教学资源、在线学习平台、智能教学工具等，丰富教学手段，提高教学效率和质量。

评价体系构建：建立多元化评价体系，包括自我评价、同伴评价、教师评价等，不仅注重学习结果，也注重评价学习过程和学习态度，促进学生全面发展。

差异化教学：针对学生的不同学习风格和需求，设计个性化学习计划，提供不同难度层次的学习任务，确保每个学生都能在适合自己的节奏下进步。

1.4 教学实施的艺术

教学设计的蓝图需要通过精心的教学实施来实现。班主任在实施教学过程中，须具备以下能力：

课堂管理能力：有效管理课堂秩序，营造积极的学习氛围，适时引导学生的注意力，确保教学活动的顺利进行。

灵活应变能力：面对课堂上的突发情况，能够迅速调整教学计划，采取有效策略应对，保证教学的连贯性和有效性。

情感交流能力：建立良好的师生关系，通过眼神交流、言语鼓励、肢体动作等方式，传递关爱与信任，激发学生的学习动力。

激励与评价能力：采用正面激励策略，及时表扬学生的进步和成就，同时给予建设性反馈，帮助学生认识自我，不断进步。

1.5 评估与反馈

教学设计与实施的效果需要通过系统的评估来检验。班主任应建立科学的评估体系，包括形成性评价和总结性评价，不仅关注学生的学习成果，也注重评价学生的学习过程、学习方法和学习态度。通过定期收集和分析学生的学习数据，及时调整教学策略，形成持续改进的教学循环。同时，鼓励学生参与评估过程，培养自我评价和同伴评价的能力，使学生在反思中成长，促进自我认知和自我提升。

班主任的教学设计与实施能力是提升其教育教学质量的关键。通过深入理解教学设计的理论基础，遵循科学的设计原则，采用灵活多样的实施策略，并注重评估与反馈，班主任可以更有效地指导学生的学习，促进学生的全面发展。在这一过程中，班主任不仅是知识的传递者，更是学生心灵的启迪者，用智慧与爱心点亮学生的成长之路。随着教育理念的不断进步和教育技术的持续发展，班主任应不断学习，勇于创新，以适应新时代教育的要求，为学生的美好未来奠定坚实的基础。

2. 学生学业指导能力

在班主任的专业基本能力构成中，学生学业指导能力是一项至关重要的内容。它不仅仅关乎学生的学习成绩，更涉及学生的学习兴趣、学习方法、学习态度乃至未来的职业规划等多方面。班主任作为学生成长道路上的重要引路人，其学业指导能力的高低直接影响学生能否全面发展。本节将从学业指导的内涵、重要性、实施策略以及面临的挑战与应对策略四个方面，深入探讨班主任的学生学业指导能力。

2.1 学业指导的内涵

学业指导，简而言之，是指班主任依据学生的个体差异、兴趣爱好、学习现状及未来发展方向，通过个别辅导、集体教学、资源整合等多种方式，帮助学生明确学习目标、优化学习方法、激发学习动力、解决学习难题，进而促进其学业成绩提升和综合素质发展的过程。这一过程强调个性化、全面性和前瞻性，旨在培养学生的自主学习能力、批判性思维和终身学习的习惯。

2.2 学业指导的重要性

促进个体发展：每个学生都是独一无二的个体，拥有不同的学习风格、兴趣偏好和潜能。有效的学业指导能够帮助学生发现并发展自己的优势，同时弥补不足，实现个性化成长。

提升学习效率：通过教授高效的学习策略和方法，如时间管理、笔记技巧、复习策略等，可以显著提高学生的学习效率，减轻其学习负担。

激发学习动力：当学生感受到学习带来的成就感，认识到学习的意义和价值时，其内在的学习动力会得到激发，形成积极向上的学习态度。

促进心理健康：面对学业压力，有效的学业指导能帮助学生建立正确的压力应对机制，减少焦虑情绪，维护良好的心理状态。

规划未来发展：通过引导学生探索个人兴趣、了解职业世界，学业指导还能为学生的生涯规划奠定基础，帮助其做出更加明智的选择。

2.3 实施策略

建立个性化学习档案：班主任应收集学生的学习成绩、兴趣爱好、特长、性格特点等信息，建立个人学习档案，为后续的个性化指导提供依据。

开展学习方法培训：定期组织学习方法分享会或工作坊，邀请优秀学生或教育专家分享高效学习技巧，鼓励学生相互学习，共同进步。

实施分层教学：根据学生的学习基础和能力，实施分层教学，确保每位学生都能在适合自己的难度水平上迎接挑战并获得成长。

建立学习伙伴制度：鼓励学生组成学习小组，通过同伴互助的方式解决学习难题，培养团队合作精神和社交技能。

家校合作：加强与家长的沟通，共同关注学生的学习进展，提供家庭教育的建议，形成家校共育的良好氛围。

生涯规划教育：结合学生兴趣和社会需求，开设生涯规划课程，引导学生探索职业兴趣，设定长远目标，为未来学习和工作做准备。

心理健康教育：定期开展心理健康教育活动，教授应对学习压力的方法，如正念冥想、情绪管理等，增强学生的心理韧性。

2.4 面临的挑战与应对策略

挑战一：学生差异性的准确把握

应对策略：利用问卷调查、个别访谈、标准化测试等多种手段，全面收集学生信息，结合日常观察，动态调整学习档案，确保指导的精准性。

挑战二：资源与时间的限制

应对策略：优化资源配置，利用网络平台、在线教育资源等现代技术手段，提高指导效率；合理规划时间，确保关键环节的投入，如定期的一对一辅导时间。

挑战三：家长参与度不一

应对策略：通过家长会、家校联系册、微信群等多种渠道，加强家校沟通，分享成功案例，提升家长对学业指导重要性的认识，鼓励家长积极参与。

挑战四：学生自我驱动力不足

应对策略：设计激励机制，如设立学习进步奖、表彰优秀学习小组等，增强学生的成就感和归属感；同时，通过生涯规划教育，激发学生的内在动力。

挑战五：教师专业发展需求

应对策略：鼓励班主任参加专业培训、学术交流，不断提升自身的教育学、心理学理论水平和实践能力；建立班主任成长共同体，促进经验交流和资源共享。

总之，培养班主任的学生学业指导能力是一项系统工程，需要综合运用教育学、心理学、管理学等多学科知识，结合实际情况灵活施策。通过持续的学习、实践与反思，班主任可以不断提升自身的学业指导能力，为学生的全面发展奠定坚实的基础。在这个过程中，班主任不仅是知识的传递者，更是学生心灵的导师，通过有效的学业指导，激发学生的潜能，引领他们走向更加光明的未来。

三、班级管理能力

1. 班级组织与管理策略

班级作为学校教育的基本单元，不仅是知识传授和技能培养的主要场所，更是学生个性发展、社会能力培养的重要阵地。班主任作为班级的引领者和组织者，其班级管理能力直接影响班级氛围的营造、学生学习效率的提升以及学生身心的健康成长。因此，掌握并有效运用班级组织与管理策略，是每一位班主任必备的专业基本能力之一。本节将从班级组织结构优化、班级规章制度建设、班级文化培育，以及班级冲突管理四个方面，深入探讨班主任在班级组织与管理中的有效策略。

1.1 班级组织结构优化

班级组织结构的合理设计是班级管理的基石。一个高效、和谐的班级组织不仅能够促进教学活动的顺利进行，还能增强学生的归属感和责任感。

角色分配明确化：班主任应根据学生的性格特点、兴趣特长及能力水平，合理分配班级角色，如班长、学习委员、生活委员、文体委员等，确保每位学生都能在适合自己的岗位上发挥作用，感受到自我价值。同时，实行轮岗制度，让学生有机会体验不同职责，培养全面发展的能力。

小组合作模式：建立学习小组，通过异质分组（即组内成员在学习能力、性格特点等方面存在差异），促进组内互助与合作，提高学习效率。定期调整小组构成，保持小组的活力与效率，同时培养学生适应不同团队环境的能力。

层级管理机制：构建"班级—小组—个人"的三级管理体系，既保证了管理的效率，又锻炼了学生的领导力和责任感。班主任通过指导班干部开展工作，间接管理班级，同时鼓励学生自我管理，形成良好的自治氛围。

1.2 班级规章制度建设

"无规矩不成方圆"，班级规章制度是班级秩序的重要保障。科学合理的规章制度能够规范学生行为，促进班级形成良好的风气。

共同参与制定：规章制度不应仅由班主任单方面制定，而应鼓励学生积极参与讨论，共同制定。这不仅能增强规章制度的可接受性，还能培养学生的规则意识和民主精神。

内容全面具体：规章制度应涵盖学习纪律、卫生值日、课间活动、作业提交、奖惩机制等多个方面，确保班级生活的各个方面都有章可循。同时，规章制度要具体明确，避免模糊表述，便于执行和监督。

执行公正透明：在规章制度的执行过程中，班主任需坚持公平公正的原则，对所有学生一视同仁。建立有效的监督反馈机制，允许学生对规章制度执行过程中的问题提出异议，确保制度执行的透明度和公信力。

1.3 班级文化培育

班级文化是班级的灵魂，它潜移默化地影响着学生的价值观、行为方式和心理状态。良好的班级文化能够激发学生的内在动力，促进班级凝聚力的形成。

核心价值引领：班主任应提炼班级的价值观，如"团结、勤奋、创新、友爱"，并通过班会、主题活动等形式不断强化，使之成为班级成员共同的价值追求。

特色活动打造：结合班级特点，开展丰富多彩的班级活动，如读书分享会、才艺展示、志愿服务等，为学生提供展示自我、增进友谊的平台，同时增强班级文化的独特性和吸引力。

环境氛围营造：班级的物理环境也是班级文化的重要组成部分。通过布置教室、悬挂励志标语、设立荣誉墙等方式，营造积极向上、温馨和谐的班级氛围，使学生在潜移默化中受到正面影响。

1.4 班级冲突管理

班级冲突是班级管理中不可避免的现象，妥善处理冲突，不仅能够维护班级和谐，还能促进学生之间的理解和尊重。

预防为主，早期干预：班主任应具备敏锐的洞察力，及时发现班级中的潜在冲突点，通过个别谈话、心理疏导等方式，提前介入，将冲突扼杀在萌芽状态。

公正调解，促进沟通：当冲突发生时，班主任应作为中立者，公正地听取双方意见，避免主观臆断。通过组织双方进行面对面沟通，帮助他们理解对方的立场和感受，寻找共同点，达成和解。

教育引导，提升认识：冲突解决后，班主任应以此为契机，进行深度的教育引导，帮助学生认识到冲突的本质，学会换位思考，培养宽容、理解和包容的品质。同时，鼓励学生从中吸取教训，学会更有效的冲突解决技巧。

班级管理能力是班主任专业素养的重要组成部分，它要求班主任不仅要具备科学的管理理念和策略，更需拥有高度的责任心、爱心和耐心。通过优化班级组织结构、建立健全规章制度、精心培育班级文化以及有效管理班级冲突，班主任可以营造一个既有序又充满活力的班级环境，为学生的全面发展提供坚实的基础。在这个过程中，班主任自身的管理能力和教育智慧也将得到不断的提升和完善。总之，班级管理能力不仅是技术层面的运用，更是教育理念的体现，它关乎每一位学生的成长和未来，值得每一位班主任深入研究和持续实践。

2. 班级文化建设与引领

在班主任的专业基本能力中，班级管理能力占据着核心地位，它不仅关乎班级日常运作的顺畅，更是影响学生个性发展、集体凝聚力形成以及学习氛围营造的关键因素。而班级文化建设作为班级管理的重要组成部分，是班主任展现其领导力、创新力和人文关怀的重要舞台。本节将深入探讨班级文化的内涵与重要性，班级文化建设的构建策略以及班主任在其中的引领作用，旨在为班主任提供一套系统性的实践指南。

2.1 班级文化的内涵与重要性

班级文化是指在特定班级内，由师生共同创造、认同并遵循的一系列价值观念、行为准则、精神风貌、学习风气和生活方式的总和。它既包括显性的物质环境布置，如教室布置、班级标志等，也涵盖隐性的精神层面，如班级精神、班级荣誉感、师生关系、同学间的相处之道等。良好的班级文化如同一股无形的力量，潜移默化地影响着每一位班级成员，促进学生全面发展，增强班级凝聚力，营造积极向上的学习氛围。

促进个体成长：班级文化通过提供正向的价值导向和行为规范，引导学生树立正确的世界观、人生观、价值观，促进其品德修养、学习兴趣和社会技能的提升。

增强集体归属感：共同的班级文化能够加深学生之间的情感联系，增强班级成员的身份认同感和集体荣誉感，形成团结互助的良好风气。

优化学习环境：积极向上的班级文化能够激发学生的学习动机，减少消极因素干扰，营造一个和谐、高效、充满正能量的学习环境。

促进教师专业成长：班级文化建设的过程也是班主任教育理念、管理策略不断实践、反思与调整的过程，有助于提升班主任的专业素养和领导能力。

2.2 班级文化建设的构建策略

明确班级愿景与目标

班级文化建设的第一步是确立班级的愿景和目标。班主任需与学生共同讨论，结合学生特点、学校要求及社会发展趋势，制定出既具有挑战性又贴近实际的班级发展目标，如"成为全校最具创新精神的班级""构建和谐温馨的班级大家庭"等。这一步骤旨在凝聚共识，为后续的文化建设奠定思想基础。

设计班级标识与符号

班级标识是班级文化的外在表现之一，包括班徽、班旗、班歌等。班主任应鼓励学生参与设计，通过集体创作的过程加深学生对班级文化的理解和认同。这些标识不仅美化了班级环境，更是班级精神的象征，能够增强学生的归属感和自豪感。

营造积极向上的学习氛围

学习氛围是班级文化的重要组成部分。班主任可以通过设立"学习之星""进步奖"等奖项，表彰优秀，鼓励进步；组织学习小组、读书分享会等活动，激发学生学习兴趣，培养自主学习和合作学习的能力。同时，建立有效的沟通机制，及时解决学习中的困难，保持学习动力的持续性。

强化班级规范与纪律

良好的班级文化离不开明确的规范和纪律。班主任应与学生共同制定班级规章制度，确保每位学生都能参与班级管理，理解并遵守规则。通过定期的班会、主题教育等形式，强化学生规则意识，培养其责任感和自我管理能力。

开展丰富多彩的班级活动

班级活动是班级文化建设的重要载体。班主任应根据学生兴趣和需求，策划一系列既有教育意义又富有趣味性的活动，如文化节、体育比赛、志愿服务、社会实践等。这些活动不仅能增进同学间的友谊，还能在实践中培养学生的团队精神、创新能力和社会责任感。

2.3 班主任在班级文化建设中的引领作用

理念引领

班主任作为班级文化的设计者和推动者，其教育理念直接决定了班级文化的方向和内涵。班主任应秉持"以人为本"的教育理念，关注学生的全面发展，倡导尊重、理解、包容的班级氛围，用先进的教育思想引领班级文化建设。

情感引领

情感是连接班主任与学生的桥梁。班主任应通过日常的关心、倾听、鼓励，建立起基于信任和支持的师生关系。在班级文化建设中，班主任的情感投入能够激发学生的参与热情，增强班级的凝聚力和向心力。

行为示范

班主任的行为举止对学生有着深远的影响。在班级文化建设过程中，班主任应以身作则，遵守班级规范，展现积极向上的生活态度和工作热情，成为学生的榜样。

创新引领

面对快速变化的社会环境和学生需求，班主任应具备创新意识，不断探索班级文化建设的新路径、新方法。如利用现代信息技术手段，创建班级网站、微信公众号等平台，拓宽文化传播渠道，增强班级文化的时代感和吸引力。

评估与反馈

班级文化建设是一个持续优化的过程。班主任应建立有效的评估机制，定期收集学生和家长的反馈意见，对班级文化建设的成效进行评估，及时调整策略，确保班级文化始终符合时代发展的要求，满足学生成长的需要。

班级文化建设作为展现班主任专业基本能力不可或缺重要环节，它不仅直接影响班级管理的效率与质量，更是构建学生精神家园的核心载体。通过明确愿景、设计标识、营造氛围、强化规范、开展活动等多维度策略的实施，班主任能够有效引领班级文化的建设，为学生营造一个健康、和谐、富有活力的成长环境。在这一过程中，班主任不仅是文化的创造者，更是文化的传播者和守护者，以其独特的人格魅力和教育理念，照亮学生前行的道路，引领他们走向更加美好的未来。

四、沟通与协调能力

1. 与学生的沟通技巧

在教育领域中，班主任作为学生与学校、家庭之间的桥梁，其角色至关重要。班主任不仅负责传授知识，更重要的是引导学生成长，塑造其人格，这一过程中，沟通与协调能力显得尤为重要。特别是与学生的沟通，是班主任日常工作中不可或缺的一部分，它直接影响教育效果的实现、班级氛围的营造以及学生心理健康的发展。本节将深入探讨班主任与学生进行有效沟通的技巧，旨在提升班主任的专业能力，促进学生全面发展。

1.1 建立信任基础：倾听与尊重

倾听的艺术

有效的沟通始于倾听。班主任应首先成为一位耐心的倾听者，给予学生充分表达自我感受、想法和困惑的机会。倾听不仅仅是听学生说话，更重要的是理解其背后的情感和需求。这要求班主任在倾听时保持专注，避免打断，通过点头、眼神交流等非言语方式表达对学生的关注和尊重。同时，适时重复或总结学生的话语，以确认理解无误，让学生感受到被关注和被理解。

尊重个体差异

每个学生都是独一无二的个体，拥有不同的性格、兴趣、学习能力和家庭背景。班主任在与学生沟通时，需充分尊重这些差异，避免"一刀切"

的交流方式。通过个别谈话、小组讨论等形式，针对性地满足不同学生的需求，让每个学生都感受到被重视和接纳，从而建立起基于尊重的信任关系。

1.2 情感共鸣：同理心与正面反馈

运用同理心

同理心是建立良好师生关系的润滑剂。班主任应尝试站在学生的角度思考问题，理解他们的情绪反应和行为动机。当学生遇到困难或挑战时，通过分享个人经历、表达理解和支持，让学生感受到班主任不仅是管理者，更是可以倾诉和依靠的朋友。同理心的运用能有效缓解学生的焦虑和压力，促进问题的积极解决。

给予正面反馈

正面反馈是激励学生进步的重要手段。班主任应善于发现学生的闪光点，无论是学业上的小成就还是品德上的良好表现，都应给予及时且具体的表扬。正面反馈应具体、真诚，避免空洞的赞美，让学生明白自己的努力被看见和认可，从而增强自信心和学习动力。同时，对于需要改进的地方，班主任也应采用建设性批评的方式，鼓励学生积极改进。

1.3 有效表达：清晰与鼓励性语言

清晰表达期望

班主任在与学生沟通时，应明确表达自己的期望和要求，避免模糊不清的指令，导致学生无所适从。设定目标时，既要考虑学生的实际情况，又要具有一定的挑战性，同时提供实现目标的步骤和方法，帮助学生理解并朝着目标努力。清晰的目标设定有助于培养学生的责任感和自我管理能力。

鼓励性语言的运用

语言是沟通的媒介，鼓励性语言能够激发学生的内在潜能。班主任在与学生交流时，应多采用正面、积极的语言，如"我相信你能做到""你这次做得很好，继续努力"等，这些话语能够增强学生的自我效能感，促进积极行为的持续发生。同时，避免使用贬低、指责的语言，以免伤害学生的自尊心和打击其积极性。

1.4 情境适应性：灵活应对与个性化策略

灵活应对不同情境

班级管理中，班主任会遇到各种突发情况和复杂情境，如学生间的冲突、学习动力的下降、心理健康问题等。在这些情况下，班主任需要具备高度的灵活性和应变能力，根据具体情况采取最合适的沟通策略。例如，面对学生间的矛盾，可采用调解对话的方式，引导学生理性表达，寻找双赢的解决方案；对于学习动力不足的学生，则可通过设定短期目标、提供额外辅导或激励措施来激发其学习兴趣。

个性化沟通策略

鉴于学生的多样性和复杂性，班主任需制定个性化的沟通策略。这包括了解每位学生的兴趣点、学习风格和家庭背景，据此调整沟通方式和内容，使沟通更加贴近学生的实际需求。例如，对于内向的学生，可以通过书信、电子邮件等书面形式进行沟通，为他们提供一个更加私密和安全的表达空间；对于外向型学生，则可以利用面对面交流或小组讨论的形式，激发其参与热情和创造力。

1.5 持续学习与反思：提升沟通技巧的路径

持续学习

沟通与协调能力并非与生俱来，而是需要不断学习和实践。班主任应积极参加专业培训、工作坊和研讨会，学习最新的教育心理学理论、沟通技巧和冲突解决策略。同时，通过阅读相关书籍、观看教育视频、参与在线论坛等方式，拓宽视野，吸取他人的成功经验和教训。

反思与自我提升

反思是专业成长的关键。班主任应定期回顾自己的沟通实践，分析成功与失败案例，识别沟通中的盲点和不足。通过撰写反思日志，与同事交流心得，征求学生反馈等方式，不断调整和优化沟通策略，实现自我提升。此外，保持开放的心态，勇于承认错误，从失败中汲取教训，也是成为优秀班主任不可或缺的品质。

总之，与学生的沟通技巧是班主任专业基本能力的重要组成部分。通过建立信任基础、运用同理心、有效表达、灵活应对不同情境以及持续学习与反思，班主任可以更有效地与学生沟通，促进学生的全面发展，打造和谐向上的班级文化。在这个过程中，班主任不仅是知识的传递者，更是学生心灵的引路人，为学生的健康成长保驾护航。

2. 与家长及同事的协作

在教育这一复杂而精微的领域中，班主任不仅是学生心灵的引路人，更是家庭与学校、教师与教师之间的重要桥梁。在班主任的专业基本能力中，沟通与协调能力尤为重要，它直接关系到教育合力的形成与教育效果的优化。本节将深入探讨班主任如何有效与家长及同事进行协作，共同促进学生的全面发展。

2.1 与家长的有效协作

建立信任基础

信任是家校合作的基石。班主任首先要以开放、诚恳的态度主动与家长建立联系，通过家长会、家访、电话沟通、微信或学校 App 等多种渠道，及时向家长反馈学生的在校表现，包括学习成绩、行为习惯、心理状态等，同时也应倾听家长的意见与建议，展现对学生个体差异的尊重与理解。这种双向沟通有助于消除误解，增进彼此间的信任。

明确合作目标

家校合作的核心在于共同促进学生的健康成长。班主任需与家长就孩子的教育目标达成共识，这包括但不限于学业成就、品德培养、兴趣激发、身心健康等方面。班主任通过制订个性化的教育计划，明确短期与长期目标，并鼓励家长参与孩子的日常学习与生活管理，形成家校共育的良好氛围。

开展家庭教育指导

鉴于家长在教育理念、方法上的多样性，班主任应具备一定的家庭教育指导能力。可以通过举办家庭教育讲座、工作坊，或推荐相关书籍、网络资源等形式，帮助家长掌握科学的育儿知识，理解孩子成长阶段的特征，学会有效沟通与激励技巧，从而使家校形成一致的教育理念和实践策略。

处理冲突与分歧

家校合作中难免会遇到意见不合的情况。面对冲突，班主任应保持冷静与理性，采取积极倾听、以同理心理解的方式，先认同家长的感受，再共同探讨问题的根源与解决方案。重要的是，班主任要展现出解决问题的诚意与能力，通过协商找到双方都能接受的平衡点，维护家校关系的和谐稳定。

2.2 与同事的紧密协作

塑造团队精神

一个团结协作的教师团队是提升教育质量的关键。班主任作为班级管理的核心，应积极营造正面的团队文化，鼓励教师间相互尊重、支持与分享。通过定期的团队建设活动、教学研讨会，增进同事间的了解与信任，形成共同的教育愿景。

协调教学资源

有效的资源管理是保证教学质量的前提。班主任需与学校管理层、各任课教师紧密合作，合理规划课程安排、教学资源分配，确保每位学生都能获得必要的学习材料和充足的实践机会。同时，针对有特殊需要的学生，班主任应协调特殊教育资源，如心理辅导、个别辅导等，确保教育公平与个性化需求的满足。

促进专业成长

教师专业发展是一个持续的过程。班主任应成为同事学习的榜样，通过组织教学观摩、案例分析、教育理论学习等活动，激发教师自我提升的热情。同时，鼓励团队成员参与校外培训、学术交流，带回新的教育理念和教学方法，促进整个教师团队的专业成长。

解决团队冲突

团队内部偶尔也会出现意见不合或误解。班主任应采取公正中立的态度，及时识别并介入解决冲突。通过私下交谈、组织调解会议等方式，引导双方表达真实想法，寻找共同点，强调团队目标高于个人意见，促进团队内部的和谐与统一。

2.3 案例分析与策略提炼

案例分析一：家校沟通障碍

某中学学生近期成绩下滑，家长对班主任表示不满，认为学校未尽到教育责任。班主任通过家访深入了解学生家庭背景，发现家长忙于工作，缺乏对孩子学习的关注。班主任随即提出"亲子共读计划"，并邀请家长参与学校的教育活动，逐步改善了家庭氛围，学生成绩也随之提升。此案例说明，主动沟通、理解家长困境并提出具体解决方案是化解家校矛盾的有效途径。

案例分析二：教师团队协作挑战

某中学班级因新老教师合作模式不协调，进而引发教学方法差异过大，最终导致班级管理混乱。班主任组织了一次"教学风格融合"研讨会，鼓励新老教师分享经验，共同探讨适合本班学生的教学策略。通过互相学习，教师们逐渐找到了平衡点，班级氛围与教学效果均得到显著改善。此案例启示我们，团队协作中的开放心态与相互学习是促进专业成长的关键。

班主任与家长及同事的有效协作，是构建良好教育生态、促进学生全面发展的重要保障。通过建立信任、明确目标、提供指导、处理冲突等多维度策略，班主任可以成为家校沟通的桥梁，促进教师团队内部的和谐与成长。在这个过程中，班主任不仅是教育者，更是协调者、引领者，其专业能力与人格魅力将深刻影响每一位学生的成长轨迹。因此，不断提升自身的沟通与协调能力，对班主任而言，既是职业发展的要求，也是教育使命的呼唤。

五、学生指导与辅导能力

1. 学生心理健康指导

随着社会的快速发展和教育环境的不断变化，学生的心理健康问题日益凸显，成为影响学生全面发展不可忽视的重要因素。因此，在班主任应具备的专业基本能力中，学生心理健康指导能力显得尤为重要。本节将从心理健康的重要性、心理健康指导的内容与方法，以及案例分析与实践四个方面进行深入探讨。

1.1 心理健康的重要性

心理健康是指个体在心理上的一种积极、健康的状态，表现为良好的自我认知、稳定的情绪情感、适应性的行为模式及和谐的人际关系等。对学生而言，良好的心理健康状态是其学习进步、人格完善和社会适应的基础。

促进学业成就：心理健康的学生能更好地集中注意力，提高学习效率，面对学习困难时更具韧性和解决问题的能力。

增强人际交往能力：健康的心理状态有助于学生建立积极的人际关系，学会合作与分享，减少冲突与孤独感。

提升自我价值感：拥有良好心理调适能力的学生更能正确评价自己，增强自信心，形成积极向上的生活态度。

预防心理问题：早期识别并干预心理问题，可以有效防止抑郁症、焦虑症等心理障碍的发生，保护学生的身心健康。

1.2 心理健康指导的内容与方法

内容

情绪管理：教导学生识别、表达和调节自己的情绪，学会情绪释放的正当途径，避免情绪压抑或过度表达。

压力应对：引导学生正确认识压力，教授有效的压力管理技巧，如时间管理、放松训练等。

自我认知：帮助学生建立正确的自我形象，增强自我接纳和自我效能感，促进个性健康发展。

人际交往：培养学生的沟通技巧、同理心和合作精神，解决人际关系中的冲突与误解。

生涯规划：引导学生探索个人兴趣、能力和价值观，制定合理的生涯发展目标，做好面对未来挑战的准备。

方法

个别咨询：针对有特定需求的学生进行一对一辅导，提供个性化解决方案。

小组辅导：通过小组讨论、角色扮演等活动，让学生在互动中学习心理健康知识，增进相互理解与支持。

心理健康教育课：定期开设心理健康主题班会，普及心理健康知识，提升学生的自我认知与调适能力。

家校合作：加强与家长的沟通，共同关注孩子的心理健康，提供家庭教育的建议和资源。

建立支持系统：构建班级内的心理健康支持小组，鼓励学生相互帮助，形成积极向上的班级氛围。

1.3 案例分析与实践

案例一：情绪困扰的小王

背景：小王是一名初二学生，近期因学业压力增大，情绪波动较大，常因小事发脾气，学习效率下降。

干预措施：

倾听与理解：班主任首先通过耐心倾听，了解小王的困扰，表达对他的理解和支持。

情绪管理训练：介绍情绪日记法，引导小王记录每日情绪变化，学习识别并表达情绪。

时间管理：教授时间管理技巧，帮助小王合理规划学习与休息时间，减轻压力。

家校联动：与小王家长沟通，共同制订家庭支持计划，如限制电子设备使用时间，增加亲子互动频率。

效果：经过一个月的干预，小王的情绪管理能力显著提升，学习状态逐渐恢复，成绩有所提高。

案例二：人际关系紧张的小红

背景：小红性格内向，与同学交往时常感不自在，导致人际关系紧张，影响学习和心情。

干预措施：

角色扮演：组织小组辅导，通过角色扮演活动，让小红在安全的环境中练习与人交往的技巧。

同伴支持：安排性格开朗的同学与小红结伴，鼓励她们共同参与班级活动，增进友谊。

自信心提升：在班级活动中给予小红更多展示机会，如主持班会、分享阅读心得，增强其自信心。

个别咨询：必要时，推荐小红至学校心理咨询室获得更专业的干预。

效果：经过几个月的努力，小红的人际交往能力得到明显改善，开始主动与同学交流，参与班级活动的积极性提高，自信心显著增强。

学生心理健康指导是班主任专业基本能力中不可或缺的一环。通过系统的观察、倾听、指导与协调，班主任能够有效促进学生的心理健康发展，帮助他们构建坚实的心理防线，面对成长的挑战。实践中，班主任应不断学习最新的心理健康理论与方法，结合学生实际情况，灵活运用多种策略，为学生的全面发展保驾护航。同时，加强家校合作，形成心理健康教育的良好生态，共同为学生的健康成长创造更加美好的环境。

2. 学生发展规划与指导

学生发展规划与指导，作为班主任专业基本能力的重要组成部分，旨在通过全面、个性化和前瞻性的规划，帮助每位学生认识到自己的潜能，明确成长目标，逐步构建起积极向上的世界观、人生观和价值观。本节将从理论基础、实施策略、案例分析以及面临的挑战与应对策略四个方面，深入探讨班主任在学生发展规划与指导中的关键作用。

2.1 理论基础

2.1.1 多元智能理论

霍华德·加德纳的多元智能理论为班主任进行学生发展规划提供了坚实的理论基础。该理论认为，人类的智能是多方面的，包括但不限于语言智能、逻辑－数学智能、空间智能、肢体－动觉智能、音乐智能、人际智能、内省智能以及自然观察智能等。这一理论强调，每个学生都有其独特的智能组合，班主任应识别并激发学生的优势智能，同时促进其他智能的均衡发展。

2.1.2 生涯规划理论

生涯规划理论，特别是舒伯的生涯发展理论，指出个体的生涯发展是一个终身的过程，经历成长、探索、建立、维持和衰退五个阶段。在学生阶段，特别是中学时期，正处于生涯探索的关键时期。班主任需引导学生探索个人兴趣、价值观、能力及职业倾向，为未来的学业和职业选择打下坚实基础。

2.2 实施策略

2.2.1 个性化评估与建档

首先，班主任需通过问卷调查、一对一访谈、心理测评等多种方式，全面收集学生的个人信息、兴趣爱好、学业成绩、家庭背景等，建立个性化的学生发展档案。这一步骤是制订有效发展规划的前提，有助于精准识别每位学生的独特需求和潜力。

2.2.2 目标设定与路径规划

基于个性化评估结果，班主任应与学生共同设定短期与长期发展目标，这些目标需具体、可衡量、可实现、相关性强、时限明确（SMART 原则）。同时，规划实现这些目标的具体路径，包括课程设置、课外活动参与、社会实践、志愿服务等，确保每一步都紧密围绕学生的个人发展愿景。

2.2.3 导师制度与小组合作

实行导师制度，让班主任或指定教师成为学生的个人发展顾问，定期进行一对一交流，跟踪学生进展，提供个性化指导和支持。此外，鼓励小组合作，通过团队项目、角色扮演、模拟演练等形式，促进学生间的相互学习与启发，培养其团队协作能力和社会责任感。

2.2.4 资源整合与利用

班主任应积极整合校内外资源，如邀请行业专家、校友分享经验，组织职业体验日、学术讲座等活动，拓宽学生视野。同时，利用网络平台、在线课程等现代教育技术，为学生提供更多元化的学习资源和自我提升机会。

2.3 案例分析

案例一：喜欢艺术的小李

小李是一名对艺术充满热情但学业成绩平平的学生。班主任通过个性化评估发现其对绘画有浓厚兴趣和天赋，于是引导小李参与学校的美术社团，并鼓励他参加市级青少年美术比赛。同时，班主任与美术老师合作，为小李量身制订学习计划，平衡艺术与学业。经过一年的努力，小李不仅艺术才能得到显著提升，学业成绩也有所改善，更重要的是，他找到了自己的发展方向，对未来充满了信心。

案例二：爱好科技探索的小明

小明对科学技术充满好奇，班主任注意到这一点后，为他联系了当地科技企业的工程师作为校外导师，参与企业的科技创新项目。同时，班主任还帮助小明申请参加国内外的科技竞赛，这些经历极大地激发了他的创新能力和实践操作能力。小明最终决定报考顶尖大学的工程类专业，实现了从兴趣到职业的顺利过渡。

2.4 面临的挑战与应对策略

2.4.1 资源有限性

面对教育资源分配不均的问题，班主任需创造性地利用现有资源，如通过网络平台寻找免费或低成本的学习材料，与社区、企业建立合作关系，争取赞助或志愿服务机会。

2.4.2 学生参与度不一

部分学生可能对规划活动缺乏兴趣或动力，班主任需通过激励机制（如奖励制度、荣誉证书）、情感沟通、同伴影响等多种方式，增强学生的参与感和归属感。

2.4.3 家长认知差异

部分家长可能对学生的个性化发展规划持保留态度，认为应专注于传统学科成绩。班主任需通过家长会、个别沟通等方式，普及生涯规划的重要性，争取家长的理解和支持。

2.4.4 时间管理挑战

在紧张的教学任务之余，班主任需合理规划时间，确保既有足够的时间进行学生发展规划，又不影响日常教学工作。这要求班主任具备高效的时间管理能力和良好的组织协调能力。

学生发展规划与指导是班主任专业能力的集中体现，它不仅关乎学生的当前成长，更影响着他们的未来走向。通过理论与实践的结合，班主任能够成为学生人生旅途中的灯塔，照亮他们前行的道路。面对挑战，班主任应不断创新方法，整合资源，以更加开放和包容的心态，陪伴每一位学生健康成长，成就他们的多彩人生。

六、教育研究与创新能力

1. 教育研究方法与技能

随着教育改革的不断深入，班主任的专业发展越来越强调教育研究与创新能力。教育研究方法与技能作为班主任提升教育质量、解决教育问题、推动教育创新的重要手段，对于促进班主任的专业成长具有重要意义。本节将深入探讨班主任在教育研究中应掌握的基本方法与技能，以期为班主任在教育实践中有效开展研究活动提供理论指导和实践路径。

教育研究方法概述

教育研究方法是指研究者在进行教育科学研究时所采用的一系列程序、技术和手段的总和，旨在系统地收集、分析教育现象的相关数据，从而揭示教育规律、解决教育问题、改进教育实践。班主任作为教育实践的直接参与者，其研究方法的选择与应用应紧密贴合实际工作需求，既要具有科学性，又要注重实用性和可操作性。

1.1 定量研究与定性研究

1.1.1 定量研究

定量研究侧重于通过数量化的手段收集和分析数据，强调研究的客观性、可重复性和精确性。在班主任的教育研究中，定量研究常用于评估教育效果、分析学生行为特征、调查家长满意度等方面。常用的定量研究方法包括问卷调查、测验测量、实验设计等。例如，班主任可以通过设计问卷，收集学生、家长对班级管理的反馈意见，利用统计软件对数据进行量化分析，以科学的数据支持班级管理策略的调整。

1.1.2 定性研究

定性研究侧重于对研究对象进行深入细致的描述和理解，强调研究的情境性、主观性和解释性。它更适合于探索复杂的教育现象、理解个体经验、揭示深层次的教育意义。班主任在教育实践中，常需通过访谈、观察、案例分析等定性研究方法，深入了解学生的学习状态、心理变化、家庭背景等，以便提供更加个性化的指导和支持。例如，通过参与式观察，班主任可以捕捉到学生日常交往中的细微变化，及时调整班级氛围，促进学生的健康成长。

1.2 教育研究的基本步骤

1.2.1 确定研究问题

明确研究问题是教育研究的起点。班主任应基于教育实践中的具体问题或困惑，提炼出具有研究价值的问题。问题应具有明确性、具体性和可研究性，避免过于宽泛或模糊。

1.2.2 文献综述

在进行正式研究前，广泛查阅相关文献资料，了解研究领域的现状、趋势、争议点及已有研究的不足之处，为自己的研究定位，避免重复劳动，同时从前人的研究中汲取灵感和方法。

1.2.3 设计研究方案

根据研究问题的性质，选择合适的研究方法，设计详细的研究方案，包括研究目的、假设、样本选择、数据收集工具、数据分析方法等。研究方案的设计需充分考虑研究的可行性、伦理性和有效性。

1.2.4 数据收集与分析

按照研究方案，采用预定的方法收集数据，可以是量化的数据（如问卷调查结果），也可以是质性的资料（如访谈记录）。收集完成后，运用统计软件或内容分析法等工具对数据进行系统分析，提炼出研究结果。

1.2.5 撰写研究报告

将研究过程、方法、结果和结论以书面形式呈现出来，形成研究报告。报告应结构清晰、逻辑严密、语言准确，便于他人理解和评价。

1.3 教育研究技能的培养

1.3.1 增强研究意识

班主任应树立"研究者"的身份认同，将教育研究视为日常工作的一部分，不断反思教育实践，主动寻找研究议题，培养敏锐的问题意识和研究兴趣。

1.3.2 学习研究方法

通过参加教育培训、阅读专业书籍、参与学术研讨会等途径，系统学习教育研究的基本原理、方法和技能，不断提升自身的研究素养。

1.3.3 实践与研究方法相结合

将所学的研究方法应用于教育实践中，通过行动研究、案例研究等方式，不断试错、反思、调整，实现理论与实践的相互促进。

1.3.4 合作与交流

积极参与教育研究社群，与同行、专家进行交流与合作，分享研究经验，获取反馈建议，拓宽研究视野，提升研究质量。

1.4 教育研究在班主任专业发展中的作用

1.4.1 促进教育理念的更新

通过研究，班主任能够接触最新的教育理论、研究成果和实践案例，有助于更新教育观念，提升教育教学的科学性和有效性。

1.4.2 提升问题解决能力

面对复杂多变的教育情境，班主任通过科学研究，能够更准确地识别问题、分析问题成因、探索解决方案，增强教育实践的针对性和实效性。

1.4.3 推动教育创新

教育研究鼓励班主任在遵循教育规律的基础上，勇于尝试新方法、新技术，促进教育内容和方式的创新，为学生提供更加丰富、多元的学习体验。

1.4.4 增强职业成就感

通过参与教育研究，班主任不仅能够提升专业能力，还能在解决教育难题、促进学生成长的过程中获得成就感和自我实现的价值感，促进个人职业幸福感的提升。

教育研究方法与技能是班主任专业基本能力的重要组成部分，对于提升教育质量、促进个人成长具有重要意义。班主任应不断学习、实践、反思，将教育研究内化为职业习惯，为成为研究型、创新型班主任而不懈努力。

2. 创新教育理念与实践

在当今社会快速发展的背景下，教育领域正经历着深刻的变革。传统的教育模式已无法满足新时代人才培养的需求，尤其是对学生创新精神和实践能力的培养。作为班级管理与学生教育的核心人物，班主任在推动创新教育理念与实践方面扮演着至关重要的角色。本节将详细探讨班主任在创新教育理念与实践中的基本能力和方法，以期为教育工作者提供有益的参考。

2.1 创新教育理念的核心

创新教育理念的核心在于培养学生的综合素质，注重学生的创新思维、实践能力和团队合作精神。班主任作为学生的第一道教育防线，应具备明确的教育理念，并致力于在日常班级管理和教学中实践这些理念。

注重综合素质教育：班主任应认识到，学生的成长不仅仅是知识的积累，更重要的是综合素质的提升。其中包括创新思维、实践能力、团队合作能力、社交能力等。班主任应通过多样化的教学活动，为学生提供全面发展的机会。

个性化教育：每个学生都是独一无二的个体，拥有不同的兴趣、特长和学习风格。班主任应善于观察学生的个体差异，提供个性化的教育指导。通过分层教学、个性化作业等方式，满足不同学生的学习需求。

鼓励课外活动：课外活动是培养学生兴趣爱好、促进其全面发展的重要途径。班主任应积极鼓励学生参加各类课外活动，如科技竞赛、文艺演出、体育比赛等，以丰富学生的课余生活，拓宽学生视野。

2.2 创新教育的实践策略

班主任在创新教育实践中，应采取多种策略，以培养学生的创新精神和实践能力。以下是一些具体的实践策略：

开发校本课程：针对学生的兴趣和特长，班主任可以协助学校开发一系列校本课程。例如，机器人编程、无人机操作、人工智能等前沿科技课程，可以激发学生的好奇心和探索欲，培养他们的创新能力和实践技能。

实施跨学科教学：跨学科教学有助于打破学科界限，让学生在解决实际问题的过程中综合运用各学科知识。班主任可以与其他任课教师合作，设计跨学科项目式学习任务，让学生在实践中学习和成长。

翻转课堂与混合式学习：翻转课堂和混合式学习是现代教育技术的重要应用。班主任可以利用网络平台和资源，让学生在课前自主学习，课上进行讨论、实践和拓展。这种教学模式有助于提高学生的自主学习能力和团队协作能力。

组织创新竞赛和活动：班主任可以组织各类创新竞赛和活动，如科技创新大赛、创意写作比赛、手工制作展览等。这些活动可以激发学生的创新思维，培养他们的动手能力和团队合作精神。

建立创新实验室或工作室：创新实验室或工作室是创新教育的重要场所。班主任可以协助学校建立这类场所，为学生提供实践创新的平台。例如，虚拟现实实验室、3D 打印工作室等，可以让学生在实际操作中探索和创新。

3. 创新教育在班级管理中的应用

在班级管理中，班主任应积极运用创新教育理念，以营造良好的班级氛围，促进学生全面发展。

民主管理：班主任应鼓励学生积极参与班级管理，通过民主选举班委、制定班级规章制度等方式，让学生成为班级管理的主人。这种民主管理方式有助于培养学生的责任感和团队协作能力。

赏识教育：赏识教育是创新教育的重要组成部分。班主任应常给予学生充分的赏识与信任，肯定他们的努力和成果。这种正面的激励方式有助于增强学生的自信心和创新动力。

心理健康教育：创新教育不仅关注学生的知识和技能，还关注学生的心理健康。班主任应关注学生的情绪变化和心理需求，提供必要的心理健康教育和辅导。通过组织心理健康讲座、开展心理辅导活动等方式，培养学生积极的心态和应对压力的能力。

家校合作：创新教育的实践需要家校的共同参与和支持。班主任应积极与家长沟通，及时反馈学生的学习情况和成长需求，共同制订教育计划。通过组织家长会、家访等方式，加强家校联系，形成教育合力。

4. 创新教育案例分享

以下是几个创新教育在班级管理中的成功案例，供班主任参考和借鉴。

智慧教室的应用：某中学引入了智慧教室，配备了智能黑板、平板电脑等设备。班主任利用这些设备开展翻转课堂教学，让学生在课前通过视频、在线课程等方式进行自主学习，在课上进行讨论和实践。这种教学模式大大提高了学生的学习兴趣和参与度。

跨学科项目式学习：某中学的班主任与科学、艺术等科目的教师合作，设计了一个跨学科项目式学习任务——"未来城市设计"。学生分组合作，从城市规划、建筑设计、环境保护等多个角度进行研究和设计。这个项目不仅培养了学生的创新思维和实践能力，还增强了他们的团队合作意识和社会责任感。

科技创新竞赛：某初中的班主任积极组织学生参加科技创新竞赛，如机器人大赛、无人机飞行比赛等。在备赛过程中，班主任不仅提供了技术支持和指导，还帮助学生增强了团队合作和解决问题的能力。最终，学生在竞赛中取得了优异的成绩，增强了自信心和创新动力。

创新教育理念与实践是班主任专业基本能力的重要组成部分。通过开发校本课程、实施跨学科教学、翻转课堂与混合式学习等策略，班主任可以培养学生的创新精神和实践能力。同时，班主任还应在班级管理中运用创新教育理念，营造民主、赏识、心理健康的班级氛围，加强家校合作，共同促进学生的全面发展。面对创新教育中的挑战，班主任应积极寻求对策，克服困难，为学生的成长和发展贡献力量。

第五节　班主任的专业道德素养

在当今社会，教育被视为国家发展的基石，而班主任作为学校教育的直接实施者和学生成长的重要引导者，其专业素养和道德水平直接关系到学生的全面发展与健康成长。随着教育改革的不断深入，对班主任的专业要求日益提高，不仅要求他们具备扎实的学科知识和教学技能，更强调其道德素养的提升，以适应新时代教育的需求。

一、班主任专业道德素养的内涵

1. 专业道德素养的定义

专业道德素养，作为班主任这一特殊教育角色的核心素质之一，是指班主任在从事班级管理和学生教育工作中，所应具备并展现出的职业道德观念、专业伦理规范及与之相关的心理品质和行为习惯的总和。它不仅涵盖了教师职业普遍遵循的师德要求，如爱岗敬业、关爱学生、为人师表等，还特别强调了班主任在班级建设、学生个性发展、家校沟通等方面的专业道德责任与能力。

具体而言，班主任的专业道德素养体现在：一是高度的责任心与使命感，能够全心全意投入班级管理和学生成长中，为学生的全面发展负责；二是深厚的爱心与耐心，能够平等对待每一位学生，理解并尊重他们的个性差异，以爱心引导，以耐心陪伴；三是专业的伦理判断力，能够在复杂多变的教育情境中坚守教育原则，做出符合教育伦理的正确决策；四是持续学习与自我提升，不断更新教育理念，提升专业技能，以适应时代发展和学生需求的变化。

总之，班主任的专业道德素养是其职业生涯中不可或缺的精神支柱，它不仅关乎班主任个人的职业形象与成就，更直接影响班级文化的塑造、学生品德的培养以及家校合作的成效，是班主任专业成长与教育事业成功的重要保障。

2. 班主任专业道德素养的特殊性

班主任作为学校教育的中坚力量，其专业道德素养不仅具有一般教师道德素养的共性，还展现出其特殊性。这些特殊性主要体现在以下几个方面：

首先，班主任承担着更为全面的教育责任。他们不仅要关注学生的学业成绩，更要关心学生的身心健康、品德养成及个性发展。这种全方位的教育，要求班主任具备更加细腻的情感感知能力和更加丰富的教育智慧，以应对学生多样化的成长需求。其次，班主任在班级管理中扮演着关键角色。他们需要具备良好的组织协调能力和决策能力，以确保班级秩序的稳定和学生学习环境的优化。这种管理能力不仅是对班主任专业素养的考验，更是对其道德素养的深刻体现。再次，班主任与学生及家长之间的沟通尤为频繁和重要。他们必须具备亲和力和高超的沟通技巧，以建立和谐的师生关系和家校合作关系。这种沟通能力不仅有助于增进三方相互理解，还能有效促进教育合力的形成。最后，班主任在面对突发事件和复杂问题时，需要展现出高度的责任感和冷静的应对能力。他们必须迅速做出判断并妥善处理，以保护学生的安全和权益。这种应急处理能力是班主任专业道德素养中不可或缺的一部分。

班主任专业道德素养的特殊性体现在其教育责任的全面性、班级管理的关键性、沟通技巧的重要性以及应急处理能力的必要性等多个方面。这些特殊性要求班主任不断提升自身的专业素养和道德素养，以更好地履行教育职责，为学生的全面发展贡献力量。

3. 班主任专业道德素养的重要性

班主任作为学校教育的关键角色，其专业道德素养的重要性不言而喻。首先，班主任的专业道德素养直接影响学生的品德形成与人格塑造。班主任不仅是知识的传授者，更是学生行为规范的引导者和道德品质的塑造者。他们的言行举止、价值观念和道德判断标准，都会在学生心中留下深刻的烙印，成为其模仿和学习的对象。其次，班主任的专业道德素养对班级管理和班级文化的建设起着决定性作用。一个具备高尚道德情操和专业素养的班主任，能够营造出积极向上、和谐有序的班级氛围，激发学生的学习热情和集体荣誉感。这样的班级文化不仅能够促进学生的全面发展，还能够提升学校的整体教育水平。最后，班主任的专业道德素养也是学校德育工作的重要支撑。在多元化、信息化的社会背景下，学生面临着各种思想观念的冲击和挑战。班主任需要凭借自身的专业素养和道德判断力，引导学生正确识别和处理各种信息，培养学生的批判性思维和道德自律能力。

总之，班主任的专业道德素养不仅关乎学生个人的成长与发展，更关系到整个学校的教育质量和社会的道德风貌。因此，提升班主任的专业道德素养，不仅是教育工作的内在要求，也是社会进步和文明发展的迫切需要。我们应该高度重视班主任的专业道德素养建设，为培养德智体美劳全面发展的社会主义建设者和接班人奠定坚实的基础。

二、班主任专业道德素养的构成要素

1. 教育专业知识的掌握

教育专业知识不仅是班主任开展班级管理和教育工作的理论支撑，也是其提升专业素养、实现教育目标的重要保障。

班主任需系统掌握教育学、心理学等基础理论，这些理论为班主任提供了关于学生身心发展规律、教育过程与方法等方面的科学指导。通过深入理解这些理论，班主任能够更准确地把握教育现象的本质，制定符合学生实际的教育策略。

此外，班主任还应熟悉班级管理、学生心理辅导、家校沟通等方面的专业知识。这些知识有助于班主任在日常工作中有效应对各种挑战，如营造和谐的班级氛围、解决学生心理问题、促进家校合作等。班主任需不断学习新的教育理念和技术，以适应时代发展和教育改革的需要。

教育专业知识的掌握不仅要求班主任具备扎实的理论功底，还强调其在实际工作中的灵活运用。班主任应将所学知识与实践相结合，通过反思和总结，不断优化自己的教育方法和手段。同时，班主任还应积极参加各类教育培训和学术交流活动，以拓宽视野、更新知识，不断提升自己的专业素养。

教育专业知识的掌握是班主任专业素养的重要组成部分。班主任应致力于构建完善的教育知识体系，不断提升自己的教育水平和能力，为学生的全面发展和健康成长贡献自己的力量。

2. 教育教学能力的提升

在班主任的专业道德素养构成中，教育教学能力的提升是至关重要的一环。班主任不仅是班级的管理者，更是学生知识传授与价值引导的核心人物。因此，不断提升自身的教育教学能力，是班主任实现专业成长、促进学生全面发展的关键。

教育教学能力的提升，首先要求班主任具备扎实的专业知识。这包括对所教学科的深入理解与掌握，以及能够将复杂知识以简洁明了的方式传授给学生。同时，班主任还需关注教育心理学、教育法等相关领域的知识，以科学的方法指导教育实践。其次，教学方法的创新与运用也是教育教学能力提升的重要方面。班主任应善于运用现代教育技术，如多媒体教学、在线互动等，激发学生的学习兴趣，提高教学效果。再次，还应注重因材施教，针对不同学生的学习特点与需求，采用个性化的教学策略，促进每一位学生的成长。最后，教育教学能力的提升还体现在对教育实践的反思与总结上。班主任应定期对自己的教育教学工作进行评估，分析存在的问题与不足，并寻求改进的方法与途径。通过不断的实践与反思，班主任能够逐步积累教育智慧，提升教育教学能力。

教育教学能力的提升是班主任专业道德素养不可或缺的一部分。只有不断提升自身的教育教学能力，班主任才能更好地履行教育职责，为学生的全面发展贡献自己的力量。

3. 道德素养的培育与实践

班主任道德素养的培育与实践，是提升教育质量、促进学生全面发展的重要环节。道德素养的培育，首先需要班主任树立正确的世界观、人生观和价值观，以身作则，成为学生道德成长的楷模。通过参加师德师风培训、阅读教育伦理学相关书籍等方式，班主任可以不断深化对职业道德的理解，提升自身的道德认知水平。

在实践层面，班主任应将道德素养融入日常班级管理与教学活动中。通过组织主题班会、道德讲堂等活动，引导学生讨论社会热点问题，树立正确的道德观念。同时，班主任要关注每一位学生的道德发展，及时发现并解决学生在道德认知与行为上存在的问题，用爱心和耐心帮助学生形成良好的道德品质。此外，班主任还应加强与家长的沟通与合作，共同营造良好的家庭与学校道德教育环境。通过家访、家长会等形式，了解学生在家庭中的道德表现，与家长共同探讨道德教育的方法与策略，形成家校共育的良好局面。在实践中，班主任还需不断反思与总结，将道德素养的培育过程视为一个持续改进的过程。通过撰写教育案例、参加教育研讨等方式，分享道德教育经验，汲取他人智慧，不断提升自身的道德素养与育人能力。

班主任道德素养的培育与实践是一个系统工程，需要班主任在认知、实践、反思等多个层面不断努力，以高尚的师德引领学生健康成长，为培养德智体美劳全面发展的社会主义建设者和接班人贡献力量。

三、班主任专业道德素养的培养路径

1. 岗前培训与职业规划

班主任作为中小学教育环节中的关键角色，承担着班级管理、学科教学、学生心理辅导等多重职责，其专业道德素养的培养至关重要。岗前培训和职业规划是提升班主任专业道德素养的有效途径。

岗前培训是班主任进入岗位前的必要准备。通过培训，班主任可以深入了解岗位职责、职业道德规范以及学生心理发展特点，增强对教育事业的认识和责任感。培训内容应涵盖《中小学教师职业道德规范》等相关法律法规，以及新时期班主任工作的要求和学生特点。此外，还应注重班主任实践能力的培养，通过模拟班级管理场景、分享优秀班主任经验等方式，让新任班主任在实践中学习和成长。

职业规划是班主任专业道德素养持续提升的重要保障。班主任应制订个人职业发展计划，明确自己的职业目标和发展方向。学校和教育部门应为班主任提供多样化的培训和进修机会，如专题讲座、研讨会等，帮助班主任不断更新教育理念和教学方法，提升专业素养。同时，应建立健全职业道德考核制度，对班主任的行为进行定期考核，将考核结果与评优、晋升等挂钩，激励班主任不断提升自己的道德素养。

在实施岗前培训和职业规划的过程中，还应注重情感投入和人文关怀。班主任应激发对教育事业的热情，以正面情感促进工作效率和质量的双重提升。学校和社会也应共同营造尊重教师、关心教师的良好氛围，让教师感受到职业尊严和成就感。

岗前培训和职业规划是提升班主任专业道德素养的重要途径，有助于班主任更好地履行职责，为学生的全面发展奠定坚实基础。

2. 实践中的自我修养与教育反思

在班主任专业道德素养的培养路径中，实践中的自我修养与教育反思是不可或缺的一环。班主任作为教育工作的直接实施者，其专业素养的提升不仅依赖于理论学习，更需要在日常教育实践中不断锤炼与自我完善。

自我修养是班主任专业素养提升的内在动力。班主任应时刻保持对教育事业的热爱与敬畏之心，通过不断学习新知识、新技能，更新教育观念，提升教育艺术。在实践中，班主任要学会自我观察、自我评估，勇于面对自身的不足，积极寻求改进之道。同时，班主任还需培养高尚的道德情操，以身作则，树立良好的师德典范，用自身的言行影响并感召学生。

教育反思是班主任专业素养提升的有效途径。班主任应养成反思的习惯，对每一次教育活动进行深入的剖析与总结，提炼成功经验，吸取失败教训。反思不仅关注教育结果，更应重视教育过程，分析教育方法、策略的有效性，以及对学生个性发展的促进程度。通过反思，班主任可以不断调整教育策略，优化教育手段，实现教育效果的最大化。

此外，班主任还应积极寻求同行间的交流与合作，通过集体备课、案例分析、教育研讨等形式，共享教育资源，碰撞教育智慧，共同提升专业素养。

实践中的自我修养与教育反思是班主任专业素养提升的重要路径。班主任应以此为契机，不断提升自身专业素养，为学生的全面发展贡献自己的力量。

3. 学校与社会的支持体系

在班主任专业道德素养的培养过程中，学校与社会的支持体系起着至关重要的作用。学校作为班主任日常工作的主要场所，应当构建一个有利于其专业成长的良好环境。

学校层面，应定期举办班主任专业素养提升培训，不仅涵盖教育学、心理学等专业知识，还应强化师德师风建设，通过案例分析、角色扮演等互动方式，增强班主任的道德认知与实践能力。同时，建立班主任专业发展档案，记录其成长轨迹，为其个性化培养提供依据。此外，学校应鼓励班主任间的交流与合作，形成学习共同体，通过集体备课、经验分享等活动，共同提升专业素养。

社会层面，政府和教育主管部门应出台相关政策，明确班主任的专业地位与职责，为其提供政策与资金上的支持。社会各界也应加强对班主任工作的理解与尊重，营造尊师重教的良好氛围。媒体应积极宣传班主任中的先进典型，展现其高尚的师德与无私奉献的精神，提升班主任职业的社会认可度。企业、社区等社会组织可与学校合作，为班主任提供实践基地，拓宽其视野，增强其社会责任感。

学校与社会的支持体系是班主任专业道德素养培养不可或缺的一环。通过学校的系统培训与激励机制，以及社会的广泛认可与实质性支持，共同为班主任的专业成长搭建坚实平台，进而推动教育事业的健康发展。

四、班主任专业道德素养的现状与挑战

1. 班主任专业道德素养的现状分析

在当前教育环境中，班主任作为班级管理和学生教育的核心力量，其专业素养和道德水平直接关系到学生的成长和发展。然而，从现实情况来看，班主任的专业道德素养现状呈现出一定的复杂性和多样性。一方面，许多班主任具备较高的专业素养和道德水平。他们热爱教育事业，关注学生的全面发展，致力于通过自身的言行影响和引导学生，成为学生的良师益友。这些班主任通常能够紧跟时代发展步伐，不断更新教育观念，提升专业素养，创新德育方式，以科学、民主、关爱的方式管理班级，营造积极向上的班级氛围。另一方面，部分班主任在专业道德素养方面存在不足。一些班主任受到市场经济和社会环境的影响，个人主义和享乐主义观念抬头，导致职业理想信念模糊、育人意识淡薄。他们可能过于关注个人利益，忽视了学生的成长需求，甚至出现了道德败坏、行为失范的情况。这些班主任往往缺乏上进心和责任心，难以履行好教育职责，对学生的身心健康产生了不良影响。

此外，还有一些班主任在专业素养方面存在短板。他们可能缺乏系统的教育理论和班级管理知识，难以有效应对复杂多变的教育情境。同时，部分班主任在德育实践中缺乏创新和灵活性，导致学生德育学习效果不佳，难以达到预期的教育目标。

班主任专业素养和道德水平的现状呈现出一定的差异性和复杂性。为了提升班主任的专业道德素养，需要学校和社会共同努力，加强师德师风建设，完善班主任培训体系，强化班主任的职责意识和育人意识，为学生的健康成长和全面发展提供有力保障。

2. 班主任面临的主要挑战与困境

在当前教育环境中，班主任作为班级的领航者和学生心灵的导师，面临着诸多挑战与困境。首先，教育环境的快速变化对班主任的专业素养提出了更高要求。随着信息技术的迅猛发展和教育理念的更新，学生获取信息的渠道日益多元化，他们的思维方式和价值观念也呈现出多样化的特点。班主任需要不断更新自己的知识储备和教育理念，以适应这一变化，这无疑增加了他们的工作压力和学习负担。其次，学生个体差异的增大是班主任面临的一大挑战。在多元文化背景和家庭教育差异的影响下，学生的个性、兴趣、需求等方面呈现出显著的差异。班主任需要深入了解每一个学生的特点，因材施教，这不仅需要具备高度的责任心和耐心，还需要具备专业的心理辅导和沟通技巧。最后，家校合作的难度也在不断增加。部分家长对教育的理解和期望与学校教育理念存在偏差，导致家校沟通不畅，甚至产生误解和矛盾。班主任需要在其中发挥桥梁作用，协调家校关系，共同促进学生的健康成长，但这往往需要付出大量的时间和精力。

班主任在专业道德素养的实践中面临着教育环境快速变化、学生个体差异增大以及家校合作难度增加等多重挑战与困境。这些挑战不仅考验着班主任的专业素养，也对其道德素养提出了更高的要求。

3. 影响班主任专业道德素养发展的因素

班主任作为教师队伍中的重要组成部分，其专业素养和道德素养的提升受到多方面因素的共同影响。以下是影响班主任专业素养和道德素养发展的主要因素：

首先，社会环境的变化对教师职业道德产生深刻影响。随着社会经济的快速发展，人们的价值观和生活方式发生显著变化，这种变化也直接反映在教育领域。部分班主任可能受到个人主义、享乐主义和拜金主义的影响，导致在职业道德观念上出现偏差，甚至出现物欲膨胀、不尊重学生等不当行为。其次，教育体制和教师评价机制的缺陷也是重要因素。在当前教育环境中，资源分配不均、教师评价与激励机制不合理等问题，可能导致班主任在教育教学中缺乏积极性，忽视职业道德的重要性。同时，学校管理制度的不完善也可能使班主任在教育教学过程中缺乏规范引导，影响其专业素养的提升。再次，班主任自身的素养和追求同样起着至关重要的作用。班主任对教育事业的热爱、对职业理想的追求以及对职业责任的认知，都会促使其形成和坚守良好的职业道德。然而，部分班主任可能由于职业理想信念模糊、责任心不足等问题，导致在职业道德上出现问题。最后，学生和家长的期望也对班主任的专业道德素养产生影响。为了满足学生和家长对优质教育的期望，班主任需要不断提升自己的职业道德水平，这不仅关乎学生个体的成长，更关乎整个社会的教育环境。

班主任专业素养和道德素养的发展受到社会环境、教育体制、教师评价机制以及自身素养和追求等多方面因素的影响。

五、提升班主任专业道德素养的策略与建议

1. 加强班主任专业素养培训

在提升班主任专业道德素养的过程中，加强专业素养培训是不可或缺的一环。针对当前班主任队伍中存在的专业知识不足、教育理念滞后等问题，系统性的培训显得尤为重要。首先，应建立常态化的班主任专业发展培训体系。通过定期举办专题讲座、工作坊和研讨会等形式，邀请教育专家、优秀班主任分享先进的教育理念和实战经验，帮助班主任不断更新教育观念，拓宽教育视野。其次，培训内容应注重实用性和针对性。结合班主任工作中的实际问题，设计涵盖班级管理、心理辅导、家校沟通等多方面的课程，确保班主任能够在培训中获得解决实际问题的有效方法。同时，针对不同年段、不同类型学生的特点，提供分层次、分类别的培训，以满足班主任的个

性化需求。最后，还应创新培训方式，充分利用现代信息技术手段，如在线教育平台、虚拟仿真实验室等，打破时间和空间的限制，为班主任提供更加便捷、高效的培训体验。同时，鼓励班主任自主学习，通过设立学习奖励机制、搭建学习交流平台等方式，激发班主任的学习积极性和创造力。

加强班主任专业素养培训是提升班主任专业道德素养的有效途径。通过构建常态化的培训体系、注重培训内容的实用性和针对性、创新培训方式等措施，可以有效提升班主任的专业素养，为培养德智体美劳全面发展的社会主义建设者和接班人奠定坚实基础。

2. 构建良好的教育生态环境

构建良好的教育生态环境对于提升班主任的专业道德素养至关重要。良好的教育生态环境不仅能够促进班主任的专业成长，还能为学生提供更加健康、全面的发展环境。首先，学校应致力于营造积极向上、和谐友爱的校园文化氛围。这种氛围能够潜移默化地影响班主任的言行举止，促进其自觉提升道德素养。同时，学校应加强对班主任的关心和支持，通过组织师德培训、经验分享等活动，为班主任提供学习和交流的平台，激发其职业自豪感和责任感。其次，家庭和社会也是构建良好教育生态环境的重要组成部分。家长应树立正确的教育观念，积极参与学校的教育活动，与班主任建立良好的沟通机制，共同关注学生的成长。学校可以通过家长会、家访等形式，加强与家长的联系，共同为学生的成长创造有利条件。此外，社会层面也应加强对教育的支持和关注。通过整合教育资源，如图书馆、博物馆等，为学生提供更多的学习和实践机会；同时，鼓励企业和社会组织参与教育事业，为班主任提供更多的专业发展机会。

在构建良好的教育生态环境的过程中，还需要强化师德考核和评价机制。学校应制定明确、具体的师德评价标准，将班主任的师德表现纳入绩效考核、职称评定等工作中，通过多元化的评价方式，如学生评价、家长评价等，全面了解班主任的师德状况，及时表彰和奖励师德优秀的班主任，对师德存在问题的班主任进行批评教育，督促其改正。

构建良好的教育生态环境是提升班主任专业道德素养的重要途径，需要学校、家庭和社会共同努力，为学生的健康成长和全面发展提供有力保障。

3. 激发班主任自我提升的内驱力

在提升班主任专业道德素养的过程中，激发其自我提升的内驱力至关重要。内驱力是班主任不断追求专业成长、优化道德素养的内在动力。

要激发班主任自我提升的内驱力，首先需树立明确的职业发展目标。班主任应清晰地认识到，专业道德素养的提升不仅关乎个人职业发展，更对学生成长有着深远影响。通过设定短期与长期目标，班主任能在不断追求目标的过程中，持续增强自我提升的动力。其次，建立积极的自我反馈机制同样关键。班主任应学会反思与总结，定期评估自己在班级管理、学生教育等方面的表现，及时发现问题并寻求改进之道。这种自我反思的过程，有助于班主任保持谦逊心态，不断寻求专业成长的新空间。再次，营造良好的学习氛围也至关重要。学校应为班主任提供丰富的学习资源与交流平台，鼓励班主任参与专业培训、学术研讨等活动。通过与同行交流心得、分享经验，班主任能在相互学习中激发自我提升的热情。最后，强化激励机制也是激发班主任自我提升的内驱力的重要手段。学校应建立公正、透明的评价体系，对表现优秀的班主任给予表彰与奖励。这种正向激励不仅能增强班主任的职业荣誉感，还能激发更多班主任投身于专业道德素养的提升之中。

激发班主任自我提升的内驱力，需要从树立职业目标、建立自我反馈机制、营造学习氛围以及强化激励机制等多方面入手，共同促进班主任专业道德素养的全面提升。

班主任的专业道德素养对学生的全面发展具有深远影响。班主任不仅是知识的传授者，更是学生品德形成的重要引导者。班主任的言行举止、工作态度以及教育理念，都潜移默化地影响着学生的价值观念和行为习惯。因此，提升班主任的专业道德素养，是促进学生健康成长、培养社会所需人才的关键所在。班主任的专业道德素养包括专业知识、教育技能、职业道德和心理素质等多个方面。这些素养相互交织、共同作用，构成了班主任专业素养的完整体系。其中，职业道德是班主任专业道德素养的核心，它要求班主任具备高度的责任心、爱心和奉献精神，能够公正公平地对待每一位学生，关注学生的全面发展。当前班主任在专业道德素养方面仍存在一些不足，如部分班主任教育理念落后、教育方法单一、心理素质不够稳定等。这些不足不仅影响了班主任的工作效果，也制约了学生的健康成长。因此，加强班主任专业培训、更新教育理念、提升教育技能和心理调适能力，是当前提升班主任专业素养的重要任务。

班主任的专业道德素养对学生的成长成才具有不可替代的作用。未来，应进一步加大对班主任专业道德素养的关注和投入，通过制度保障、专业培训和社会支持等多方面的努力，不断提升班主任的专业道德素养，为学生的全面发展创造更加有利的条件。

第四章

班主任与任课教师合作育人

第一节　班主任与任课教师合作育人现状

随着教育改革的不断深化，我国教育事业进入了新的发展阶段。在新的形势下，学生的全面发展成为教育工作的核心目标，这对教育工作者提出了更高的要求。班主任与任课教师作为学生成长过程中的两支重要力量，在育人工作中发挥着不可替代的作用。然而，在实际工作中，由于角色定位、责任分工、合作机制等方面，班主任与任课教师之间的合作常常面临诸多困境和挑战。

在传统的教育模式中，班主任通常负责学生的全面管理和辅导工作，而任课教师则更专注于学科教学和知识的传授。然而，随着教育理念的不断更新和教育体制的变革，这种传统的角色定位已经难以适应当今教育的需求。角色定位不清导致班主任和任课教师在教育教学工作中出现责任模糊的情况，影响了教育教学工作的质量和效果。同时，责任分工不明确也使得双方在学生管理和辅导方面出现重叠和冲突，给学生造成困惑和混乱。

一、班主任与任课教师合作育人的理论基础

1. 合作育人的概念及特点

合作育人是指班主任与任课教师之间建立密切合作关系，共同致力于学生的全面发展。在教育过程中，班主任主要负责学生的思想教育、生活指导和班级管理，而任课教师则主要承担学科教学任务。合作育人强调两者之间的协同作用，通过信息共享、资源互补和共同规划，形成教育合力，以最优的方式促进学生的成长。

这种合作不仅仅是表面上的协调，而是深入教育理念和教学方法的层次。班主任与任课教师需要在教育理念上达成一致，相互学习、相互借鉴，共同完善教育策略，以确保教育的一致性和有效性。

以下是合作育人的特点：

全面性：合作育人关注学生的全面发展，包括学业成绩、品德表现、心理健康等多个方面。班主任与任课教师共同制订学生综合素质评价方案，全面评估学生的发展状况。

互补性：班主任与任课教师在教育过程中各有侧重，但又相辅相成。班主任侧重于学生的管理和心理辅导，而任课教师专注于学科知识的传授。两者合作，可以实现教育资源的优化配置。

动态性：合作育人是一个动态的过程，需要双方不断调整合作策略，以适应学生发展的需要。通过定期沟通和总结，班主任与任课教师可以及时发现并解决教育中存在的问题。

互动性：合作育人强调班主任与任课教师之间的互动。双方需要通过面对面交流、电话沟通、微信群等多种方式，保持信息的及时传递和共享，确保教育的连贯性和一致性。

合作育人是班主任与任课教师共同促进学生全面发展的有效方式，具有全面性、互补性、动态性和互动性等显著特点。

2. 班主任与任课教师的角色定位

在班级管理的舞台上，班主任与任课教师各自扮演着不可或缺的角色，共同构筑起学生成长的坚实后盾。

班主任是班级的"领头人"和"第一责任人"，他们不仅负责确立班级的发展目标，还要引导学生制订班级计划，确保班级在正确的航道上前进。班主任要主动与任课教师联系，及时分享班级工作的目标和重点，邀请任课教师结合自己的教学实际提出宝贵意见。通过商讨，班主任将班级管理目标与任课教师的教学目标相整合，形成教育合力。

任课教师是班级管理的得力助手和参谋，主动配合班主任的工作。在班级出台新的"班规"或"措施"时，任课教师会带头执行并协助班主任推行。同时，他们凭借特殊的身份，每天往返于各个班级之间，对年级和学生的动向有着宏观的了解，能够从旁观者的角度为班级管理提供有价值的建议和意见。

此外，任课教师还是学生心灵的护航者。他们不仅在课堂上传授知识，还在课后关注学生的成长，帮助他们解决学习和生活中的困惑。在与班主任的合作中，任课教师时刻具有"补位"意识，当班主任不在时，能够及时上前"补缺"，主动挑起班级管理的重担。

班主任与任课教师之间的关系是相互依赖、相互影响的。班主任需要任课教师的支持和配合，才能更好地管理班级；任课教师也需要班主任的指导和帮助，才能更有效地开展教学工作。双方只有心往一处想，劲往一处使，才能真正地搞好各自的教学和班级管理工作，为学生的全面发展保驾护航。

3. 合作育人的理论基础及模式

班主任与任课教师合作育人的理论基础主要源于现代教育理念中的"全员育人"和"协同思想"思想。这些理念强调教育过程中所有教育者的共同参与和协作，以实现学生的全面发展。在现代教育体系中，班主任作为班级管理的核心，负责学生的思想教育、生活指导和心理辅导，任课教师则专注于学科知识的传授和技能的培养。两者虽职责不同，但都为学生的成长和发展提供了重要支持。合作育人的模式正是基于这种互补性，通过班主任与任课教师的紧密协作，形成教育合力。合作育人的具体模式包括定期的教学研讨会、资源共享、课堂互动提升、心理健康关注以及家校沟通等方面。通过教学研讨会，班主任与任课教师能够共同分析学生的学习数据，探讨提升学业成绩的有效方法。资源共享确保学生能够获得充足的学习资料和辅导。

课堂互动提升旨在激发学生的学习兴趣和创新思维能力。心理健康关注强调及时为学生提供心理辅导和支持。家校沟通通过定期召开家长会等方式，与家长共同探讨学生的成长问题。

此外，合作育人还强调教师之间的信息交流和协作机制。其中包括建立多样化的沟通渠道，如定期会议、运用各种通信工具等，以确保信息交流的顺畅。同时，明确的工作交接流程和进度汇报机制也是合作育人模式中不可或缺的一部分。

班主任与任课教师合作育人的理论基础及模式是基于现代教育理念中的"全员育人"和"协同思想"，通过紧密协作和信息交流，形成教育合力，为学生的全面发展提供有力支持。

二、班主任与任课教师合作育人的现状分析

1. 沟通机制不畅

有效的沟通是合作育人的基石。然而，在实际操作中，班主任与任课教师之间的沟通往往存在障碍。一方面，由于教学任务的繁重，双方难以抽出足够的时间进行深入交流，导致对学生的了解仅限于各自课堂内的表现，缺乏全面性和连贯性。另一方面，沟通渠道单一，多依赖于传统的会议或口头传达，信息传递效率低下且易失真。此外，沟通内容往往局限于学生的学业成绩或纪律问题，忽视了对学生心理、兴趣及特长等方面的探讨，限制了合作育人的深度和广度。

2. 角色定位模糊

班主任与任课教师在合作育人中的角色定位不够清晰，容易出现职责重叠或责任推诿的现象。班主任作为班级管理的核心，承担着学生思想教育、班级文化建设等多重任务，而任课教师则专注于学科教学。当两者在合作中缺乏明确的分工和协作机制时，可能会导致教育资源的浪费或教育目标的偏

离。例如，班主任可能过于干预学科教学，而任课教师则可能忽视对学生非智力因素的培养，影响学生的全面发展。

3. 评价体系不完善

当前的教育评价体系仍以学生的学业成绩为主要依据，这种单一的评价标准难以全面反映学生的综合素质和合作育人的成效。在合作育人的实践中，班主任与任课教师往往因追求短期成绩而忽视对学生综合素质的培养，如创新能力、团队合作精神、社会责任感等。此外，评价体系的缺失也使得教师间的合作成果难以量化评估，影响了教师参与合作的积极性和动力。

4. 资源分配不均

教育资源的不均衡分配是制约合作育人效果的另一重要因素。在一些学校，优质教育资源如先进的教学设备、优秀的师资力量往往集中在某些特定学科或班级，导致班主任与任课教师在合作中面临资源短缺的问题。这不仅限制了教学方法的创新和教学内容的丰富性，也加剧了教育不公平的现象。同时，资源分配的不均衡还可能引发教师间的竞争而非合作，不利于形成良好的教育生态。

5. 外部环境制约

外部环境的变化也对班主任与任课教师合作育人构成了挑战。随着信息技术的快速发展，学生的学习方式、兴趣点及价值观都在不断变化，这对教师的教育理念、教学方法及合作模式提出了新的要求。然而，部分教师受年龄、知识结构或技术能力的限制，难以适应这些变化，导致合作育人的效果大打折扣。此外，社会、家庭对教育的期望与学校教育目标的不一致，也增加了合作的难度和复杂性。

班主任与任课教师合作育人虽具有诸多优势，但在实际操作中仍面临诸多问题和挑战。要克服这些障碍，需要建立更加高效的沟通机制，明确角色定位、完善评价体系、优化资源分配并积极应对外部环境的变化，以实现教育资源的有效整合和学生的全面发展。

三、影响班主任与任课教师合作育人的重要因素

1. 学校管理层面的影响

1.1 教育理念的影响

学校的教育理念是指导教育教学工作的根本原则。如果学校管理层过分强调应试教育和成绩导向，可能会忽视班主任与任课教师之间的合作育人。在这种环境下，任课教师往往只关注自己所教学科的成绩，而班主任则更多地承担管理责任，两者之间的合作难以形成合力。相反，如果学校管理层倡导全面育人、素质教育，注重学生的全面发展，那么班主任与任课教师之间的合作就有了更广阔的空间和更坚实的基础。

1.2 管理策略的影响

学校的管理策略直接影响班主任与任课教师的合作育人。例如，学校是否建立了有效的沟通机制，是否鼓励班主任与任课教师之间的信息共享和协同工作，都直接决定了合作的深度和广度。如果学校管理层缺乏明确的合作育人策略，或者策略执行不力，那么班主任与任课教师之间的合作就可能流于形式，难以取得实质性成果。

1.3 资源配置的影响

资源是学校教育教学工作的重要保障。在资源配置上，如果学校管理层对班主任和任课教师的支持不足，如缺乏必要的教学设备、教研经费等，就会限制他们合作的深度和广度。此外，如果学校在师资安排上不合理，如班主任与任课教师的搭配不当，或者班级规模过大，都会增大班主任与任课教师之间的合作难度。

1.4 领导重视程度的影响

学校领导对班主任工作的重视程度直接影响班主任与任课教师的合作。

如果学校领导过分依赖班主任的作用，而忽视了任课教师在学生管理中的存在价值，就会制约普通任课教师参与班级管理的可能性。这种认识偏差不仅会导致班主任工作压力过大，还会削弱任课教师的工作积极性和创造力。相反，如果学校领导能够充分认识到班主任与任课教师合作育人的重要性，并给予充分的支持和关注，那么两者之间的合作就会更加顺畅和有效。

1.5 德育工作的影响

德育工作是学校教育教学工作的重要组成部分，也是班主任与任课教师合作育人的重要领域。然而，目前很多学校在德育工作方面存在渠道不顺畅的问题。从学校领导到教师教学，从班主任到各任课教师，德育工作存在阻碍。这主要表现在德育工作领导小组缺失、德育工作部门缺乏以及班主任与任课教师之间缺乏有效的互动等方面。这些问题不仅影响了德育工作的有效性，也制约了班主任与任课教师之间的合作育人。

1.6 缺乏有效互动的影响

在实际的教育教学中，班主任与任课教师之间缺乏有效互动也是影响两者合作育人的重要因素。很多班主任会把自己看作班级工作的唯一责任人，不好意思去"麻烦"任课教师。而任课教师也往往只关注自己所教学科的教学任务，缺乏与班主任之间的沟通和协作。这种"各自为政"的状态不仅不利于形成教育合力，还会削弱教师群体的战斗力，给班级建设和学生成长带来负面影响。

学校管理层面对班主任与任课教师合作育人的影响是多方面的。为了促进两者的有效合作，学校管理层需要更新教育理念、优化管理策略、合理配置资源、加强领导重视、完善德育工作机制以及促进班主任与任课教师有效互动等。只有这样，才能为班主任与任课教师之间的合作育人创造更加有利的环境和条件。

2. 教师个体层面的影响

在班主任与任课教师合作育人的过程中，教师个体层面的因素起着至关重要的作用。这些因素不仅影响教师之间的合作效果，还直接影响到学生的成长和发展。

2.1 教师观念差异

教师观念是影响合作育人的首要因素。任课教师往往认为班主任作为班集体的直接领导者和管理者，应该主动向其了解班级管理与教育教学情况；班主任则可能认为任课教师应主动反映班级管理与教学情况，讨论学生在班级学习生活中存在的问题。这种观念上的差异导致双方缺乏主动沟通的积极性，进而影响了合作育人的效果。

此外，一些班主任在班级管理上过于强势，侵占任课教师的"阵地"，如占用上课时间训话、过多强调自己所教学科的重要性等，这些做法不仅影响了任课教师的教学进度，还容易引发师生间的矛盾，不利于教育合力的形成。

2.2 专业能力差异

教师的专业能力是合作育人的重要基础。任课教师通常负责具体的学科教学，而班主任则更关注学生的全面发展和心理健康。然而，在实际教学工作中，由于教师的专业背景和教学经验不同，他们在处理学生问题时的方法和效果也会有所差异。例如，一些年轻或资历较浅的班主任在与年龄大和阅历较深的任课教师协调时，可能会显得人微言轻，难以得到重视。同样，任课教师如果缺乏对学生心理健康和全面发展的关注，也可能导致其在教育教学过程中忽视学生的非智力因素，从而影响合作育人的效果。

2.3 个人性格影响

教师的个人性格对合作育人同样具有重要影响。性格内向、不善言辞的教师可能更倾向于独自处理问题，而不太愿意与他人分享和合作。这种性格特征可能导致教师在面对学生问题时缺乏主动性和创造性，进而影响合作育人的效果。

此外，一些教师可能过于自信或固执己见，不愿意接受他人的意见和建议。这种性格特征不仅容易导致教师间的矛盾和冲突，还可能使学生失去对教师的信任和尊重，从而不利于学生的成长和发展。

2.4 沟通方式不当

沟通是合作育人的关键。然而，在实际教学工作中，一些教师可能由于沟通方式不当而影响合作育人的效果。例如，班主任在向学生了解任课教师的情况时，如果缺乏必要的沟通技巧和艺术加工而将学生的负面意见直接反馈给任课教师，可能导致师生关系陷入僵局。

同样，当任课教师主动反映问题时，如果班主任处理不当，如不问青红皂白地训斥学生，不仅不能解决问题，还可能加剧师生间的矛盾和对立。这些沟通方式的不当使用不仅影响了教师间的合作关系，还可能导致教育资源的浪费和学生发展的受阻。

教师个体层面的因素在班主任与任课教师合作育人中起着至关重要的作用。为了提高合作育人的效果，教师需要树立正确的教师观念、提升专业能力、培养良好的个人性格和掌握有效的沟通方式。同时，学校也应加强对教师的培训和指导，提高教师的综合素质和专业水平，为合作育人提供更好的支持和保障。只有这样，才能确保班主任与任课教师之间的合作顺畅有效，为学生的成长和发展提供更有力的支持。

3. 学生及家庭层面的影响

3.1 学生因素

学生在教育过程中既是主体也是客体，他们的认知、情感和行为方式直接影响到班主任与任课教师合作育人的效果。

认知发展差异：学生的认知发展水平各异，这直接影响到他们对教师合作育人的理解和接受程度。一些学生可能对教师的合作教学持积极态度，乐于参与各种教学活动，而另一些学生可能因为认知能力有限，难以适应教师间的协作方式，从而产生抵触情绪。这种差异不仅影响了学生的学习效果，也给教师的合作育人带来了挑战。

情感投入不足：学生对学习的情感投入是影响教师合作育人的重要因素。一些学生可能因为缺乏学习动力或兴趣，对教师的合作教学不感兴趣，甚至产生抵触心理。这种情感上的疏离不仅影响了学生的学习成绩，也削弱了教师合作育人的效果。

行为习惯差异：学生的行为习惯，如自律性、时间管理等，也直接影响到教师合作育人的实施。具有良好行为习惯的学生更容易适应教师间的协作方式，积极参与各种教学活动；行为习惯较差的学生则可能因为教师间的协作方式而感到困惑或无所适从。

自主意识与独立意识：随着学生年龄的增长，他们的自主意识和独立意识逐渐增强。这种增强虽然有助于培养学生的独立思考能力，但也可能导致学生在教师合作育人中缺乏主动性和积极性，尤其是在与教师的沟通和交流方面。

3.2 家庭因素

家庭作为学生成长的第一课堂，其环境、氛围以及家长的教育观念对班主任与任课教师合作育人具有重要影响。

家庭环境差异：不同的家庭环境对学生的成长和教育有着截然不同的影响。一些家庭可能注重培养学生的自主学习能力和独立思考能力，这种家庭环境有助于学生更好地适应教师间的协作方式；另一些家庭则可能溺爱孩子，导致孩子缺乏自律性和责任感，从而影响教师合作育人的效果。

家长教育观念：家长的教育观念直接影响到他们与教师合作的意愿和方式。一些家长可能认为教育完全是学校的责任，缺乏与教师沟通的主动性和积极性；另一些家长则可能过于强调自己的教育观念，与教师产生分歧，甚至产生矛盾，这种分歧和矛盾不仅影响了教师间的合作，也可能对学生的成长产生负面影响。

家长与教师沟通不畅：由于家长与教师的社会角色、文化水平、教育理念等方面存在差异，双方在沟通时往往存在一定的障碍。一些家长可能因为缺乏教育知识或沟通技巧，难以与教师进行有效沟通；另一些家长则可能因为工作繁忙或其他原因，忽视与教师的沟通。这种沟通不畅不仅影响了教师对学生情况的了解，也削弱了教师合作育人的效果。

家庭参与形式单一：在当前的教育实践中，家庭参与学校教育的形式往往比较单一，包括家长会等。这种单一的参与形式不仅限制了家长与教师的交流深度，也难以满足不同家庭的需求。还有一些学生家长可能因为工作繁忙或其他原因，无法参加家长会等集体活动，从而错过了与教师沟通的机会。

学生及家庭层面的因素对班主任与任课教师合作育人具有重要影响。为了提升合作育人的效果，教师需要关注学生的个体差异和情感需求，加强与家长的沟通和合作，共同为学生的成长和发展创造有利条件。

第二节　班主任与任课教师合作育人创新策略

一、班主任与任课教师合作育人创新策略背景

在传统教育模式中，班主任通常是班级管理的核心，而任课教师的职责主要集中在教授特定课程内容并确保课堂纪律。这种分工虽然在一定程度上明确了各自的职责，但也导致了教育资源的分散和育人功能的单一化。随着

社会的发展和教育改革的深化，学生需求和教育环境发生了显著变化。传统的班级管理模式已难以满足学生个性化发展和综合素质提升的需求。在新课程背景下，小学班主任和任课教师的工作面临着新的挑战和机遇。一方面，学生群体日益多元化，他们的行为和思想受到多种外部条件的影响，对教师的育人工作提出了更高的要求。另一方面，新课程改革强调了师生互动和全方位育人的重要性，促使班主任和任课教师必须打破传统壁垒、加强合作，共同为学生的成长和发展服务。基于此，班主任与任课教师合作育人的创新策略应运而生。这一策略旨在通过整合教育资源、优化育人环境，实现师生互动和全方位育人，从而满足学生个性化发展的需求，推动各项育人工作的顺利开展。在此背景下，提出班主任与任课教师合作育人的创新策略，不仅是教育改革的要求，更是学生全面发展和教育质量提升的内在需要。

二、班主任与任课教师合作育人创新策略的理论框架

班主任与任课教师合作育人的创新策略构建，需基于一个稳固的理论框架。此框架主要包括以下几个方面。

愿景与目标：明确合作育人的长远愿景和短期目标，确保所有教育举措都朝着共同的方向前进，包括提高学生综合素质、增强班级凝聚力以及促进教师专业成长等。

沟通机制：建立高效的沟通渠道，确保班主任与任课教师之间的信息流通顺畅。通过定期会议、教学心得分享等方式，增进彼此间的理解和协作。

资源分配：合理规划教育资源，包括教学设施、课程安排以及师资力量等。确保资源能够高效利用，支持创新教学策略的实施。

创新组合管理：结合渐进式创新与颠覆性创新，形成多元化的教学策略组合。这既能保持教育质量的稳步提升，又能探索新的教育模式，以适应不断变化的教育环境。

评估与反馈：建立科学的评估体系，定期对合作育人的效果进行监测和反馈。通过学生学习成绩、行为表现等数据，评估创新策略的有效性，并据此进行调整和优化。

这一理论框架为班主任与任课教师合作育人的创新策略提供了坚实的支撑，确保了教育工作的科学性、有效性和前瞻性。

三、班主任与任课教师合作育人创新策略

1. 加强学校管理制度建设

在现代教育体系中，班主任与任课教师的合作育人不仅是提升教育质量的关键，也是促进学生全面发展的重要途径。然而，合作的成效往往受到多种因素的影响，其中学校管理制度的完善与否起着至关重要的作用。因此，加强学校管理制度建设，为班主任与任课教师的合作提供有力保障，成为优化合作育人的首要策略。

1.1 建立健全协作机制

学校应建立班主任与任课教师定期协作的机制，确保双方能够定期交流、分享教学心得、讨论学生问题，并形成协作共识。这种机制可以包括定期的联席会议、教学研讨会等形式，旨在提供一个平台，让教师们能够共同分析教学情况，制定针对性的教学策略。同时，学校应明确协作的目标和原则，确保每位教师都能理解并遵循，从而形成教育合力。

1.2 完善个性化教育方案

为了更好地满足学生的个性化需求，学校应鼓励班主任与任课教师共同制订学生的个性化教育方案。这一方案应综合考虑学生的学习进度、心理状况、兴趣爱好等因素，确保每位学生都能得到适合自己的教育。学校可以设立专门的教育资源中心，为教师提供丰富的教学资源和支持，帮助他们更好地实施个性化教育。同时，学校还应建立反馈机制，定期评估个性化教育方

案的效果，以及时调整策略，确保教育目标的达成。

1.3 强化沟通渠道与平台建设

沟通是合作的基石。学校应强化班主任与任课教师之间的沟通渠道，建立多样化的沟通平台。这些平台可以包括定期的座谈会、在线交流群、电子邮件等，旨在确保教师们能够随时随地进行有效的信息交流。学校还应鼓励教师们利用这些平台进行日常的沟通与合作，分享教学心得、学生情况等信息，从而增进相互理解，形成教育合力。此外，学校可以设立专门的沟通协调人员，负责处理教师之间的沟通障碍和问题，确保信息的顺畅传递。

1.4 建立教师激励机制

为了激发教师们参与合作育人的积极性，学校应建立完善的教师激励机制。这一机制可以包括教学奖励、职称晋升、培训机会等多种形式，旨在表彰那些在教学和育人工作中表现突出的教师。同时，学校还应为教师们提供丰富的培训和发展机会，帮助他们提升教育教学能力，为合作育人提供有力支持。通过激励机制的建立，学校可以营造一个积极向上、乐于奉献的教育氛围，促进教师们共同成长。

1.5 优化教学资源配置

教学资源是合作育人的重要保障。学校应优化教学资源的配置，确保每位教师都能获得必要的教学设备和资料，包括教室设施、实验器材、图书资料等。同时，学校还应建立资源共享机制，鼓励教师们共享教学资源，提高资源利用效率。此外，学校可以引入先进的教育技术，如在线教育平台、智能教学系统等，为教师们更加便捷、高效的教学提供支持，进一步提升合作育人的效果。

1.6 加强监督与评估

为了确保合作育人的有效实施，学校应建立完善的监督与评估机制。这一机制可以包括定期的教学检查、学生满意度调查、教学效果评估等多种形式。通过监督与评估，学校可以及时了解合作育人的实施情况，发现问题并采取相应措施进行改进。同时，学校还应将监督与评估结果与教师的绩效考核挂钩，激励教师们积极参与合作育人工作，不断提升教育教学质量。

加强学校管理制度建设是优化班主任与任课教师合作育人的重要策略。通过建立健全协作机制、完善个性化教育方案、强化沟通渠道与平台建设、建立教师激励机制、优化教学资源配置以及加强监督与评估等措施的实施，学校可以为教师们提供一个更加有利的工作环境，促进他们共同成长与发展，进而为学生提供更加优质的教育服务。

2. 提升教师的合作能力与意愿

在班主任与任课教师合作育人的框架内，教师的合作能力与意愿是影响合作效果的关键因素。提升教师的合作能力与意愿，不仅能够促进教育资源的有效整合，还能为学生营造一个更加和谐、高效的学习环境。

2.1 增强合作意识：构建共同愿景，强化团队精神

合作意识是教师合作育人的基石。要提升教师的合作意识，首要任务是构建一个清晰、共享的教育愿景，使所有教师认识到，无论是班主任还是任课教师，都是学生成长道路上的重要引导者，彼此间的紧密合作是实现教育目标不可或缺的一环。学校可以通过组织团队建设活动、教育研讨会等形式，强化教师的团队归属感，鼓励教师分享成功案例与合作经验，让每位教师都能深刻理解合作对于提升教育质量的重要性。

同时，倡导开放沟通的文化氛围，鼓励教师之间就教学理念、学生管理等话题进行坦诚交流，减少误解与隔阂，为合作打下坚实的信任基础。

2.2 提升合作技能：专业培训与实操演练相结合

合作技能是教师有效合作的具体体现，包括沟通协调、冲突解决、资源共享等多个方面。学校应定期组织合作技能培训，邀请教育心理学专家、资深班主任分享合作育人的策略与技巧，帮助教师掌握有效的沟通方法和团队

协作工具。此外，通过模拟教学场景、角色扮演等实操演练，让教师在模拟环境中合作解决问题，增强应对实际教学挑战的能力。

鼓励教师参与跨学科教研活动，通过跨学科的项目式学习、主题研讨等，促进不同学科教师间的交流与融合，拓宽合作视野，提升跨学科合作的能力。

2.3 建立激励机制：表彰合作成果，激发内在动力

合理的激励机制是激发教师合作意愿的有效手段。学校应设立合作育人专项奖励，对在合作中表现突出的个人或团队给予物质与精神上的双重肯定，如颁发荣誉证书、提供专业发展机会等，以此激励更多教师积极参与合作育人的实践。

同时，建立合作育人的评价体系，将教师在合作育人中的表现纳入绩效考核，确保合作育人的价值得到认可与体现。通过正面激励与制度保障，激发教师内在的合作动力，形成积极向上的合作氛围。

2.4 强化持续学习：构建学习型组织，促进专业发展

在快速变化的教育环境中，持续学习是教师保持合作能力与意愿的关键。学校应鼓励教师参与在线课程、工作坊、学术会议等多种形式的继续教育，不断更新教育理念，掌握现代教育技术，提升合作育人的专业能力。

建立教师学习社群，鼓励教师之间建立学习伙伴关系，相互分享学习资源，共同解决教学实践中遇到的问题。通过定期的读书分享会、教学反思日志交流等活动，促进教师个人成长与团队智慧的积累，为深化合作育人提供不竭的动力源泉。

提升教师的合作能力与意愿是一个系统工程，需要从意识培养、技能提升、机制激励到持续学习等多个维度综合施策。只有当每位教师都成为积极合作的行动者时，班主任与任课教师之间的合作育人才能真正发挥最大效能，共同促进学生的全面发展。

四、班主任与任课教师合作育人的案例分享

1. 携手共筑成长之桥

在教育这片广袤的田野上，每一颗种子的成长都离不开阳光、雨露与园丁的精心呵护。班主任与任课教师作为学生成长道路上的重要引路人，他们的合作不仅关乎知识的传授，更在于心灵的滋养与人格的塑造。

案例背景

某中学初二年级（5）班，是一个由46名学生组成的集体，其中包括几位在学习上存在一定困难和行为习惯不良的学生。班主任李老师，以其亲和力和严谨的管理著称；数学教师张老师，则以其深入浅出的教学方法和对学生个体差异的关注闻名。面对班级内部分学生的成长挑战，李老师和张老师意识到，单靠一方的力量难以达到最佳的教育效果，于是决定开展深度合作，共同探索适合每个学生的个性化教育路径。

合作策略

信息共享，精准施策：首先，李老师和张老师建立了定期的沟通机制，通过班级日志、个别谈话记录等方式，全面收集学生的学习状态、兴趣爱好、家庭背景等信息，确保双方对学生有全面而深入的了解。基于此，他们共同制订了针对不同学生的个性化学习计划，特别是在数学这一关键学科上，张老师根据每位学生的能力水平设计差异化作业，而李老师则负责监督执行并提供必要的心理支持。

情感联结，激发潜能：两位老师认识到情感支持对学生成长的重要性，不仅在课堂上营造积极向上的学习氛围，还在课后通过组织学习小组、心理辅导等方式，加深与学生的情感交流。李老师利用班会时间分享成功人士的成长故事，鼓励学生树立自信；张老师则在解决数学难题时，耐心引导学生发现解题的乐趣，激发他们的内在学习动力。

家校合作，形成合力：李老师和张老师意识到家庭环境对学生成长的影响，主动与家长建立密切联系，定期举办家长会，分享学生在校表现，共同探讨家校共育的策略。针对个别需要特别关注的学生进行家访，深入了解学生家庭情况，争取家长的理解和支持，共同为学生营造一个和谐、积极的成长环境。

成效显著

经过一个学期的努力，初二年级（5）班有了显著变化。学生们的学习积极性明显提高，特别是那些原本在数学上遇到困难的学生，不仅成绩大幅提升，更重要的是学会了面对挑战不放弃，勇于探索未知的精神。班级氛围变得更加团结向上，学生之间形成了互帮互助的良好风气。更重要的是，通过这一系列合作育人的实践，学生们在情感、社交、自我管理等多方面的能力都得到了均衡发展，为他们的未来学习与生活奠定了坚实的基础。

本案例生动展示了班主任与任课教师的紧密合作，能够为学生构建一个全方位、个性化的成长支持系统。它告诉我们，教育的本质在于理解与关爱，而成功的合作育人则是这份爱最直接、最有效的传递方式。在未来的教育实践中，我们应继续探索更多有效的合作模式，让每一颗种子都能在爱与智慧的阳光下茁壮成长。

2. 协同教学，共促学生全面发展

某初中三年级，班主任李老师与数学老师王老师、语文老师赵老师紧密合作，针对班级内几位学习动力不足、偏科严重的学生，设计了一套"协同教学"方案。该方案旨在通过跨学科整合教学，激发学生的学习兴趣，同时弥补他们在弱项学科上的不足。

具体措施

主题式学习：围绕一个中心主题（如"古代文化与数学应用"），三位老师共同设计课程内容，使数学知识、文学欣赏与历史背景相结合，让学生

在解决实际问题的过程中综合运用多学科知识。

小组合作学习：根据学生特长和兴趣分组，每组负责一个子课题的研究，鼓励小组内学生相互帮助，共同完成任务。

家校共育：定期召开家长会，介绍协同教学方案，邀请家长参与孩子的项目展示，增强家校沟通，形成教育合力。

经过一个学期的实施，学生的学习态度和成绩均有了显著提升，尤其是对学习的兴趣和参与度大大提高。此案例启示我们，班主任与任课教师的深度合作，不仅能有效整合资源、创新教学方法，还能促进学生综合素质的全面提升。关键在于教师间要有开放的心态，愿意打破学科壁垒，共同为学生的全面发展努力。

综上，我们可以看到，班主任与任课教师之间的有效合作是提升教育教学质量、促进学生全面发展的关键。这种合作不仅体现在日常教学计划的协同制订上，更体现在对学生个体差异的深刻理解与精准施策上。它要求教师团队具备高度的协同意识、创新思维和人文关怀，能够不断探索和实践适应时代要求的教育模式。未来，随着教育改革的深入，班主任与任课教师之间的合作将更加重要，也将更加复杂多变，需要每一位教育工作者持续学习、勇于实践，共同为培养德智体美劳全面发展的社会主义建设者和接班人贡献力量。

在当前多元化和信息化的教育背景下，班主任与任课教师之间的合作变得尤为重要。这种合作不仅关乎学生的学业成绩，还涉及学生的全面发展，包括心理健康、道德品质以及综合素质的培养。在教育的全过程中，班主任与任课教师各自扮演着不可或缺的角色，班主任主要负责学生的全面发展和心理健康，而任课教师则侧重于学科知识的传授和教学。两者的有机结合，能够更有效地促进学生的全面成长。

第五章

班主任与家长合作育人

第一节　家校共育存在的问题

一、家校共育理念的发展与实践

1. 家校共育理念的演变

家校共育理念的演变是一个历经多阶段、受多种因素影响的过程。早在1841年，美国康涅狄格州建立了"女子公共学校联合会"，标志着对家校共育实践的初步探索。随后，越来越多的教育者开始关注学校与家庭的协作问题，逐步建立了多种家校共育的组织形式，如家长教师协会等。

在我国，家校共育的理念和实践起步较晚，但发展迅速。20世纪50年代，我国开始关注家校合作的重要性，并在90年代后逐步推进家校共育的制度化建设。1998年，全国妇联和教育部联合颁布了《全国家长学校工作指导意见（试行）》，标志着家校共育制度化建设的开始。进入21世纪，家校共育理念在我国得到了广泛的推广和实践，越来越多的学校开始探索家庭与学校协同育人的新模式。

随着时代的发展，家校共育理念也在不断演变和深化。从最初的家长被动参与，到学校主动寻求家庭合作，再到现在的家庭与学校平等合作、相互尊重和理解，家校共育的内涵和外延都在不断拓展。现代家校共育理念强调家庭与学校作为两个平等的"教育者"，共同致力于孩子的全面发展，不仅关注学业成绩，更重视品德修养、身心健康、艺术素养和实践能力的提升。

在这一理念的引领下，家校共育的实践形式日益丰富多样。从传统的家长会、家访，到现代的家长学校、线上家长群等，家校之间的沟通渠道越来越便捷、高效。同时，家校共育活动也更加注重互动性和参与性，如亲子运动会、家长进课堂等，这些活动不仅增强了家庭与学校之间的联系，也促进了学生的全面成长。

2. 国内外家校共育的实践案例

在国内，家校共育的实践案例丰富多样。例如，某市通过举办家校共育活动，家长与教师共同参与，有效提升了学生的综合素质，形成了良好的家校合作氛围。此外，"家长进课堂"活动让家长们有机会亲身参与孩子的学习生活，增进了家校之间的理解和信任。一些地方还利用互联网平台，如微信、QQ等，建立了家校互动群，方便家长与教师随时沟通，共同关注孩子的成长。这些案例展示了家校共育在国内的创新实践，不仅提升了教育质量，也促进了家校之间的紧密合作。

在国外，家校共育同样受到广泛重视。例如，美国许多学校定期举办家长会，不仅汇报学生的学习成绩，还深入交流教育理念和方法。学校还邀请家长参与学校的各项活动，如教学开放日、亲子运动会等，让家长更深入地了解孩子的学习环境。此外，一些欧洲国家通过立法保障家校共育的实施，如规定家长必须参与孩子的学校教育，学校也必须积极与家长沟通，共同制订教育计划。这些措施确保了家校共育的有效开展，为学生的全面发展提供了有力支持。

国内外在家校共育方面都有着丰富的实践案例。这些案例不仅展示了家校共育的重要性和有效性，也为进一步探索和完善家校共育模式提供了宝贵的经验和启示。通过借鉴国内外的成功案例，可以更好地推动家校共育的发展，为学生的健康成长和全面发展创造更加有利的环境。

二、家校共育存在的问题分析

1. 家长参与度不足的问题

在家校共育的实践中，家长参与度不足是一个显著且亟待解决的问题。尽管现代教育理念强调家校合作的重要性，但在实际操作层面，家长的参与往往未能达到预期水平。首先，家长参与度不足体现在对学校教育活动的冷漠态度上。许多家长因工作繁忙、时间紧张等，很少主动参加学校组织的家长会、亲子活动等，导致家校之间缺乏有效沟通。这种冷漠不仅影响了家长对孩子在校情况的了解，也削弱了学校教育的效果。其次，家长在教育理念上的偏差也是导致其参与度不足的原因之一。部分家长过分依赖学校教育，认为教育孩子完全是学校的责任，忽视了家庭教育的重要性。这种观念使得家长在家校共育中处于被动地位，缺乏主动参与的积极性。最后，家校沟通渠道不畅也是造成家长参与度不足的重要因素。一些学校在家校沟通方面存在机制不健全、方式单一等问题，使得家长难以及时获取学校信息，也无法有效表达自己的意见和建议。这种沟通障碍进一步加剧了家校之间的隔阂，影响了家校共育的顺利进行。家长参与度不足是家校共育中的一个突出问题。为了改善这一状况，学校应加强与家长的沟通联系，建立有效的家校合作机制，同时引导家长树立正确的教育理念，共同为孩子的健康成长营造良好的教育环境。

2. 学校与家庭沟通不畅的问题

在家校共育的过程中，学校与家庭之间的沟通不畅是一个显著且亟待解决的问题。这一问题主要体现在信息的传递与接收上，双方往往因为沟通渠道的不完善或沟通方式的不当，无法准确、及时地传达信息。一方面，学校作为教育机构，其信息传递通常依赖于家长会、通知书等传统方式，这些方式在信息化高速发展的今天显得相对滞后。家长可能因为工作繁忙或其他原因无法参加家长会，而通知书往往只能提供有限的信息，难以满足家长对孩子在校情况全面了解的需求。此外，学校有时未能充分利用现代通信手段，如建立家长微信群、学校官方网站等，使得信息的即时性大打折扣。另一方面，家庭在信息的反馈上也存在不足。部分家长可能因为对孩子的教育理念与学校存在差异，而选择性地忽略或抵触学校的某些信息。同时，一些家长缺乏主动与学校沟通的意识，只有在孩子出现问题时才寻求学校的帮助。这些都不利于家校共育的顺利开展。沟通不畅还可能导致双方在教育理念上产生分歧。学校注重知识的传授与纪律的培养，而家庭可能更注重孩子的情感需求与个性发展。这种分歧若不能通过有效的沟通得到调和，将严重影响家校共育的效果。

因此，学校与家庭之间必须建立更加畅通、高效的沟通机制，充分利用现代通信手段，增强双方的信息传递与接收能力，以共同促进孩子的健康成长。

3. 教育资源分配不均的问题

在家校共育的过程中，教育资源分配不均是一个不容忽视的问题。这一不均衡现象不仅存在于不同地区之间，也存在于城乡之间，甚至在同一地区的不同学校之间也有所体现。首先，教育资源分配不均源于地区经济发展差异。经济发达地区的学校往往能够获得更多的财政支持，从而拥有更优质的教育资源，如现代化的教学设施、丰富的图书资料以及高水平的师资力量。相比之下，经济欠发达地区的学校则面临资源匮乏的困境，难以提供高质量的教育服务。其次，政策导向的不均衡也是教育资源分配不均的重要原因。政府在制定教育政策时，可能存在各种原因导致资源分配存在倾斜，使得某些地区或学校获得更多支持，而其他地区或学校则相对被忽视。这种政策导向的不均衡进一步加剧了教育资源分配的不均。

城乡差距也是教育资源分配不均的显著表现。城市学校通常拥有更好的师资力量、教学设施和教育资源，而农村学校则在这些方面明显落后。这种差距不仅影响了农村学生的教育质量，也制约了农村教育的整体发展。

家校共育作为提升教育质量的重要途径，其效果在很大程度上受到教育资源分配不均的制约。资源匮乏的学校难以提供多样化的教育内容和方式，限制了家校共育的深度和广度。因此，解决教育资源分配不均的问题，是实现家校共育目标、促进教育公平和质量提升的关键所在。未来，政府和社会各界应共同努力，通过加大投入、优化资源配置等措施，逐步减少教育资源分配的不均衡现象。

三、家校共育存在问题的成因探讨

1. 社会文化因素的影响

社会文化因素，作为塑造和影响人类行为、思维及价值观的基石，对家校共育的成效具有深远影响。在探讨家校共育存在的问题时，社会文化因素不可忽视。一方面，社会文化中的价值观和习俗直接影响着家长的教育观念和行为。例如，在某些社会环境中，家长可能过于注重孩子的学业成绩，而忽视了孩子的全面发展，这种"重分数、轻素质"的教育观念容易与学校的多元化教育理念产生冲突。此外，不同文化背景的家庭在教育方式上存在显著差异，如权威型、专制型、溺爱型等，这些不同的教养风格与学校的系统性、统整性育人方式难以完全契合，导致家校共育中存在矛盾和冲突。另一方面，社会文化的变迁也对家校共育提出了新的挑战。随着社会的快速发展和文化的多元化，家长和教师的教育观念、沟通方式以及教育目标都在不断变化。然而，由于社会文化的惯性作用，部分家长和教师可能难以迅速适应这些变化，导致家校共育中出现沟通不畅、目标偏差等问题。此外，城乡文化差异也是影响家校共育的重要因素之一。在农村地区，教育资源相对匮乏，家校沟通方式相对单一，信息传递不及时、不全面，这些在一定程度上制约了家校共育的成效。而在城市地区，虽然家校沟通方式更加多样化，但家长工作繁忙、对学校教育活动参与度不高等，也可能导致家校共育的效果不佳。

社会文化因素对家校共育的影响是多方面的，需要在实践中不断探索和调整，以实现家校共育的最佳效果。

2. 教育制度与政策的影响

在教育制度与政策层面，家校共育存在的问题有其深层次的成因。当前，我国在家校共育方面的政策法规尚不完善，缺乏系统性和连续性的制度支持。这导致家校合作在实施过程中面临较大的随意性和不确定性，难以形成稳定而有效的合作机制。政策层面的缺失使得家校共育在推进过程中缺乏明确的指导和规范，容易陷入混乱和低效的状态。此外，教育制度中的评价体系也间接影响了家校共育的成效。当前的教育评价体系往往过于注重学业成绩，导致学校和家长在教育目标上产生偏差。学校追求高升学率，家长则过分关注孩子的考试分数，这种以成绩为导向的教育观念使得家校共育的内容局限于学习方面而忽视了孩子的全面发展。同时，教育政策在家校共育方面的投入和支持也不足。一些地区的教育资源分配不均，导致优质教育资源集中在少数学校，而普通学校和农村学校则面临资源匮乏的问题。这种资源分配的不均衡使得家校共育的基础条件存在差异，影响了家校共育的整体效果。另外，教育政策在推动家校共育方面的宣传和引导也不够充分。缺乏有效的宣传机制使得家长对家校共育的重要性认识不足，参与度不高。同时，政策在引导家长树立正确教育观念、提升家庭教育能力方面也显得力不从心。

教育制度与政策的不完善、评价体系的偏差、资源分配的不均衡以及宣传引导的缺失都是影响家校共育成效的重要因素。为了解决这些问题，需要进一步完善相关政策法规，增加教育投入，优化评价体系，并加大宣传力度，以推动家校共育工作的深入开展。

3. 家庭与学校角色的定位与冲突

在家校共育的过程中，家庭与学校的角色定位及其潜在的冲突是导致问题的核心成因之一。家庭和学校作为孩子成长过程中的两个主要教育环境，各自承担着不同的责任与角色。家庭是孩子的第一个教育场所，家长不仅是孩子生活上的照顾者，更是孩子道德情感、基本生活习惯的培养者。然而，在实际操作中，部分家长往往忽视了自身的教育责任，将孩子的教育问题完全寄托于学校，这种角色错位导致了家庭教育的缺失。学校作为专业的教育机构，其职责在于提供优质的教育资源和环境，确保学生获得全面的知识与技能培养。然而，当学校试图与家长合作时，往往会遇到一些家长对学校教育理念和方法的不理解或不支持。这种不理解不仅源于双方沟通不畅，还源于家长与学校在教育目标上的不一致。

家庭与学校角色定位的冲突还体现在双方对教育资源分配的期望上。家长往往希望学校能给予自家孩子更多的关注和资源，而学校则需要在有限的资源内公平对待每一位学生。这种资源分配上的矛盾，进一步加剧了家庭与学校之间的紧张关系。此外，家庭与学校的教育方法也可能存在冲突。家长可能更注重孩子的个性发展和情感需求，而学校则更注重学生的知识掌握和综合能力提升。这种教育方法的差异，如果得不到有效的沟通和协调，会对孩子的成长产生负面影响。

家庭与学校角色定位的清晰界定和有效沟通，是解决家校共育问题的关键所在。双方应明确各自的教育职责，共同为孩子的全面发展贡献力量。

第二节　家校共育的创新策略

随着社会的不断进步和教育理念的持续革新，家校共育的未来无疑将展现出更加多元化、高效化和人性化的特点。在未来，家校共育将不再局限于传统的沟通与合作模式，而是将借助现代科技的力量，实现更深层次、更广泛领域的互动与融合。我们预见，智能化平台将成为家校共育的重要载体。通过大数据、人工智能等技术，学校与家庭将能够更精准地把握学生的成长需求，提供个性化的教育方案。同时，这些平台也将促进家校之间的即时沟通，使双方能够迅速响应学生的问题与挑战，共同为学生的全面发展保驾护航。未来，家校共育将更加注重情感与心理的联结。在忙碌的生活节奏中，家长与学校将共同努力，为学生营造一个温馨、和谐、充满爱的成长环境。通过组织各类亲子活动、心理健康教育等，增强家庭成员之间的情感交流，提升学生的心理健康水平。我们坚信，未来的家校共育将更加注重培养学生的综合素质。在知识传授的基础上，学校与家庭将更加注重对学生的创新能力、实践能力、社交能力等软实力的培养。通过家校合作，共同为学生的终身学习和发展奠定坚实的基础。

一、创新家校沟通方式与平台

在家校共育的实践中，创新家校沟通方式与平台是提升教育合力、促进学生全面发展的重要一环。随着信息技术的飞速发展，传统的家校沟通方式已难以满足现代教育的需求，探索和应用新型沟通平台成为必然趋势。一方面，利用社交媒体和即时通信软件，如微信、QQ 等，建立家校联系群，实现信息的即时传递与反馈。这种沟通方式不仅方便快捷，还能有效拉近家校之间的距离，使家长能更直观地了解孩子在校的学习生活情况，及时与教师沟通孩子的成长问题。另一方面，开发专门针对家校共育的在线平台，集学生信息管理、作业布置与提交、家长课堂、心理辅导等功能于一体，从而更全面地满足家校沟通的需求。这类平台通过数据分析和个性化推荐，帮助家长和教师更精准地掌握学生的学习进展和心理状态，从而采取更有针对性的教育措施。此外，创新家校沟通方式还应注重面对面交流的不可替代性。定期举办家长会、家访、家长开放日等活动，让家长有机会亲身体验学校的教育环境，与教师进行深度交流，共同探讨孩子的成长规划。创新家校沟通方式与平台是实现家校共育目标的关键。通过整合线上线下资源，构建多元化、立体化的沟通网络，可以有效提升家校合作的效率与质量，为学生的健康成长创造更加有利的环境。

二、构建家校共育的课程体系

家校共育的课程体系是连接家庭与学校教育的桥梁，其构建对于促进学生全面发展具有重要意义。首先，课程体系应紧密围绕学校教育计划和家庭教育的实际需求进行设计。通过整合学校教学资源与家长的教育资源，实现教育内容的互补，确保学生既能掌握扎实的学科知识，又能培养良好的行为习惯和道德品质。其次，课程体系应注重多样性和实践性。除了传统的课堂教学，还应引入亲子互动、专家讲座、家长互助辅导等多种形式，以满足不同学生的成长需求。同时，结合线上和线下的学习方式，提高教学效果和参与度，让家长和孩子能够在灵活多样的环境中共同学习、共同成长。再次，课程体系应强调家长参与的重要性。通过开设家长课堂、家长学校等课程，传授科学的家庭教育知识和方法，提升家长的教育水平。同时，鼓励家长分享自己的教育心得和经验，形成互助共享的教育氛围。最后，课程体系的评估与反馈机制也是不可或缺的。通过定期收集学生、家长和教师的反馈意见，对课程内容、教学方法和教学效果进行评估和调整，确保课程体系的持续优化和完善。构建家校共育的课程体系需要学校、家庭和社会的共同努力。通过创新课程设计、强化家长参与、注重实践性和多样性以及建立有效的评估与反馈机制，可以为学生营造一个更加和谐、开放、富有成效的学习环境，促进他们的全面发展。

三、强化家长教育角色的策略

在家校共育的框架内，强化家长的教育角色是提升教育质量、促进学生全面发展的重要一环。首先，开展家长教育培训工作坊。通过定期举办教育讲座、工作坊和研讨会，向家长传授现代教育理念、心理学知识及家庭教育方法。这些活动不仅有助于家长更新教育观念，还能提升他们解决实际教育问题的能力。其次，建立家校互动平台。利用现代信息技术，如微信群、家校通 App 等，搭建便捷的家校沟通渠道。通过这些平台，家长可以及时了解学校动态、孩子的学习情况，并与教师进行实时交流，从而更有效地参与到孩子的教育过程中。再次，鼓励家长参与学校活动。邀请家长参与学校的开放日、家长会、志愿服务等活动，让他们亲身体验学校的教学环境，增强与学校的联系。同时，设立家长委员会或家长志愿者团队，让家长在决策和监督中发挥更大作用，提升其教育参与感和责任感。最后，实施个性化家庭教育指导计划。学校应根据学生的具体情况和家长的需求，制订个性化的家庭教育指导方案。通过家访、一对一咨询等方式，为教师与家长提供针对性的建议和支持，从而共同促进学生的健康成长。强化家长教育角色需要家校双方共同努力，通过多元化的策略和实践，不断提升家长的教育素养和参与度，共同为孩子的全面发展创造更加有利的条件。

四、提升教师专业素养与家校合作能力的途径

在家校共育的框架内，教师专业素养与合作能力的提升是不可或缺的一环。首先，加强教师培训是提升教师专业素养的基础。学校应定期组织教育心理学、家庭教育指导、沟通技巧等方面的专业培训，帮助教师掌握与家长有效沟通的方法，理解家庭教育的多样性，从而在家校合作中更加游刃有余。其次，建立家校合作案例分享机制。通过定期召开家校合作经验交流会，鼓励教师分享成功案例与遇到的挑战，促进相互学习与借鉴。这种实践导向的学习不仅能增强教师的实际操作能力，还能激发其创新思维。再次，实施家校共育项目，让教师在实践中提升合作能力。比如，共同设计并实施家校阅读计划、亲子活动日等，使教师在项目执行过程中深化对家校合作重要性的认识，同时锻炼组织协调能力。最后，建立反馈与评估体系，对教师的家校合作表现进行定期评估。可通过家长问卷、学生反馈、同行评审等多种方式收集信息，这既是对教师工作的监督，也是对其专业成长的激励。对于表现突出的教师，应给予表彰与奖励，形成正向激励机制。通过系统性培训、经验分享、实践锻炼及科学评估，可以有效提升教师的专业素养与家校合作能力，为家校共育的创新策略提供坚实的人才支撑。

五、创新策略的实施与效果评估

1. 策略实施的具体步骤

在家校共育创新策略的实施过程中，为确保各项措施能够有序、高效地推进，需遵循以下具体步骤。首先，进行策略细化与规划。将家校共育的创新策略进一步细化为可操作的子策略，明确每个子策略的目标、内容、实施主体及时间节点，形成详细的工作计划。同时，建立项目管理团队，负责统筹协调各方资源，确保策略实施的顺利进行。其次，开展培训与宣传。组织

家校双方参与策略实施前的培训活动,提升家长和教育工作者对创新策略的理解与认同。通过家长会、学校网站、微信公众号等多种渠道,广泛宣传家校共育的重要性和创新策略的具体内容,营造良好的社会氛围。再次,实施试点与反馈。选取部分班级或学校作为试点,先行实施创新策略,并密切关注实施过程中的问题与成效。定期收集试点单位、家长和学生的反馈意见,及时调整策略实施的方向与重点。最后,全面推广与持续优化。在试点取得成功后,逐步将创新策略推广至全校乃至更广泛的区域。同时,建立策略实施的长期跟踪与评估机制,定期评估策略的实施效果,并根据评估结果持续优化策略内容,形成家校共育的良性循环。通过上述步骤的逐一落实,家校共育的创新策略得以有效实施,将为促进学生全面发展提供有力支持。

2. 实施过程中的关键点与难点

在实施家校共育的创新策略时,有几个关键点需要特别注意,同时也存在一些难点。

关键点

沟通与协作机制:建立高效的家校沟通平台,确保信息的及时传递与反馈,是家校共育策略实施的基础。这要求学校与家长之间形成稳定的沟通渠道,定期举办家长会、座谈会等活动,促进双方深入了解与合作。

资源整合与利用:家校双方应充分利用各自的教育资源,如学校的专业师资力量、家长的社会经验和职业背景等,共同为孩子的全面发展提供支持。这要求双方具备资源整合的能力,同时根据实际情况灵活调整合作方案。

个性化教育方案:针对不同学生的特点和需求,制订个性化的教育计划,是家校共育的重要目标。这要求家校双方深入了解学生的兴趣爱好、学习习惯及家庭背景,从而提供更有针对性的指导和帮助。

难点

观念差异：家长与学校在教育理念、方法上可能存在差异，这可能导致合作过程中出现摩擦和误解。对此，需要双方通过深入沟通和交流，逐步缩小观念差距，达成共识。

时间与精力投入：家校共育需要双方投入大量时间和精力，这对忙碌的家长和学校来说是一大挑战。如何平衡工作与教育责任，成为实施过程中的一大难题。

效果评估与反馈：如何科学、客观地评估家校共育策略的实施效果，并及时调整合作方案，是确保策略有效性的关键。这要求双方建立有效的评估机制，并定期进行总结和反思。

3. 策略实施效果的评估方法

家校共育创新策略的实施效果评估是确保策略有效性的关键环节。以下是一套系统的评估方法，旨在全面、科学地衡量家校共育策略的实际成效。

首先，设定明确的评估指标。这些指标应涵盖学生学业表现、家庭教育参与度、学生情感与心理发展、家校沟通频率与质量以及教育资源使用情况等多个维度。通过量化这些指标，可以直观地反映家校共育策略对学生成长和教育质量的实际影响。其次，采用多样化的数据收集方法。通过问卷调查、访谈、课堂观察、家长反馈等多种方式，广泛收集关于家校共育策略实施的数据和信息。这些方法能够确保数据的全面性和准确性，为后续的评估提供坚实基础。再次，运用统计分析方法对收集到的数据进行分析。通过对比实施前后的数据变化，评估家校共育策略的实际效果。同时，结合定性和定量分析结果，形成综合性的评估报告，明确指出策略的亮点和不足。此外，建立反馈机制，确保评估结果的及时传递与利用。将评估报告及时反馈给家长、教师和学生，鼓励他们根据评估结果提出改进建议。通过持续的沟通与交流，不断优化家校共育策略，形成良性循环。最后，定期回顾和评估家校共育策略的实施效果。根据市场变化和教育需求的新趋势，及时调整和改进策略，确保家校共育工作的持续发展和创新。通过以上评估方法，可以全面、科学地衡量家校共育创新策略的实施效果，为进一步优化策略和提升教育质量提供有力支持。

　　家校共育在现代教育体系中的重要性不容忽视。首先，通过实施有效的家校合作策略，能够显著提升学生的学习成效，促进其全面发展。研究发现，家长与学校的积极沟通与合作，不仅有助于学生在学业上取得更好成绩，还能在情感、社交及心理等多方面产生积极影响。其次，本研究提出的家校共育创新策略在实践中得到了验证。包括利用现代信息技术手段加强家校联系、开展形式多样的家校互动活动、建立家校共育评价体系等，这些策略均在不同程度上增强了家长参与学校教育的积极性和有效性。特别是在信息技术应用方面，如家长微信群、学校 App 等平台，已成为家校沟通的重要桥梁，极大地方便了信息的传递与共享。最后，家校共育的成功实施需要多方面的支持与配合。学校应主动开放，积极接纳家长的意见和建议；家长应转变观念，认识到自己在孩子教育中的重要作用，积极参与学校活动。同时，政府和社会各界也应为家校共育提供良好的政策环境和社会氛围。家校共育的创新策略对于提升教育质量、促进学生全面发展具有重要意义。本研究通过理论分析与实践探索，验证了这些策略的有效性和可行性，为未来的家校共育工作提供了有益的参考和借鉴。然而，家校共育是一个持续发展的过程，仍需不断探索和完善，以适应时代变迁和教育改革的需求。

第六章

一个班级一个风采

第一节　打造班级品牌

班级品牌，是指班主任通过一系列教育理念和实践活动，在班级内部形成的独特文化标识和良好社会形象。它涵盖了班级的学风、班风、师生关系及班级特色活动等多个方面，是班级精神风貌和综合素质的集中体现。

班级品牌的重要性不言而喻。一方面，它有助于增强班级凝聚力，同学们在共同的品牌理念下，可以形成统一的思想认识和行动准则，促进班级内部的和谐与稳定。另一方面，班级品牌是展示班级形象的重要窗口，通过对外传播班级品牌，能够提升班级的知名度和美誉度，为班级赢得更多的社会认可和支持。因此，打造班级品牌不仅是班主任提升班级管理水平的重要手段，也是促进班级全面发展的重要途径。

一、班级品牌与校园文化的关系

班级品牌作为校园文化的重要组成部分，两者之间存在着紧密而深刻的联系。班级品牌不仅体现了班级的独特性和凝聚力，更体现了校园文化多样性和活力。通过班级品牌的塑造，学生们能够在共同的价值观和行为准则下形成独特的班级文化，这种文化反过来又丰富了校园文化的内涵。

校园文化为班级品牌的打造提供了广阔的背景和肥沃的土壤。学校的办学理念、历史传统、校园环境等都对班级品牌的形成产生着潜移默化的影响。同时，班级品牌的建设也促进了校园文化的传承与创新，使得校园文化在不断发展中保持生机与活力。因此，班级品牌与校园文化相辅相成，共同构成了学校独特的精神风貌和文化氛围。在打造班级品牌的过程中，应充分挖掘和利用校园文化的资源，使班级品牌成为校园文化中一道亮丽的风景线。

二、班主任在打造班级品牌中的角色

在打造班级品牌的过程中，班主任的领导力与影响力起着至关重要的作用。班主任作为班级的引领者，其领导力不仅体现在对班级日常管理的驾驭上，更体现在能够明确班级的发展目标，并带领全班同学共同为之努力。通过与同学们进行有效的沟通和协调，班主任能够凝聚班级力量，形成积极向上的班级氛围。同时，班主任的影响力也不容小觑。他们的言行举止、价值观念、教育理念都会对学生产生深远的影响。一个具有高尚师德、深厚专业功底和独特人格魅力的班主任，往往能够成为学生心中的榜样，激励学生不断追求卓越。

班主任在打造班级品牌时，应充分发挥自身的领导力和影响力，通过言传身教、以身作则，引导班级走向更加辉煌的明天。这种力量不仅有助于班级品牌的塑造，更能够为学生的全面发展奠定坚实基础。

三、班主任如何塑造和传达班级品牌理念

在打造班级品牌的过程中，班主任扮演着至关重要的角色。为了塑造鲜明的班级品牌理念，班主任首先应深入了解班级成员的特点与需求，结合学校文化及教育理念，提炼出具有班级特色的核心价值观。

其次，班主任应通过班会、主题活动等多元化形式，生动形象地传达班级品牌理念，让每位学生都能深刻理解其内涵并内化于心。同时，应利用班级宣传栏、社交媒体等平台，展示班级风采，增强外界对班级品牌的认知度。

最后，班主任应以身作则，用自己的言行举止践行班级品牌理念，成为

学生的榜样。通过持续的努力与引导，班主任能够成功塑造并有效传达班级品牌理念，使班级成为一个团结向上、特色鲜明的集体，为学生的全面发展奠定坚实基础。

四、班级品牌建设的策略与方法

（一）制订班级品牌目标

在制订班级品牌目标时，班主任需明确班级品牌的核心理念与愿景。首先，应确立班级品牌的独特定位，这包括对班级文化、学习氛围及学生特质等方面的综合考虑，确保目标具有鲜明的个性化和差异化。其次，目标应具有实际可行性，既要符合学校的教育理念，又要充分考虑学生的实际情况与发展需求，避免过高或过低的设定。最后，班级品牌目标应具有激励性，能够激发学生的集体荣誉感和归属感，促进学生个人与班级整体的共同成长。通过明确、具体且富有挑战性的目标设定，班主任能够引领班级成员朝着共同的方向努力，为班级品牌的建设奠定坚实基础。这一环节是班级品牌建设策略与方法的关键起点，对后续工作的顺利开展起着至关重要的作用。

（二）设计班级标识与口号

在班级品牌建设中，设计独特的班级标识与口号是塑造班级形象的关键步骤。班级标识作为视觉符号，应简洁明了，富有创意，能够体现班级特色与精神风貌。它既可以是抽象的图形，也可以是包含班级名称、学号等元素的组合设计，通过色彩、线条的运用，传达出班级的正能量与凝聚力。

班级口号则是班级精神的文字表达，应简洁有力，朗朗上口，易于记忆与传播。口号内容需紧扣班级文化，激励同学们积极向上，团结协作。例如，"扬帆起航，共创辉煌"等，既能激发同学们的集体荣誉感，又能展现班级积极向上的精神风貌。

设计班级标识与口号时，应充分听取同学们的意见，集思广益，共同参与，使这一过程成为增强班级凝聚力与归属感的重要途径。通过班级标识与口号的设计，班级品牌将更加鲜明，有助于提升班级的整体形象与影响力。

（三）班级活动的策划与执行

在班级品牌建设中，活动策划与执行是不可或缺的一环。班主任应围绕班级品牌理念，精心设计各类活动，如主题班会、社会实践、文体竞赛等，以增强学生的凝聚力和归属感。

在进行活动策划时，需注重活动的创意性、可行性和教育性，确保活动既能吸引学生兴趣，又能达到预期的教育效果。在执行过程中，要明确分工，责任到人，确保活动有序进行。同时，要注重活动的宣传与动员，激发学生的参与热情。

在活动结束后，应及时进行总结与反思，评估活动效果，总结经验教训，为今后的活动提供借鉴。通过持续、有效的活动策划与执行，班级品牌将逐渐深入人心，成为班级文化的重要组成部分。此外，班主任还应鼓励学生积极参与活动策划，培养他们的组织能力和创新思维，为班级品牌建设贡献力量。

五、班级品牌与学生个体发展

（一）班级品牌对学生自我认同的促进作用

班级品牌作为班级文化的集中体现，对学生自我认同的形成具有显著的促进作用。一个具有鲜明特色和积极价值观的班级品牌，能够为学生提供清晰的角色定位和归属感。学生在参与班级品牌建设的过程中，不仅加深了对班级文化的理解和认同，也逐步明确了自己在班级中的位置和价值。

班级品牌的成功塑造，往往伴随着一系列班级活动的组织和开展，这些活动为学生提供了展示自我、实现价值的舞台。学生在活动中不断挑战自我、超越自我，从而增强了自信心和自我效能感。这种积极的自我体验，进一步促进了学生自我认同的深化和巩固。

因此，班级品牌不仅是班级形象的展示，更是学生自我认同形成和发展的重要载体。通过班级品牌的打造，班主任可以引导学生形成积极的自我认知，为学生的全面发展奠定坚实基础。

（二）班级品牌与学生综合素质培养

班级品牌的构建不仅关乎集体荣誉，更是促进学生个体综合素质提升的重要途径。在品牌打造过程中，班级文化、价值观和行为准则等要素潜移默化地影响着学生。通过参与班级品牌建设，学生能够学会团队协作，增强集体荣誉感，这对其社会责任感的培养具有积极作用。同时，班级品牌往往与特定的学习目标和成长路径紧密相连。学生在追求班级品牌的过程中，需要不断提升自身的知识水平、技能水平和道德素养。这种目标导向的学习模式，有助于激发学生的内在动力，促进其全面发展。此外，班级品牌的成功打造还能为学生提供展示自我、实现价值的舞台。学生在参与品牌活动时，能够锻炼自己的组织能力、沟通能力和创新能力，从而全面提升综合素质，为未来的学习和生活奠定坚实基础。因此，班级品牌与学生综合素质培养之间存在着密切的关联和互动。

六、班级品牌建设的挑战和对策

（一）面对的挑战与困难

班主任在打造班级品牌的过程中，面临着诸多挑战与困难。首先，学生个性多样，需求各异，如何统一思想、形成共识，成为班级品牌建设的一大难题。其次，教育资源的有限性也制约了班级品牌建设的深度和广度，如何在有限条件下发挥最大效益，考验着班主任的智慧和策略。再次，社会环境的变化和家庭教育的影响也不容忽视，这些因素往往会对班级品牌建设产生干扰和冲击。最后，班级品牌建设是一个长期而复杂的过程，需要持续的努力和投入，而班主任的精力和时间有限，如何在繁忙的教学工作中兼顾品牌建设，也是一大挑战。面对这些困难和挑战，班主任需要保持清醒的头脑，只有采取有效的对策，才能推动班级品牌建设不断向前发展。

（二）应对策略与建议

面对班级品牌建设的挑战，班主任需采取积极应对策略。首先，加强家校合作，定期召开家长会，分享品牌建设进展，听取家长意见，形成教育合力。其次，注重学生个性化发展，通过兴趣小组、特长展示等活动，挖掘学生潜能，丰富班级品牌内涵。同时，强化班级文化建设，营造积极向上的班级氛围，让学生在潜移默化中认同并维护班级品牌。

再次，班主任应不断提升自身专业素养，学习先进教育理念，并将其灵活运用于班级管理中，提升品牌建设水平。针对资源有限问题，可争取学校支持，整合校内外资源，为班级品牌建设提供有力保障。最后，建立班级品牌建设评估机制，定期总结经验教训，及时调整策略，确保班级品牌建设持续健康发展。通过这些策略的实施，班主任可有效应对挑战，推动班级品牌建设迈向新台阶。

七、案例拓展

打造"书香班级"

在某初中，班主任李老师成功地将班级塑造成远近闻名的"书香班级"。李老师通过设立班级图书角，鼓励学生捐赠和借阅书籍，并定期举办读书分享会，营造了浓厚的阅读氛围。此外，她还利用课余时间组织学生参加诗词朗诵、文学创作等活动，激发学生的文学兴趣。

经过一年的努力，该班级学生的阅读兴趣显著提升，学习成绩也稳步提高。更重要的是，学生们在书香氛围中培养了良好的阅读习惯和人文素养。班级在学校的各项文学比赛中屡获佳绩，成为名副其实的"书香班级"。

李老师的成功经验表明，通过明确的目标设定、丰富的实践活动和持续的努力，班主任可以有效地打造具有特色的班级品牌。这一案例为其他班主任提供了宝贵的借鉴和启示，证明了班级品牌建设在提升学生综合素质和班级凝聚力方面的重要作用。

在案例分析中，我们发现班主任在打造班级品牌过程中，积累了宝贵的经验。他们注重班级文化的培育，通过组织多样化的班级活动，增强了班级凝聚力，提升了学生的集体荣誉感。同时，班主任还善于挖掘学生的特长，搭建展示平台，使班级品牌在校园内外逐渐崭露头角。然而，案例中也暴露出一些教训。部分班主任在班级品牌建设中急于求成，忽视了班级发展的实际情况，导致品牌建设流于形式，缺乏深度和内涵。此外，一些班主任在品牌建设过程中，未能充分调动学生的积极性，使得班级品牌缺乏广泛的群众基础。

班主任在打造班级品牌时，应立足班级实际，注重对文化内涵的建设，同时充分调动学生的积极性，确保班级品牌的可持续发展。只有这样，才能打造出具有独特魅力和广泛影响力的班级品牌。

第二节　让班级生活充满爱

教育是爱的教育。雅斯贝尔斯说，"教育的本质是心灵的教育，教育意味着一棵树摇动另一棵树，一朵云推动另一朵云，一个灵魂唤醒另一个灵魂。"爱既是教育顺利展开的阶梯，也是教育取得成功的重要基础。一名教师只有深爱学生，才会舍得花时间、花精力去了解学生，走进学生的生活世界，深入学生的内心，去关注他们的体验和真正需求，去想办法解决问题，会利用一切机会促成学生最大的发展。对我们来说，爱一些学生很容易，因为这些学生身上总是会有某种东西打动我们，我们会对他们产生一种先于交往和互动的本能的关怀，这是一种非理性的爱。然而，一个教育者最难能可贵的地方在于，他能爱所有的学生，超越了先有的非理性因素而走向一种更博大、更深层、更无私的爱，这是站在高处的一种理性的爱，内含着一种促成学生积极生存和成长的教育学意向。正是这种教育之爱鼓励着教师不断学习和进取，不断反思和探索，不断超越自己，不断地向教育智慧靠近，追求高尚的人生境界。教育爱是一个教师之为教师的本性所在。

在我的执教生涯中，我始终认为，对一名教师来说，爱学生是第一位的，要把别人的孩子当成自己的孩子来看、来爱，这是教育的根基。我这样看，也努力这样做，我希望在每一次活动中，在每一次与学生的交流中，在每一个眼神、每一个手势中，学生都能感受到我的爱意。这既是一种广泛的、没有血缘关系的爱，又是一种严慈相济的爱。正是这种爱，使我不断地去追求教育的真谛，不断地去探索最佳的教育方式，不断地要求自己成为更好的老师；也正是这种爱，促使学生成人、成才，影响着学生的身心发展和人格形成，甚至使学生受益终身。

一、在同情中实现自我超越

"同情"，虽然这是几乎我们每一个人都很熟悉的字眼，但其含义却远非日常生活中的怜悯感那么简单。理解同情的深层含义，有助于我们更好地走近学生、走进学生，在与学生相处的过程中做出恰当的教育举动。舍勒的情感现象学认为，同情指共同感受和共同情感，泛指人们对同一情感的分享或对他人情感的参与，包括了情感共有、情感参与、情绪感染和情感认同几种形式。我们虽受到了情绪感染，有某种情感参与，但不一定能实现情感认同，更难以达到情感共有。同情也是有程度之分的。

对一名教师来说，受到学生的情绪感染并不难，喜悦的、欢快的、悲伤的、愤怒的、嫉妒的、冷漠的……我们时常能在教育中感受到不同学生及其同伴群体的种种情感。然而，要走入学生的内心，从一个学生的角度真正认同这种情感，并能从一个师者的角度尊重、呵护和引领这种情感，实现一种相互交融的情感认同，这对教师的人格、能力是有挑战的。真正的同情要求一个人自身与他者的距离，既不陷于"孩子中心"，也不陷于"自我中心"，然而在这样一个移情性的过程中，教师对学生、对自我的认识都有了长进，我们仿佛在某种程度上领略到了万物和宇宙的一体感。同情孩子，实际上就是同情我们自己，同情童年，同情人性，同情自然母体。这是由同情出发所达到的一种境界，一个人真正的自我超越在其中便能得以实现。

而在现实生活中，我们往往是在进入学生内心世界的路上还没有走多远，就自以为得到要领，退回来了；我们往往是在同一条路上多走了几趟，就变得麻木，丧失耐心了。爱的缺乏阻断了我们在同情路上对超越境界的追求。一方面，爱学生，对学生充满兴趣，是一种能够让急躁的社会降下温来的理性能力。另一方面，深度的同情又加深了我们对这个世界的热爱。爱与同情互相支撑，不可分割。我认为，这是一名教师最重要的两种品质。

二、信任是生存方式

信任既是教育得以展开的基础，也是师生关系建立的前提。没有信任，教师和学生就失去了"本体性安全"，就会陷入"存在性焦虑"，就偏离了本真的教育。信任意味着放心和托付，牵连着良心和责任。对一个学生来说，信任意味着把自己的未来交给了一个会引导自己走向完美世界的引路人手中，意味着一颗惴惴不安的心在一个坚实的基点上开始了探险。学生对教师的信任是教师影响发生的前提，"亲其师"才能"信其道"，也是教师不断地提升自我、完善自我的动力。同样，教师对学生的信任则意味着相信学生有热爱真善美、追求成功的愿望以及自主发展的能力，这是教师具有教育爱、倾其心力于教育事业的基础。值得指出的是，教师对学生的信任极大地引导和培育着学生的信任，因而在一定程度上更显珍贵。信任之于教师，应是一种生存方式。

当然，一种健康的"双向信任"的建立不是一蹴而就的。对信任的培育也不是基于一种控制对方的工具，而是来自对学生更好地成人成事的价值关怀和期待，来自心底最神圣的职业使命。教师需要具备深切的教育情怀和敏感的问题意识，要能聆听学生内心的呼唤，通过情感经营、理智引导和道德约束等多种手段，不断去唤起学生的信任。正如范梅南所说，"不管我们的自信可能会受到多少次失望的检验，我们始终相信孩子会向我们展示他将如何生活。"班里总有一些学生是那么独特，让人头疼却又需要呵护。只要抱着真诚关心和主动接纳的心态与学生打交道，营造一个安全、稳定和支持的环境，在持续的努力中，我们就会逐渐贴近他们的内心世界，发现一种积极蓬勃的生长力。虽任重道远，但教人以事以理，引导学生开启更好的生活，是教师神圣的权利。信任，在这里，成了一种直面学生的生存方式。

三、发展亲密私人关系

每一个学生都是独一无二的个体，他们带着自己独特的生活经验和对未来世界的憧憬来到课堂，期待着自己人生的幸福之路和对美好世界的探寻之旅。对学生现实生活背景、当下体验和发展需求的把握，既是在找寻教育的起点，也是对学生作为人的独特性的尊重。对人作为一个独立个体的关怀，需要教师尊重和理解学生在知识、兴趣、生活方式等各方面的特殊性，与学生建立一种亲密的私人关系。这种私人关系，交流方式随意轻松，交流内容自由开放，从知识授受、答疑解惑到兴趣爱好、生活经验等的分享，教师和学生真实、独特和完整的自我在这种交流中自然流露出来，双方独特的诸如心理、情感、道德等方面的需要也在其中得到满足，教育的影响得以无声无息地渗透。这种以说服而非强迫和压制为主要方式的师生亲密交往，更容易形成深度的交流和对话，可以对师生产生独特而强劲的影响。师生在这一相互影响中得以走向更深层次的自我，发展出一种更深的、更相互体贴的、更成熟的关系。

值得指出的是，与每个学生保持一种亲密的接触，这在当前以班级授课为主要教学组织形式的背景下，对教师而言是一个很大的挑战，但这并不意味着教师可以放弃朝这个方向努力的责任。对学生而言，教师至少应该以其个人的亲切方式出现在他们面前，以其坦诚和开放的心态与他们打交道。这种亲密关系的建立其影响是双向的，也应该是双向的。就我自身而言，通过与学生的个性化交往，我既达到了心理辅导的目的，也从学生的成长和蜕变中，获取了新的教育灵感和思想，作为教师的自我价值感得以增强，对自己职业使命的认识也日益深刻、坚定。我们都"长大"了。

每到学期末，作为班主任，我最不敢马虎的一件事就是写操行评语，因为每个孩子都想知道一学期来自己给老师留下了怎样的印象。孩子们看操行评语时的期待与小心翼翼，让我不忍有丝毫懈怠。所以每到这时，我就会提前半个月做好计划，一天写6个人的，大概半个月左右就写完了，写完再修改检查一下操行评语。这事看似简单，实则很难，因为要在有限的空间内既有肯定，也有批评、指正和鼓励以及期望。每个学生一学期的表现就像放电影一样在我脑中不断闪现，我静思默想、一丝不苟，有时候一个学生的评语要想很长时间。但有时候一个字也写不出来，因为思路一样，评价的方面也一样，于是词穷了。以下是近年来写的操行评语，分享几个与众不同的学生评语。

（1）乐观开朗、勤奋的你学习态度端正，学习目标明确。你能做到按时到校，尊敬师长，积极参加班级各项活动；上课发言积极，按时上交各项作业；安全平台学习积极认真，认真参加课间操和长跑锻炼；对于老师交给你的任务完成得很好。如果在纪律方面能做到进一步以身作则，在班风建设中发挥更加出色的作用，老师相信你的学习能力会有进一步的提升。你的潜力很大，你管理能力的进步和为目标而奋斗的决心也在不断改变着老师对你的原有印象，青出于蓝而胜于蓝，希望未来的你是我的骄傲！

（2）这学期你进步很大，用自己的一举一动在班风建设中起到了很好的示范作用。你的管理能力、自控能力、应变能力在本学期均有很大的进步，希望继续努力！在按时到校、尊敬师长、积极参加班级各项活动、上课积极发言、按时上交各项作业、安全平台学习方面和认真参加课间操和长跑锻炼方面，你给全班同学树立了良好的榜样！无论是文艺会演、运动会，还是大扫除，你都能积极参与、为班级争光。希望新的一学期，你能进一步激发自身潜能，勇争第一，做时代的骄子，加油！

（3）你是一个懂事、善解人意的孩子，能做到热爱集体、按时到校、尊敬师长、积极参加班级各项活动、劳动跑操从不偷懒。教室门的开关工作你完成得很好，这体现了你细心负责的一面。你能按时上交各项作业，安全平台学习积极认真，同学关系良好。总体上很有进步。但是你的学习成绩是老师和父母比较担忧的，要尽快调整学习方法和状态。如果在学习方面狠下功夫，树立自信，你会进步得更快！记得好好吃饭，身体不要熬垮了。生活中要勇敢一点，在遇到困难时，大胆向老师和身边的人求助，要勇敢面对生活中的风风雨雨！

（4）一学期来你不断进步，学习方向逐渐明确，热情高涨，到校更早了，读书认真多了。但有时你的情绪不太稳定，心情有些烦躁，做题不能安静，还好你及时进行了调整，所以也没有在很大程度上影响你的学习。记得要树立远大理想，勤奋刻苦，奋起直追！若你要实现自己的理想，只有靠自己去奋斗拼搏去跨越一个个障碍，实现你的一个个梦想。加油！老师相信你会成为后起之秀的！

（5）"宝剑锋从磨砺出，梅花香自苦寒来。"这学期你的进步大家有目共睹，从学习到纪律，你都能逐渐严格要求自己，成绩较为稳定。虽然你不善言辞，但你偶尔的大胆发言也能一语中的，身为英语课代表，你做得很好，成长得很快。在未来的日子里，你更应该充满自信地面对学习中的困难，无论是在课堂上还是在生活中，可以再开朗一些，扩大自己的交际范围，让你的天空更加灿烂、美丽。假期一定要记得落实寒假作战计划书，练好书法、普通话和英语基本发音，加强锻炼，广泛阅读，更主动地迎接新年的每一天！

（6）你是一个聪明、有主见的孩子，能按时到校，积极组织同学们参加运动会，上好体育课，积极参加班级各项活动。对于自己认准的问题你很执着，对于自己喜欢的吉他练习你一直在坚持。但是面临中考，一定要重点攻克文化课，中考结束后再坚持自己的爱好。老师交给你的任务你完成得很好，安全平台学习你积极认真。学习方面，你在各科的表现让老师特别着急。你的基本功很扎实，可是这一学期，你失去了奋斗目标，放松了对自己的要求，无节制地反抗父母对你的教育，受不得委屈，听不得老师对你的纪律要求，稍有不如意就上课睡觉，课后你又很活泼地出现在大家面前。多么希望你能以最快的速度调整状态，上课认真听讲，发挥你善解人意的优点，关爱父母，学会和父母交流，做好班干部工作，认真参加体育锻炼，重树威信。学习方面要更加努力，把落下的知识补回来，考上自己理想的学校！加油！

每次看到孩子们看到评语时开心的笑容，看到他们看到评语后踌躇满志的样子，我感觉一切都值了。点点滴滴的评价记录着孩子们成长的细微变化，它既是孩子们成长记录的见证，也是我作为班主任成长的见证。我在常规管理中的专业写作能力在慢慢提升，希望自己在未来担任班主任的日子里，能更好地用文字记录孩子们成长的过程，记载我们共同的故事与希望！

第三节 班级因"我"更美丽

教育不仅是知识的传授，更是学生个性与集体意识共同发展的摇篮。初中阶段，是学生性格形成与价值观确立的关键时期，班级作为学生日常生活与学习的主要场所，其氛围与环境对学生的成长具有深远影响。然而，传统的班级管理模式往往侧重于纪律与成绩，忽视了学生在班级建设中的主体地位及其积极作用。当前教育改革的浪潮中，强调学生主体地位、倡导个性化教育已成为主流趋势。在此背景下，如何有效激发学生的班级归属感与责任感，成为亟待解决的问题。

一、初中班级的特点与问题

初中班级作为青少年成长的重要环境，具有其独特的特点和面临的问题。这一阶段的学生正处于身心快速发展的关键时期，他们的认知、情感、社交等方面都在经历着显著的变化。从特点上看，初中班级学生普遍具有较强的求知欲和探索精神，对新鲜事物充满好奇。他们开始形成自己的个性和价值观，对同学、老师以及班级环境有了更为清晰的认知和评价。此外，初中班级中的学生关系也变得更加复杂，小团体现象开始出现，同学间的竞争与合作并存。然而，初中班级也面临着一些问题。一方面，由于学业压力逐渐增大，部分学生可能会出现焦虑、抑郁等心理问题，影响他们的学习和生活。另一方面，班级中的纪律问题也不容忽视，如迟到、早退、课堂扰乱等现象时有发生，这不仅干扰了正常的教学秩序，也影响了学生的学习效果。此外，初中班级在管理和教育上也存在一定的挑战。如何平衡学业与兴趣的发展，如何激发学生的内在动力，如何营造良好的班级氛围，都是班主任和任课教师需要深入思考和解决的问题。

初中班级既是一个充满活力与潜力的集体，也是一个需要关注和引导的特殊群体。面对这一阶段的班级特点和问题，教育者需要采取更加科学、有效的策略和方法，以促进学生的全面发展和健康成长。

二、班级环境与学生心态

在当前的初中班级环境中，班级氛围的营造对学生心态的影响不容忽视。班级作为学生学习和生活的重要场所，其环境的优劣直接关系学生的心理健康和学习效率。

从物理环境来看，许多初中班级已经配备了现代化的教学设施，如多媒体设备、空调和饮水机等，这些设施为学生提供了一个舒适的学习环境。然而，除了硬件设施外，班级的人文环境同样重要。一个充满关爱、尊重与理解的班级氛围，能够让学生在心理上感到安全和温暖，从而更加积极地投入学习。从学生心态方面来看，初中阶段的学生正处于青春期，心理变化较大，情绪波动也较为频繁。一个和谐的班级环境能够帮助学生稳定情绪，增强其自信心，从而使其在面对学习压力时更加从容不迫。相反，如果班级氛围紧张、冷漠，学生容易产生焦虑、抑郁等负面情绪，这不仅会影响学习效果，还可能对学生的身心健康造成不良影响。因此，作为教育工作者，我们应该高度重视班级环境的建设，通过组织丰富多彩的班级活动、建立有效的沟通机制、培养学生的团队合作精神等方式，营造一个积极向上、温馨和谐的班级氛围。同时，应该密切关注学生的心理变化，及时给予关爱和支持，帮助他们树立正确的人生观和价值观，为未来的成长打下坚实基础。

三、班级管理与文化建设

在初中班级现状分析中，班级管理与文化建设是不可忽视的重要环节。当前，多数初中班级在管理上倾向于采用传统模式，如教师主导、学生服从的方式，这种模式虽然在一定程度上保证了班级的秩序与稳定，但也可能抑制了学生的自主性和创造性。为了提升班级管理效能，许多班级开始尝试引入民主管理理念，鼓励学生参与班级规则的制订与执行，通过班会等形式让学生表达自己的意见和建议。这种参与式管理不仅增强了学生的责任感，还促进了师生之间的有效沟通，为班级营造了和谐、积极的氛围。在文化建设方面，初中班级正逐步构建以学生为中心、多元化发展的文化体系。通过组织各类课外活动、兴趣小组和主题班会，班级不仅丰富了学生的学习生活，还培养了学生的团队合作精神和创新能力。此外，班级还注重营造积极向上的学习氛围，鼓励学生相互学习、共同进步，形成了良好的学风。然而，值得注意的是，部分班级在文化建设过程中仍存在一些问题，如活动形式单一、缺乏创新性，或过分强调学习成绩而忽视了学生的全面发展。因此，未来班级管理与文化建设还需进一步探索和实践，力求在保持班级秩序的同时，激发学生的潜能，培养学生的综合素质，让初中班级因每一位学生的积极参与而变得更加美丽和充满活力。

四、"我"在初中班级中的角色

（一）"我"作为班级一员的责任

在初中的班级大家庭中，每一个成员都扮演着不可或缺的角色，"我"也不例外。作为班级的一员，"我"深知自己肩负的责任重大且深远。

首先，"我"有责任维护班级的和谐氛围。在日常的学习与生活中，"我"始终保持积极向上的态度，与同学们友好相处，在遇到矛盾时主动沟通解决，努力营造一个温馨、包容的学习环境。其次，"我"有责任为班级贡献自己的力量。无论是班级卫生、集体活动还是学习竞赛，"我"都积极参与，尽己所能为班级争光。通过实际行动，"我"既展现了对班级的热爱和责任感，也激励着其他同学共同为班级的进步而努力。最后，"我"有责任成为班级正能量的传播者。面对困难和挑战，"我"从不轻言放弃，而是以乐观的心态和坚定的信念去影响和鼓励周围的同学。通过分享学习方法、交流心得体会，"我"帮助同学共同进步，共同成长。作为班级的一员，"我"深知责任在肩，时刻铭记自己的使命。通过不断努力和付出，"我"为班级的和谐、进步和美丽贡献着自己的力量。在未来的日子里，"我"将继续保持这份热情和责任感，与班级共同书写更加辉煌的篇章。

（二）"我"对班级氛围的影响

在初中班级这一集体中，"我"的存在如同一抹独特的色彩，为班级氛围增添了几分生动与活力。作为班级的一分子，"我"时刻以实际行动影响着周围的同学，共同塑造着我们班级的特有风貌。"我"的积极乐观如同温暖的阳光，穿透阴霾，照亮班级的每一个角落。无论是面对学习的压力还是生活中的小挫折，"我"总能以笑容面对，用一句句鼓励的话语、一次次耐心的帮助，让同学们感受到集体的温暖与支持。这种正面的情绪传递，使得班级氛围更加和谐向上，使同学们在相互激励中共同进步。同时，"我"还扮演着桥梁的角色，促进班级内部的沟通与理解。在课余时间，"我"积极参与组织各类班级活动，如学习小组、文体比赛等，不仅丰富了同学们的课余生活，更在无形中拉近了彼此的距离。通过这些活动，"我"鼓励大家各抒己见，相互倾听，使得班级成为一个充满包容与尊重的大家庭。更重要的是，"我"以身作则，树立了良好的学习态度和品德榜样。无论是勤奋刻苦的学习精神，还是诚实守信的做人原则，都在潜移默化中影响着周围的同学，引导着大家向着更加优秀的方向前进。

总之，"我"在初中班级中不仅是普通的一员，更是班级氛围的重要塑造者。通过自身的言行举止，"我"为班级带来了积极向上的力量，让班级因"我"而更加美丽。

（三）"我"与班级同学的互动关系

在初中班级这个多彩的集体中，"我"不仅是其中的一员，更是连接同学们情感的纽带。在日常的学习与生活中，"我"始终秉持着真诚与友善的态度，与班级同学建立了深厚的友谊。在课堂上，"我"积极参与讨论，乐于分享自己的观点，同时也尊重并倾听他人的意见。这种开放式的交流不仅拓宽了"我"的视野，也促进了班级内部的思想碰撞与融合。在课后，"我"经常与同学们一起探讨难题，共同进步，成为大家信赖的学习伙伴。除了学习上的互动，"我"还热衷于组织各类班级活动，如运动会、文艺会演等，旨在增强班级凝聚力，让同学们在紧张的学习之余，也能享受到集体的温暖与欢乐。在这些活动中，"我"不仅是策划者，更是参与者，与同学们一同挥洒汗水，欢声笑语回荡在校园的每一个角落。此外，"我"还时刻关注着班级同学的心理健康，主动倾听他们的烦恼与困惑，给予力所能及的帮助与支持。这种心与心的交流，既让"我"与同学们的关系更加紧密，也让初中班级这个大家庭充满了爱与关怀。总之，"我"与班级同学的互动关系是建立在相互尊重、理解与支持的基础之上的。正是有了这些美好的互动，初中班级才因"我"而更加美丽、和谐。

五、"我"如何使初中班级更美丽

（一）提升自我，树立榜样

在构建和谐美丽的初中班级环境中，个人的成长与提升是不可或缺的一环。作为班级的一员，"我"深知自我提升的重要性，这不仅关乎个人的进步，更是为班级树立积极向上的榜样。首先，"我"致力于学业上的精进。

通过勤奋学习，不断拓宽知识视野，提升解题能力，力争在学业上取得优异成绩。这样的努力不仅为"我"赢得了师生的认可，更激发了班级同学的学习热情，形成了你追我赶的良好学习氛围。其次，"我"注重品德修养。在日常生活中，"我"以诚待人，乐于助人，积极参与班级公益活动，用实际行动诠释了责任与担当。这些行为如春风化雨，悄然滋润着班级同学的心田，促进了班级正能量的传递。此外，"我"还努力培养了自己的兴趣爱好与特长，如参加学校的文艺会演、体育竞赛等，为班级争光。这些多样化的才能展示，不仅丰富了班级文化生活，也让同学们看到了全面发展的可能性，激励着大家共同努力，追求更加多彩的青春。

总之，通过提升自我，"我"不仅实现了个人的成长与蜕变，更为班级树立了一个积极向上、全面发展的榜样，引领着班级向着更加美丽、和谐的方向前进。

（二）积极参与，共建班级

在构建和谐美丽的初中班级过程中，"我"的积极参与是不可或缺的一环。作为班级的一分子，我深知每个人的努力都是班级进步与美丽的基石。因此，"我"始终秉持着主人翁的精神，投身于班级的各项活动中。

无论是班级的文化建设，还是日常的卫生维护，"我"都身体力行，从不吝啬自己的汗水与智慧。在班级布置中，"我"积极参与策划与设计，用色彩与创意为班级增添了一抹亮丽的风景线。同时，"我"还主动承担起班级卫生监督的职责，确保我们的学习环境整洁有序，让每一位同学都能在舒适的环境中学习成长。

除了注重对物质层面的建设，"我"还注重对班级精神文化的培育。"我"积极参与组织各类班级活动，如主题班会、体育比赛、文艺会演等，这些活动不仅丰富了同学们的课余生活，更增强了班级的凝聚力和向心力。在这些活动中，"我"鼓励同学们展现自我，勇于表达，让班级成为一个充满活力与创意的大家庭。

"我"的积极参与，不仅让班级变得更加美丽，更让每一位同学都感受到班级的温暖与力量。"我"相信，只要我们每个人都能够像"我"一样，以主人翁的姿态投身于班级建设中，我们的班级定能绽放出更加璀璨的光芒，成为我们共同的美好回忆。在未来的日子里，"我"将继续携手同学们，共同书写班级更加辉煌的篇章。

（三）传播正能量，营造良好氛围

在构建美丽初中班级的征途中，传播正能量、营造积极向上的班级氛围是不可或缺的一环。作为班级的一分子，"我"深知自身言行的影响力，时刻以乐观、进取的态度面对学习与生活中的挑战。

"我"积极参与班级活动，无论是学习小组的热烈讨论，还是课外实践的团结协作，"我"总是带着笑容，用正能量感染周围的同学。面对困难，"我"勇于担当，不逃避、不抱怨，用实际行动诠释着坚持与努力的意义，激励大家共同面对，共同成长。同时，"我"还注重在班级中传播正面的信息与故事，无论是校园里的好人好事，还是社会上的正能量新闻，"我"都会适时分享，引导同学们关注美好，培养积极向上的心态。通过组织主题班会、开展心理健康讲座等形式，"我"与大家一起探讨如何保持阳光心态，如何在压力中找到释放的出口，共同营造了一个温馨和谐、充满正能量的学习环境。此外，"我"还鼓励同学们相互赞美，用正面的语言鼓励彼此，让班级成为每个人心灵的港湾。在这种氛围下，同学们更加自信，更加愿意展现自我，班级也因此焕发出勃勃生机，变得更加美丽和谐。

总之，通过传播正能量，"我"与同学们共同努力，为初中班级营造了一个积极向上、温馨和谐的良好氛围，让这片小小的天地成为我们共同成长的乐园。

六、"我"对初中班级美丽的具体贡献

（一）在学习方面的贡献

在初中班级这个大家庭中，"我"作为其中的一员，始终将个人的学习成长与班级的共同进步紧密相连。在学习方面，"我"积极发挥自身优势，为班级的学习氛围和成绩提升做出了具体贡献。

"我"深知学习是学生的首要任务，因此"我"始终保持高度的学习热情和自律性。在课堂上，"我"认真听讲，积极参与讨论，勇于提出自己的见解和疑问，这不仅加深了"我"对知识的理解，也激发了同学们的思考和互动，使得课堂氛围更加活跃和生动。

在课后，"我"主动承担起帮助同学解决学习难题的责任。无论是数学公式、语文古文还是英语语法，"我"都耐心细致地为同学们答疑解惑，与他们分享学习方法和心得。这种互帮互助的学习模式，不仅帮助同学们克服了学习上的困难，也增强了班级的凝聚力和团队精神。

此外，"我"还积极参与班级的学习竞赛和课外活动，通过自身的努力和表现，为班级赢得了荣誉和认可。这些活动不仅锻炼了"我"的学习能力和综合素质，也激励着同学们更加努力地学习，为班级争光。

"我"在这些学习方面的贡献，不仅提升了班级的整体学习成绩，更营造了一个积极向上、互帮互助的学习氛围。"我"相信，只要我们每个人都发挥自己的优势，为班级的美丽贡献自己的力量，我们的初中班级一定会更加美好和灿烂。

（二）在活动组织方面的贡献

在初中班级的美丽构建中，"我"不仅在学业上追求卓越，更在活动组织方面倾注了大量心血，力求通过丰富多彩的班级活动，增强同学们的凝聚力，展现班级的独特魅力。

"我"主动承担起班级活动策划与执行的重任，精心策划了多次主题班会、文体活动和志愿服务项目。在策划过程中，我注重结合同学们的兴趣爱好和班级特点，确保活动既有趣味性，又有教育意义。例如，"我"组织了一场以"青春梦想"为主题的班会，通过演讲、朗诵和小组讨论等形式，激发了同学们对未来的憧憬和追求。此外，"我"还策划了篮球友谊赛、文艺晚会等活动，让同学们在紧张的学习之余，能够放松身心，享受团队合作的乐趣。

在活动的执行过程中，"我"注重细节，确保活动顺利进行。"我"提前制订详细的活动计划，明确分工，并与同学们保持密切沟通，及时解决遇到的问题。同时，"我"还注重对活动进行宣传和推广，通过制作海报、发布通知等方式，吸引更多同学参与，扩大活动的影响力。通过"我"的努力，班级活动不仅丰富了同学们的课余生活，还增强了班级的凝聚力和向心力。同学们在活动中相互了解、相互支持，形成了更加紧密的同学关系。这些活动也成为班级文化的重要组成部分，展现了班级的活力和风采。"我"为班级的美丽贡献自己的一份力量，为此"我"深感自豪。

（三）在同学关系协调方面的贡献

在初中班级这个大家庭中，"我"深知和谐的同学关系对于维护班级氛围的重要性。因此，"我"积极投身于同学关系的协调工作中，努力成为班级中的"润滑剂"。"我"主动倾听同学们的心声，无论是学习上的困扰还是生活中的烦恼，"我"都耐心倾听，并给予积极的建议和鼓励。当同学们之间出现误会或矛盾时，"我"更是第一时间站出来，充当调解者的角色。通过耐心的沟通和真诚的交流，"我"帮助双方化解误会，重拾友谊。"我"还倡导并组织了一系列增进同学间感情的活动，如班级聚餐、户外拓展、团队游戏等。这些活动不仅让同学们在轻松愉快的氛围中加深了解，还增强了班级的凝聚力和向心力。在参与活动的过程中，同学们学会了相互理解、包容和支持，班级的整体氛围也因此变得更加和谐融洽。此外，"我"还时刻关注班级中的弱势群体，如性格内向、成绩不佳的同学，主动与他们交流，鼓励他们积极参与班级活动，融入集体生活。在"我"的努力下，这些同学逐渐变得开朗自信，与同学们的关系也日益密切。通过"我"在同学关系协调方面的不断努力和付出，初中班级变得更加团结友爱、和谐美好。"我"深感自豪和欣慰，因为"我"深知，这份美丽离不开每一位同学的共同努力和贡献。未来，"我"将继续发挥自己的作用，为班级的和谐与发展贡献更多的力量。

七、案例拓展

成长是什么？成长就是你发现这个世界的美好的本质就在于有缺陷。面对缺陷你没有伤心离开，而是勇敢面对它，并对其报以敬畏和宽容，这就是真正的成长。

十四岁，揭衣初涉水的年纪，春林初盛，幽谷有清脆的鸟语。世界是身畔活泼的溪流，于远地发源，又热情地奔向远方。琴声响起，年轻的肢体随着节拍跳跃，双脚落下的地方，不声不响地开出一圈鲜花。

初中班主任李老师分享了一个案例。新学期，学生们开始出现两极分化的趋势，在语文课堂上经常出现两种截然不同的状况：一部分学生认真投入，时而凝思苦想，时而神采飞扬，面上含笑，眼里有光；另一部分学生上课无所事事，心思游离于课堂之外，甚至有扰乱课堂纪律的情况。我找他们谈话，几个男孩高出我半个头，表情轻松地站在我对面。没等我开始"语重心长"，其中的一个已经笑嘻嘻地开口了："老师，我对自己的学习成绩也没什么指望了，你还是把功夫多花在'好学生'身上吧！"说话的孩子长着一张白白净净的脸，机灵的眼神里透出一点坦诚、一点达观、一点漫不经心。我知道一些基础不太好的学生，偶尔会被忽视、被遗忘。然而，主动让老师忽略自己的存在，这样的"好意"，却让我实在难以接受。十几岁的孩子，本该人人有追求，个个有渴望；正该踌躇满志，"指点江山，激扬文字"。而面前的他们却因为别人的忽视，因为自觉前途渺茫、升学无望，便不自觉地丢失了自己。这是教育的悲哀还是个体的悲哀？无论如何，要改变他们！不能让他们这样下去。可是，该如何唤醒他们内心深处的动力和自信呢？我陷入了深思……周一，班会课，六十双眼睛满含期待地望着我。我知道，时机到了。"今天的班会课，我给大家讲几个故事，好不好？""好！"他们异口同声地说。那几个孩子习以为常地趴在了桌上。"先讲一个《会捕鼠的鱼》的故事。这是一种生活在我国南部沿海地区的鲇鱼。按理说，鱼离不开水；而老鼠，生活在陆地上，机警又狡猾。鱼捉到老鼠是不可想象的事情。那么，鱼是怎么捕到老鼠的呢？"我卖了一下关子，停了停，几个趴着的学生慢慢直起了腰。

"夜间，鲇鱼游到浅滩，一动不动地靠在岸边，散发出腥味引诱老鼠前来。鲇鱼可以执着地等待数天甚至一个月，直到老鼠过来。老鼠们自然不会轻举妄动，而是先用爪去拨拉几下，再上前狠咬一口立刻逃掉观察情况。鲇鱼能忍住疼痛不动声色。就这样，老鼠以为它们是死鱼，就张口咬住鱼尾巴使劲将其往岸上拖。就此，鲇鱼和老鼠之间展开一场气力和耐力的较量，最终老鼠会被拖入水中，成为鲇鱼的美餐。"

我讲得绘声绘色，学生们听得全神贯注，我趁机提问："鲇鱼捕老鼠，关键是靠什么？"

学生们各抒己见，那几个孩子也热烈地讨论起来，我特意请他们几个谈了谈自己的想法。在我赞许的目光中，他们思路清晰、表达流畅。最后全班学生归纳了两点：一是它有耐心等待；二是它能忍受被咬的痛。

"大家看，这个世界很公平，有付出才有收获。而且，这个世界也没有奇迹，所谓奇迹的背后，大都隐藏着鲜为人知的艰难和苦痛。"

那几个孩子稍稍低下了头，似乎在蹙眉思索。

我扫视了教室内那些朝气蓬勃的脸庞，几个原来趴在桌上的孩子已经坐正了身子。"同学们，如果你是一棵树，你将用什么来证明自己的身份与价值呢？假如父母的爱是阳光，老师的教导是雨露，无论你粗壮还是瘦弱，请挺起你自信的枝干告诉我，你将把怎样的果实呈现给世界。希望你们好好思考，写一段话告诉我。"

在几秒的沉寂之后，教室里响起了一片沙沙声。

当练习本交上来后，我发现写得最动情的，竟是那个让我不再管他的孩子。他说："……您的话让我如梦初醒……我知道有些事情过去就过去了，我很遗憾，但是请您相信，我会在接下来的日子里尽力而为。"

放下本子，我凝视着窗外的天幕，丝绒般的幕布上繁星点点，可我分明看到，在夜的深处，一棵棵新苗正在奋力地拔节、生长。

没有过迷茫，没有过奋斗，没有过欣喜若狂，没有过心灰意冷，怎么能算青春？

仰望灿烂的星空，走好脚下的旅程。

李老师的故事让我们反思，当学生在迷茫阶段找不到自我的时候，班主任要鼓励他，帮他在这个环境中重拾自我，点亮心中的灯塔，找到自己的位置，找回快乐。

第四节　智慧化解班级小团体

在当前社会多元化发展的背景下，初中教育面临着诸多挑战，其中班级小团体的形成与影响日益凸显，成为班主任工作中的一项重要议题。初中阶段是学生个性形成和社会交往能力发展的关键时期，班级小团体的出现不仅反映了学生心理发展的阶段性特征，也对其学业成绩、心理健康及班级氛围产生了深远影响。

班级小团体往往基于共同的兴趣、爱好或家庭背景而形成，它们既有促进学生间正向互动、增强班级凝聚力的积极作用，也可能因排他性、竞争过度等问题，导致班级分裂、学习氛围恶化，甚至引发校园欺凌等不良现象。因此，如何智慧化地化解班级小团体带来的负面影响，引导其向有利于班级整体和谐与个体健康成长的方向发展，成为初中班主任急需解决的重要课题。

一、初中班级小团体的形成与特点

（一）初中班级小团体的定义与分类

初中班级小团体是指由学生自愿组合、自发形成的非正式组织。这些组织通常没有明确的规章制度，而是基于成员间的兴趣爱好、共同经历或心理需求等因素而自然形成。它们与班级正式组织（如班委会、团支部等）并存，是班级内部重要的组成部分。

根据初中班级小团体与班级正式组织的关系及其影响，可以将其分为以下三类：

（1）积极型小团体：这类小团体对班级建设持有积极态度，成员们通常具有较高的学习积极性和班级责任感。他们可能因共同的学习目标、兴趣爱好或工作配合而聚在一起，如学习兴趣小组、体育爱好者小团体等。这些团体对班级氛围的营造和班级目标的实现具有积极的推动作用。

（2）中间型小团体：这类小团体对班级情况持中立态度，虽然不会主动参与班级建设，但也不会对班级利益造成直接损害。他们通常只在班级活动对其有利时才会投入，反之则保持观望。这类团体的成员结构虽然相对稳定，但缺乏明确的组织目标和行动方向。

（3）消极型小团体：这类小团体对班级建设持有消极或对立态度，成员们可能因共同的反感或不满而聚在一起。他们可能表现出违纪、破坏班级秩序等行为，成为班级管理的难点。这类团体的成员之间具有较强的凝聚力，但缺乏正确的价值观和导向，容易对班级氛围造成负面影响。

初中班级小团体的形成与特点具有多样性，班主任需要充分了解各类小团体的特点，以便有针对性地开展教育和管理工作。

（二）初中班级小团体的形成原因分析

初中班级小团体的形成是多种因素综合作用的结果。首先，学校教育中的某些失误是导致小团体形成的重要原因。一些教师过于注重分数，教育方法简单粗暴，导致师生关系紧张。当学生因为学习态度或学习效果不佳受到老师的批评或忽视时，他们可能会感到沮丧和抵触，进而选择与其他有相似经历的同学结伴，形成小团体以寻求支持和安慰。其次，不良的班级氛围也是促成小团体形成的原因之一。如果班级缺乏凝聚力和正能量，同学之间缺乏相互尊重和理解，那么一些自卑或想要积极表现的学生可能会因为得不到集体的温暖而组成小团体。这种小团体往往带有一种反抗的色彩，试图通过团结一致来对抗班级中的不公和冷漠。

再次，家庭教育的不当也是导致小团体形成的重要因素。一些家长对子女过于溺爱或放任自流，缺乏正确的教育和引导，使得子女在学校中难以融入集体，而更倾向于与有相同家庭背景或经历的同学组成小团体。最后，社会消极因素的影响也不容忽视。如赌博、不健康的书报、手机聊天工具和网络游戏等，这些不良因素可能会扭曲学生的心态，使他们更容易结成危险的小团体。

总之，初中班级小团体的形成是学校教育失误、班级氛围不良、家庭教育不当以及社会消极因素等多种因素共同作用的结果。因此，班主任需要深入了解这些原因，以便有针对性地采取措施，智慧地化解班级小团体的问题，促进学生的健康成长和班级的和谐发展。

（三）初中班级小团体的特点及其影响

初中班级小团体具有鲜明的特点与不可忽视的影响。首先，这些小团体往往基于共同的兴趣爱好、学习习惯或性格特点而形成，成员间具有较强的凝聚力与归属感。他们倾向于在课余时间频繁交流，共同参与课外活动，甚至形成一定的内部规则与默契，这种紧密的联结有助于成员间产生情感支持与相互激励。其次，初中班级小团体具有一定的排他性。由于资源的有限性和对团体认同的强化，小团体成员可能会对其他非小团体成员表现出一定的疏离或排斥，这在一定程度上影响了班级内部的和谐氛围，可能导致班级分裂或部分学生感到被孤立。再次，小团体的形成对学生的学习态度与行为模式产生深远影响。积极的团体氛围能促进学生间的良性竞争与合作，提升学习效率；而消极的小团体则可能助长逃课、抄袭等不良行为，影响班级的整体学风。最后，小团体还是学生社会化过程中的重要平台。通过团体内的互动，学生学会沟通协调、处理人际关系，这对他们未来融入社会具有积极意义。然而，若引导不当，小团体也可能成为学生间冲突与矛盾的温床，影响学生能够的心理健康与社交技能发展。

总之，初中班级小团体的特点复杂多面，其影响既有积极的一面，也存在潜在的消极风险，需要教师智慧引导，以促进班级内部的和谐共生与每位学生的健康成长。

二、班主任智慧化解班级小团体的理论依据

（一）班级管理理论

班级管理理论在初中班主任智慧化解班级小团体的过程中起着至关重要的指导作用。这一理论框架不仅为班主任提供了管理班级的科学方法，还为其在化解小团体问题上提供了理论依据。班级管理理论强调以学生为中心，

注重培养学生的自主性和个性发展。它倡导建立良好的师生关系，通过沟通与合作来促进学生的全面发展。在班级管理中，目标设定、规则制订、组织建设和氛围营造是核心要素。这些要素共同作用于班级，形成一个和谐、有序的学习环境，激发学生的学习兴趣和积极性。班级管理理论还包含多种流派，如行为主义理论、认知主义理论和建构主义理论等。行为主义理论侧重于通过外部刺激来塑造学生的行为；认知主义理论则关注学生内部的认知过程和学习策略；而建构主义理论则主张学生通过主动建构知识来学习。这些理论流派为班主任提供了不同的视角和方法，有助于其根据实际情况选择最适合的管理模式。

此外，班级管理理论还强调激励与惩罚机制的运用。通过设立奖学金、表扬优秀学生等激励手段，可以激发学生的学习兴趣和积极性；同时，对于违反规则的学生，适当的惩罚也是维护班级纪律和秩序的必要手段。然而，惩罚应谨慎使用，避免对学生造成不必要的伤害。班级管理理论是初中班主任智慧化解班级小团体的理论基础。它以学生为中心，注重培养学生的自主性和个性发展，通过建立良好的师生关系和有效的管理手段，为学生创造一个和谐、有序的学习环境。在这一理论指导下，班主任可以更加科学地管理班级，有效地化解小团体问题，促进学生的全面发展。

（二）教育心理学理论

在教育心理学的视角下，初中班主任在化解班级小团体问题时应注重对学生心理特征和行为动机的深入理解。教育心理学是研究在学校教育情境下学与教基本心理规律的学科，它为班主任提供了重要的理论指导。

首先，根据马斯洛需求层次理论，学生组建小团体往往是为了满足归属感和爱的需求。当学生在家庭中缺乏关爱或在班级中感到孤独时，他们可能通过组建小团体来寻求归属感和认同感。因此，班主任应通过进行班级活动和心理辅导等方式，帮助学生建立正确的社交关系，满足其归属需求。其次，从众理论也解释了学生在小团体中的行为。在群体环境中，个体往往会受到群体压力，不自觉地跟随群体行为。这尤其适用于青少年时期，他们对同伴认可的渴望强烈，易在群体中迷失自我。班主任应引导学生了解盲目跟从的不良后果，帮助他们树立正确的价值观。此外，皮亚杰的认知发展理论也为班主任提供了有益的启示。该理论认为，儿童的心理发展是通过与环境的相互作用实现的，认知结构在不断重组和改善。班主任应关注学生的认知发展阶段，设计适合其心理特征的教育策略，帮助他们理解并应对小团体带来的复杂社交情境。

教育心理学理论为班主任智慧化解班级小团体问题提供了坚实的理论基础。班主任应深入了解学生的心理特征和行为动机，通过满足其归属需求，引导其正确从众以及关注其认知发展，帮助学生建立健康的社交关系，化解班级小团体带来的负面影响。在教育实践中，班主任应灵活运用这些理论，结合实际情况，制订有效的教育策略，促进学生的全面发展。

（三）社会学视角下的团体动力学

在社会学视角下，团体动力学理论为初中班主任智慧化解班级小团体提供了重要的理论基础。团体动力学理论，又被称为群体动力理论，由库尔特·勒温提出，其核心观点认为个体行为是内在需要和环境外力相互作用的结果。这一理论为理解班级小团体的形成与演变提供了深刻的洞察。

团体动力学理论强调群体内聚力、成员间的相互影响力、领导方式与团体生产力等因素对个体行为的影响。在班级小团体的情境中，这些因素同样发挥着重要作用。例如，小团体的内聚力可能源于成员间的共同兴趣、价值观或目标，这种内聚力会促使他们形成紧密的社交圈，并在一定程度上影响他们的学习态度和班级参与。

此外，班级小团体中的领导者和成员间的互动也对整个团体的行为产生深远影响。领导者可能通过设定规范、引导讨论和决策等方式塑造团体的氛围和行为模式。班主任在了解班级小团体时，需要关注这些领导者的角色，通过正面引导和适当干预，帮助他们成为班级团结的催化剂，而非分裂的力量。

从团体动力学的角度看，班主任可以通过设计跨小组的班级活动，促进不同小团体间的交流与融合，来打破界限，增进相互理解和尊重。同时，班主任还可以通过班会等形式，讨论团队精神、包容性的重要性，引导学生认识到友谊的多样性和广度，从而建立基于共同兴趣和正面价值观的友谊。总之，团体动力学理论为初中班主任智慧化解班级小团体提供了有力的理论支撑和实践指导。

三、班主任智慧化解班级小团体的策略与方法

（一）构建良好的班级文化

在初中班级管理中，小团体的形成往往源于学生间的共同兴趣、经历或需求。作为班主任，通过构建良好的班级文化，可以有效预防小团体的消极影响，促进班级整体的和谐与团结。构建良好的班级文化，首要任务是树立积极向上的班级价值观。班主任应引导学生认识到，每个人都是班级不可或缺的一部分，班级的荣誉和成功需要每个人的共同努力。通过组织班级会议、讨论会等，让学生共同制订班级规则和行为准则，增强他们的责任感和归属感。其次，班主任应鼓励学生参与多元化的班级活动，如体育比赛、文艺会演、志愿服务等，让学生在参与中增进对彼此的了解，培养团队合作精神。这些活动不仅能打破小团体间的壁垒，还能让学生在相互协作中学会尊重与包容。再次，建立开放、包容的班级氛围至关重要。班主任应鼓励学生表达自己的想法和感受，及时关注并解决学生间的矛盾与冲突。通过倾听与沟通，班主任可以及时发现小团体形成的苗头，并采取有效措施予以引导。最后，班主任应成为学生的良师益友，以身作则，用自己的言行影响学生。

通过展现积极向上、公平公正的态度，班主任能够赢得学生的信任与尊重，从而更有效地预防小团体的消极影响。总之，构建良好的班级文化是预防班级小团体消极影响的有效策略。通过树立积极的班级价值观、组织多元化的班级活动、建立开放包容的班级氛围以及发挥班主任的引领作用，可以为学生创造一个和谐、团结的学习环境。

（二）干预策略：及时处理与引导

在初中班级管理中，小团体的形成往往伴随着复杂的人际关系网，若不及时处理，可能会演变为班级内部的分裂因素。因此，班主任应采取迅速而有效的干预策略，即"及时处理与引导"。及时处理意味着班主任须具备敏锐的洞察力，一旦发现班级中存在小团体现象，尤其是当小团体的行为开始影响班级整体氛围或个别学生的心理健康时，应立即介入。这要求班主任不仅要关注学生的学习成绩，更要关注他们的日常交往与情绪波动，通过个别谈话、班级会议等方式，迅速掌握小团体的动态，为后续的引导工作奠定基础。引导则是班主任智慧化解小团体问题的关键。在了解小团体形成的原因与诉求后，班主任应运用同理心，与学生进行平等对话，鼓励他们表达真实想法，同时传递班级团结的重要性。通过组织多样化的集体活动，如团队建设游戏、学习小组等，增强学生的集体归属感，逐步打破小团体的界限，促进班级内部的融合。此外，班主任还应注重培养学生的自我反思能力，引导他们学会换位思考，理解他人立场，从而从根本上减少小团体间的摩擦与冲突。总之，及时处理与引导是班主任智慧化解班级小团体问题的两大核心策略，它们相辅相成，共同作用于班级管理的全过程，旨在构建一个和谐、包容的学习环境。

（三）整合策略：促进班级整体和谐发展

在智慧化解班级小团体的过程中，班主任应着重于整合策略，以促进班级整体的和谐发展。这一目标的实现，不仅要求班主任具备高度的教育智慧，还要求其能够灵活运用多种方法，营造良好的班级氛围。首先，班主任应倡导班级共同体的理念，强调每个人都是班级不可或缺的一部分。通过组织班级活动、小组讨论等形式，增强学生们的集体归属感和荣誉感，使他们在活动中学会相互尊重、理解和支持。这种氛围的营造有助于削弱小团体的界限，促进班级内部的融合。其次，班主任应关注学生的个性发展和兴趣爱好，鼓励他们在班级中展示自己的特长。通过搭建多样化的展示平台，如文艺演出、体育比赛等，让学生们有机会在全班面前发光发热，从而增强班级内部的凝聚力和向心力。此外，班主任还应建立有效的沟通机制，确保信息的畅通无阻。通过定期召开班会、个别谈心等方式，及时了解学生的想法和需求，化解潜在的矛盾和问题。同时，也要鼓励学生之间进行互相交流和合作，培养他们的团队协作能力。

综上所述，促进班级整体和谐发展是班主任智慧化解班级小团体的关键所在。通过倡导班级共同体理念、关注学生个性发展和建立有效沟通机制等整合策略，班主任可以逐步消除小团体的负面影响，构建一个团结、友爱、和谐的班级环境。这不仅有利于学生的健康成长，也为班主任的教育工作奠定了坚实基础。

四、案例分析

一所位于城市中心的初级中学，拥有较为复杂的生源背景，学生家庭环境多样，这为班级管理和学生关系的处理带来了不小的挑战。该班级是一个典型的初中班级，学生人数适中，但存在明显的小团体现象。这些小团体不仅影响了班级内部的和谐氛围，还对学生的学业成绩和心理健康产生了负面影响。选择该案例的原因在于其普遍性和代表性。在许多初中班级中，小团体现象并不罕见，且往往难以通过简单的手段进行化解。本案例中的班主任，凭借其丰富的教育经验和智慧，成功地运用了一系列策略和方法，有效地缓解了班级内的小团体矛盾，促进了学生之间的交流与融合。此外，该案例还具有一定的时效性。随着社会环境的不断变化和教育改革的深入推进，初中班主任在班级管理中面临的挑战也在不断增多。因此，通过分析该案例，不仅可以为其他班主任提供有益的借鉴和启示，还可以为教育管理者和政策制定者提供关于班级管理的实践参考。总之，本节所选案例具有典型性、代表性和时效性，为后续的案例分析打下了坚实的基础并提供了丰富的素材。

以某初中班级为例，班主任张老师面对班级内形成的小团体问题，采取了多种智慧化解策略。张老师首先通过深入观察和沟通，了解了小团体的成因及成员间的微妙关系。在此基础上，她设计了小组活动，巧妙地将小团体成员与其他同学混合编组，促进了班级内部的融合。在活动中，张老师特别注重引导小团体成员发挥各自的优势，共同完成任务，从而增强了他们的集体荣誉感和归属感。同时，张老师还利用班会时间，开展了一系列以"团结、友爱、互助"为主题的班会活动。她通过讲述班级团结的重要性，以及小团体对班级氛围的负面影响，引导同学们认识到班级整体利益的重要性。这些活动不仅让小团体成员逐渐意识到自己的问题，还激发了他们为班级贡献力量的热情。此外，张老师还建立了班级反馈机制，鼓励同学们匿名反映班级问题，包括小团体带来的困扰。她及时收集并处理这些信息，对问题进行针对性解决，有效防止了小团体问题的恶化。通过这些智慧化解策略的应用，张老师不仅成功化解了班级小团体问题，还促进了班级内部的和谐与团结。这一案例充分展示了班主任在解决班级问题时的智慧与技巧，为其他班主任提供了有益的借鉴。

经过张老师的努力，该班级的小团体现象得到了显著改善。班级氛围变得更加和谐，同学间的交流与合作明显增多。在学习成绩方面，班级整体成绩有所提升，特别是原本处于小团体边缘的学生，其学习积极性和成绩进步尤为明显。此外，学生的心理健康状况也得到了改善，他们更加自信、开朗，能够更好地面对学习和生活中的挑战。总之，张老师通过智慧化的策略成功化解了班级小团体问题，不仅促进了班级内部的和谐与团结，还提升了学生的学习成绩和心理健康水平。这一案例充分展示了班主任在班级管理中运用智慧的重要性，也为其他班主任提供了有益的借鉴和启示。

五、班主任智慧化解班级小团体的挑战和对策

（一）面临的挑战与困难

在初中班级管理中，班主任在智慧化解班级小团体时面临着多方面的挑战与困难。首先，小团体的形成往往基于学生间的共同兴趣、性格或家庭背景，这些因素使得小团体内部具有较强的凝聚力和排他性，班主任难以轻易介入和打破这种既定的关系网络。其次，初中生正处于青春期，情绪波动大，自我意识强，对于班主任的干预容易产生逆反心理。一旦班主任的处理方式不当，可能会激化学生间的矛盾，甚至引发更严重的冲突，导致班级管理陷入困境。再次，班级小团体的存在往往伴随着一定的权力争夺和利益冲突，如学习资源的分配、班级活动的参与度等。班主任在平衡各方利益时，需要极高的智慧和技巧，稍有不慎就可能引发更大的不满和分歧。最后，社会环境的复杂多变也对班主任的工作提出了更高要求。随着互联网和社交媒体的普及，学生获取信息的渠道更加广泛，思想更加多元，班主任在化解小团体问题时，需要更加深入地了解学生的内心世界，准确把握时代脉搏，这对班主任的专业素养和综合能力提出了严峻挑战。总之，初中班主任在智慧化解班级小团体时，不仅要面对学生心理、性格和利益分配等多方面的困难，还要应对社会环境变化带来的新挑战，这些都需要班主任具备高度的责任心、敏锐的观察力和灵活多变的应对策略。

（二）应对策略与建议

在应对初中班级小团体现象时，班主任需采取智慧化策略，以有效化解挑战，促进班级和谐。以下是对策与建议：

1. 增强班级凝聚力

通过组织多样化的班级活动，如团队建设游戏、文化分享会等，增进学生间的相互了解和信任，减少小团体的排他性。班主任应积极参与，成为活动的引导者和参与者，以身作则，传递团结互助的价值观。

2. 个性化沟通与引导

对小团体中的核心成员进行个别谈话，了解其思想动态和需求，引导其认识到班级整体利益的重要性。同时，鼓励其发挥正能量，成为班级文化的建设者而非分裂者。

3. 建立公平公正的班级环境

确保班级管理和评价体系的公正性，避免任何形式的偏见和歧视，减少小团体形成的土壤。班主任应公开透明地处理班级事务，增强学生的信任感。

4. 培养班级领袖

选拔和培养具有影响力的学生担任班级干部，通过他们来引导班级舆论，传播积极向上的信息，平衡班级内部的力量分布。

5. 心理健康教育

定期开展心理健康教育课程，帮助学生树立正确的交友观，使其理解小团体的负面影响，学会处理人际关系中的冲突和矛盾。

班主任在智慧化解班级小团体时，需注重班级氛围的营造、个性化沟通、公平公正原则、领袖培养以及心理健康教育等多方面策略的综合运用，以期达到班级和谐、学生全面发展的目标。

六、提升班主任专业素养的重要性

初中班主任在智慧化解班级小团体的挑战与对策时，提升班主任的专业素养显得尤为重要。班主任作为班级管理的核心，其专业素养直接关系到班级氛围的营造、学生行为规范的引导以及小团体问题的有效化解。首先，提升班主任专业素养有助于增强其对班级动态的敏感度。一个具备高度专业素养的班主任，能够敏锐地捕捉到班级中小团体的形成与变化，及时采取相应措施，防止小团体问题恶化，维护班级的稳定与和谐。其次，专业素养的提升有助于班主任运用更加科学、合理的方法化解小团体问题。班主任通过不断学习教育心理学、班级管理学等相关知识，能够更准确地分析出小团体问题的成因，制订出更具针对性的解决方案，实现问题的智慧化解。此外，专业素养的提升还能够增强班主任在学生中的威信与影响力。一个知识渊博、方法得当的班主任，更容易赢得学生的信任与尊重，从而在小团体问题的化解过程中获得更多学生的支持与配合，提高问题的解决效率。提升班主任专业素养对于智慧化解班级小团体问题具有至关重要的作用。它不仅能够增强班主任对班级动态的敏感度，提高问题解决的科学与合理性，还能够增强班主任在学生中的威信与影响力，为班级小团体问题的有效化解奠定坚实基础。因此，初中学校应高度重视班主任专业素养的提升，为班主任提供更多的培训与学习机会，以促进其专业素养的不断提高。

第五节　和男生、女生建立良好关系

现如今，教育环境日益复杂多变，初中阶段作为学生成长的关键时期，其重要性不言而喻。初中阶段的学生正处于青春期，身心发展迅速，情绪波动大，这一阶段的教育引导对学生的性格塑造、价值观形成以及未来的人生轨迹有着深远的影响。班主任作为班级管理的核心人物，不仅承担着知识传授的任务，更肩负着学生品德培养、心理健康引导及人际关系协调等多重职责。

然而，在实际教育实践中，初中班主任与男生、女生之间建立良好关系面临诸多挑战。性别差异导致的沟通障碍、学业压力下的师生紧张关系、青春期特有的心理变化等因素，都可能成为师生关系和谐发展的阻力。因此，如何针对男生、女生的不同特点，采取有效策略，促进班主任与学生之间建立基于理解、尊重与信任的良好关系，成为当前教育实践亟待解决的问题。

一、初中班主任与学生关系的重要性

1. 初中班主任的角色定位

在初中教育的广阔舞台上，班主任不仅是知识的传授者，更是学生心灵的引路人。他们承担着多重角色，每一角色都至关重要，共同构建了与学生之间复杂而深刻的关系网络。首先，班主任是学习的指导者。在这个阶段，学生的学习任务逐渐加重，学科门类增多，学习方法的掌握尤为重要。班主任需根据学生的个体差异，提供个性化的学习建议，激发他们的学习兴趣，培养良好的学习习惯，为学生的学业进步奠定坚实的基础。其次，班主任是情感的关怀者。初中生正处于青春期，情绪波动大，自我认知尚在形成中。班主任须具备敏锐的洞察力，及时发现并解决学生的情绪问题，通过耐心倾听、真诚交流，成为学生信赖的倾诉对象，帮助他们建立健康的心理状态。再次，班主任是行为的示范者。初中生的模仿能力强，班主任的一言一行都对学生产生深远影响。因此，班主任需以身作则，展现出积极向上、正直诚信的品格，通过日常行为示范，引导学生树立正确的价值观，增强社会责任感。最后，班主任是班级的领导者与协调者。他们需有效管理班级日常事务，营造和谐、向上的班级氛围。同时，作为家校沟通的桥梁，班主任还需积极与家长沟通，共同促进学生的全面发展。初中班主任的角色定位是多维且全面的，他们既是知识的灯塔，又是情感的港湾，更是行为的标杆和班级的舵手。通过这些角色的综合作用，班主任与学生建立起良好关系，可以为学生的健康成长和全面发展提供强有力的支持。

2. 良好师生关系的积极作用

在初中教育阶段，班主任与学生之间建立起良好的关系，对于学生的学习成长、心理健康及班级氛围的营造都具有深远的积极影响。

首先，良好的师生关系能够有效提升学生的学业成绩。当学生对班主任产生信任和尊重时，他们更愿意接受班主任的指导和建议，积极参与课堂活动，从而在学习过程中取得更好的表现。班主任的鼓励和支持还能激发学生的学习动力，帮助他们树立信心，克服学习中的困难。其次，良好的师生关系有助于学生的心理健康发展。初中生正处于青春期，面临着身体和心理的诸多变化，容易产生情绪波动和困惑。班主任作为他们的重要他人，通过倾听、理解和关怀，能够为学生提供情感上的支持和安慰，帮助他们缓解压力，建立积极的人生态度。这种师生间的情感联结还能增强学生的归属感和安全感，促进他们健康成长。最后，良好的师生关系还有利于班级氛围的和谐构建。班主任与学生之间的良好互动能够树立榜样，带动班级内部形成积极向上的风气。在这样的班级中，学生之间更容易相互尊重、理解和合作，共同为班级的荣誉和进步而努力。这种积极的班级氛围不仅能够提升学生的学习效率，还能培养他们的团队精神和社交能力。初中班主任与学生之间建立良好的关系，不仅对学生的学业成绩产生积极影响，还能够促进学生的心理健康发展，营造和谐的班级氛围。因此，作为初中班主任，应当注重与学生建立深厚的情感联系，通过积极的沟通和有效的指导，为学生的全面发展奠定坚实的基础。

二、初中班主任与男生建立良好关系的策略

1. 了解男生的心理与行为特点

初中班主任在与男生建立良好关系时，首要任务是深入了解他们的心理与行为特点。这一阶段的男生正处于青春期，生理和心理都在迅速发展，展现出独特的性格和行为模式。男生的心理发展往往伴随着强烈的自我认同需求，他们渴望被认可，特别是在同伴群体中。这促使他们可能表现出一些特定的行为，如过度活跃、寻求关注或在某些情况下表现出攻击性。班主任需认识到这些行为背后的心理动机，通过积极倾听和理解，与男生建立信任关系。在行为特点上，男生通常更加倾向于体力活动和竞争。他们可能更喜欢参与体育竞赛、科学实验等需要体力和实践的活动。这种倾向不仅体现在课堂上，也表现在课后的娱乐和社交活动中。班主任应充分利用这一特点，组织适合男生的活动，如篮球比赛、科学实验等，以此激发他们的学习兴趣和积极性。此外，男生在情感表达上往往较为内敛。他们可能不像女生那样善于直接表达内心的感受，而是更倾向于用行动来表达自己。这要求班主任在与男生沟通时，更加注重观察和解读他们的非言语行为，如肢体语言、面部表情等，以更准确地理解他们的内心世界。同时，男生的思维方式也值得注意。他们通常更倾向于逻辑思维和问题解决，对抽象和理论性的内容可能兴趣不大。班主任在教学和管理中，应适当结合男生的思维特点，采用更加直观和实用的教学方法，以提高他们的学习效果和参与度。初中班主任在与男生建立良好关系时，需要深入了解他们的心理与行为特点。通过积极倾听、理解和尊重，结合男生的兴趣爱好和思维方式，班主任可以更有效地与他们建立信任关系，为后续的教育和引导打下坚实的基础。

2. 针对性沟通与指导

在初中阶段，男生正处于身心快速发展的关键时期，他们往往表现出

独特的性格特征、兴趣偏好及成长需求。因此，初中班主任在与男生建立良好关系时，必须注重实施针对性的沟通与指导策略，以促进其全面发展。首先，班主任应深入了解每个男生的个性特点。通过日常观察、家访交流及与任课教师的沟通，全面把握男生的兴趣、学习状态及情绪变化。基于这些了解，班主任可以更加精准地选择沟通方式，如对于内向的男生，采用温和、鼓励的语气；对于外向活泼的男生，则可以适当增加幽默元素，以拉近师生距离。其次，针对男生的成长困惑进行具体指导。男生在学业、人际关系及自我认知等方面可能遇到不同的问题，班主任需耐心倾听，并提供针对性的建议。例如，在学习上，可以为男生制订个性化的学习计划，激发其学习兴趣；在人际交往上，引导男生学会尊重他人，妥善处理冲突，培养良好的团队精神；在自我认知上，鼓励男生正视自己的优点与不足，树立积极的自我形象。最后，班主任还应关注男生的心理健康教育。通过组织专题讲座、开展心理辅导等方式，帮助男生认识并管理自己的情绪，增强抗压能力，培养其坚韧不拔的意志品质。总之，初中班主任与男生建立良好关系的关键在于进行针对性的沟通与指导。通过深入了解男生、具体指导成长困惑及关注心理健康教育，班主任可以有效地促进男生的全面发展，为其未来的成长奠定坚实的基础。在这一过程中，班主任的耐心、智慧与爱心将发挥不可替代的作用。

3. 通过活动促进男生与班主任的互动

在初中阶段，男生往往展现出更为活跃和竞争性的特质，因此，通过组织各类活动来促进他们与班主任之间的互动，不仅能够增强彼此的了解和信任，还能有效提升班级凝聚力。首先，可以设计一些团队协作体育活动，如篮球赛、足球赛或接力赛等。这些体育活动不仅能够发挥男生的体能优势，还能让他们在实践中认识到团队合作的重要性。班主任积极参与其中，担任裁判或教练角色，不仅能拉近与男生的距离，还能在活动中观察每个男生的性格特点和潜力，为后续的教育工作提供有力依据。其次，开展一些富有创意和挑战性的手工制作或科学实验活动也是不错的选择。这类活动能够激发男生的好奇心和探索欲，促使他们在实践中学习新知识，培养解决问题的能力。班主任在活动中应扮演引导者和支持者的角色，鼓励男生大胆尝试，勇于表达自己的想法，从而建立起基于共同兴趣和成就感的师生关系。最后，组织户外拓展活动，如徒步旅行、野营等，也是促进男生与班主任互动的有效途径。在自然环境中，男生更容易放下防备，展现出真实的自我，班主任则可以通过与男生共同参与这些活动，深入了解男生的内心世界，为个性化教育提供契机。同时，这些活动还能培养男生的意志力和责任感，促进他们全面发展。总之，通过精心设计的活动，班主任不仅能与男生建立起更加亲密和谐的关系，还能在互动中引导他们健康成长，培养积极向上的价值观。这些活动将成为男生初中生活中宝贵的记忆，为他们的人生之路增添更多色彩。

三、初中班主任与女生建立良好关系的策略

1. 了解女生的心理与行为特点

初中班主任在与女生建立良好关系的过程中，需要深入了解她们的心理与行为特点。女生的心理特征通常比男生更为细腻和复杂，这对班主任来说既是挑战也是机遇。女生的情感世界往往更加丰富，她们对爱的需求较为强烈，希望被呵护、被理解。班主任在与女生交往时，应关注她们的情感需求，通过细微的关怀和适时的鼓励，满足她们被关注和被尊重的愿望。例如，在日常交流中，班主任可以注意女生的语气和表情，捕捉她们话语中的情感色彩，并在她们需要帮助时及时伸出援手。此外，女生的知觉较为敏感，尤其在触觉、痛觉、嗅觉和听觉方面，都比男生更为灵敏。因此，班主任在与女生互动时，需要更加注意自己的言行举止，避免给她们带来不必要的困扰或伤害。同时，由于女生的心理相对脆弱，容易接受暗示，班主任在

批评或指导时，应采用温和、鼓励的方式，避免使用过于严厉或伤人的言辞。在思维方面，女生的叙述事件常带有浓厚的情感色彩，逻辑性相对较弱。这要求班主任在与女生沟通时更加耐心和细心，倾听她们的想法和感受，并给予充分的理解和支持。同时，班主任还可以引导女生培养逻辑思维和批判性思维能力，帮助她们更好地应对学习和生活中的挑战。女生的性格通常较为顺从、敏感和害羞，兴趣方面多偏向于音乐、文学、戏剧等领域。班主任可以针对这些特点，组织丰富多彩的课外活动，如文艺比赛、阅读分享会等，为女生提供更多的展示机会和交流平台。通过这些活动，班主任不仅能够更好地了解女生的兴趣和特长，还能够增进与她们之间的情感联系和信任关系。

了解女生的心理与行为特点是初中班主任与女生建立良好关系的基础。班主任应关注女生的情感需求、知觉特点、思维方式和性格特点，采取有针对性的策略和方法，为她们提供安全、尊重和平等的学习环境。

2. 建立信任与提供情感支持

在初中阶段，女生正处于身心快速发展的关键时期，她们在学业、人际关系以及自我认知等方面往往面临着诸多挑战。作为初中班主任，与女生建立良好关系的关键在于建立深厚的信任基础，并提供及时且恰当的情感支持。建立信任是首要任务。班主任应展现出真诚、开放的态度，主动倾听女生的心声，尊重她们的意见和感受。通过定期组织班级会议、开展心理辅导活动等形式，为女生提供一个安全、舒适的倾诉环境，让她们感受到被理解和接纳。在交流过程中，班主任要保持耐心和同理心，避免对女生的言论进行批判或贬低，而是鼓励她们勇敢表达自己的想法和困惑。提供情感支持同样至关重要。初中女生在面对学习压力、人际关系冲突等问题时，容易产生焦虑、抑郁等负面情绪。班主任要敏锐地察觉这些情绪变化，及时给予关心和安慰。可以通过个别谈话、书信交流等方式，为女生提供个性化的情感疏导，帮助她们建立积极的应对策略，增强自我调适能力。此外，班主任还可以通过组织团队建设活动、开展心理健康教育讲座等途径，增强女生之间的信任与合作，培养她们的人际交往能力和心理素质。在活动中，班主任要鼓励女生积极参与，展现自己的才能和魅力，同时引导她们学会倾听、理解和尊重他人。总之，建立信任与提供情感支持是初中班主任与女生建立良好关系的重要策略。通过真诚的交流、耐心的倾听以及个性化的关怀，班主任可以帮助女生渡过成长中的难关，促进她们全面发展。同时，这种良好的师生关系也将为班级管理和教育教学工作的顺利开展奠定坚实的基础。

3. 鼓励女生参与班级管理与活动

在初中阶段，女生的心理与生理发展逐渐趋于成熟，她们对自我价值的认知与实现有着更为迫切的需求。班主任在与女生构建良好关系的过程中，应当特别注重鼓励女生积极参与班级管理与活动，这不仅有助于提升她们的自信心，还能促进班级内部的和谐与凝聚力。

3.1 提供平等机会，打破性别壁垒

首先，班主任需确保在班级管理与活动组织中，女生能够获得与男生同等的参与机会。通过设立无性别限制的职位竞选、活动策划小组等方式，让女生感受到被尊重与重视，从而激发她们的参与热情。其次，积极宣传女性在各个领域取得的成就，以此激励女生勇于挑战自我，突破传统性别角色的限制。

3.2 定制适合女生的班级管理角色

考虑到女生的性格特点与优势，班主任可以创造性地设计一些更适合女生参与的班级管理岗位，如心理健康委员、文艺活动组织者等，这些角色能够充分发挥女生细腻、耐心及创新思维的优势，使她们在管理中找到归属感与成就感。

3.3 提高活动参与度，培养领导力

鼓励女生积极参与班级内外的各类活动，如运动会、文化节、志愿服务等，不仅可以丰富她们的校园生活，还能在实践中锻炼她们的团队协作能力与领导力。班主任应适时给予正面反馈与指导，帮助女生在挑战中成长，学会在团队中发挥引领作用，进一步增强她们的自信心与社会责任感。总之，通过提供平等机会、定制适合女生的管理角色以及提高活动参与度，班主任可以有效地鼓励女生积极参与班级管理与活动，从而在增进师生情谊的同时，为女生的全面发展奠定坚实的基础。

四、案例分析

在初中班主任的工作中，建立与男生、女生之间的良好关系，是促进学生全面发展、营造积极班级氛围的关键。以下是一个成功案例，展示了班主任王老师如何通过以情动人的方式，成功营造了和谐的班级环境。王老师所带的班级曾面临男生与女生间沟通不畅、班级凝聚力不足的问题。为了打破这一僵局，王老师采取了"情感共鸣"的策略。她利用课余时间，分别组织男生和女生进行小组讨论，倾听他们的心声，了解他们的困惑和需求。在交流中，王老师不仅表达了对每名学生的关心和理解，还鼓励他们相互尊重、理解和支持。针对男生普遍对体育活动感兴趣的特点，王老师组织了一系列班级间的篮球友谊赛，不仅增强了男生的团队协作能力，也为男生和女生提供了共同关注的话题和交流的契机。同时，她还鼓励女生参与班级的文化建设，如设计班徽、布置教室等，让女生在展现才华的同时，也能感受到被重视和参与的快乐。在王老师的努力下，班级内部逐渐形成了互帮互助、共同进步的良好氛围。男生和女生之间的隔阂逐渐消除，他们开始主动寻求合作，共同为班级的荣誉而努力。班级成绩和整体表现也有了显著提升，多次被评为"优秀班级"。这个成功案例表明，初中班主任在与男生、女生建立良好关系的过程中，应注重情感投入和沟通交流，通过组织多样化的活动，搭建男生和女生间相互了解的桥梁。只有这样，才能真正营造和谐、积极向上的班级环境，为学生的全面发展奠定坚实的基础。

五、面临的挑战与应对策略

初中班主任在与男生、女生建立良好关系的过程中，不可避免地会遇到各种挑战。这些挑战不仅源于学生的个性差异、学业压力，还涉及家庭背景和社会环境等多方面因素。

1. 面临的挑战

1.1 性别角色刻板印象

在初中阶段，学生往往受到社会性别角色刻板印象的影响，男生可能被视为更偏向理科和运动，而女生则被认为更擅长文科和艺术。这种观念可能阻碍班主任与学生之间的有效沟通。

1.2 学业压力与情绪波动

随着学业难度的增加，初中生面临巨大的考试压力，导致情绪波动大，易产生焦虑、抑郁等情绪问题，给师生关系带来挑战。

1.3 家庭背景差异

学生来自不同的家庭，家庭教育方式和价值观的差异可能影响学生与班主任的关系建立。

1.4 青春期心理变化

初中生正处于青春期，生理和心理都在发生巨大变化，特别是性别意识的觉醒，可能使他们在与班主任交往时产生羞涩或抵触情绪。

2. 应对策略

2.1 增强性别平等意识

班主任应主动打破性别刻板印象，鼓励学生根据个人兴趣和特长发展，营造平等、包容的班级氛围。

2.2 关注个体差异，提供个性化支持

通过深入了解每个学生的家庭背景和学习状况，班主任可以提供更具针对性的指导和帮助，缓解学业压力。

2.3 开展心理健康教育

定期举办心理健康教育活动，帮助学生了解青春期心理变化，学会情绪管理，增强心理韧性。

2.4 建立信任与尊重的师生关系

班主任应以真诚、耐心的态度对待每一个学生，通过积极的反馈和鼓励，建立基于信任和尊重的师生关系。

通过上述策略，初中班主任可以更有效地应对与男生、女生建立良好关系过程中的挑战，促进班级和谐，助力学生健康成长。

未来初中班主任将更加注重情感沟通的艺术。通过更加细腻、耐心的交流方式，深入了解每个学生的内心世界，尊重他们的个性差异，从而与学生建立起更加稳固的信任关系。班主任将不仅仅是学生学业上的指导者，更是他们情感上的倾听者和支持者。随着信息技术的快速发展，未来初中班主任将充分利用网络平台和社交媒体工具，拓宽与学生及家长的沟通渠道。通过线上互动，班主任可以及时地了解学生的思想动态和学习情况，为他们提供更加个性化的指导和帮助。同时，这也将为班主任与家长的合作提供更加便捷的途径，共同促进学生的健康成长。未来初中班主任将更加注重培养学生的自我管理和团队合作能力。通过组织丰富多彩的班级活动和团队建设项目，班主任将引导学生在实践中学会沟通、协作和解决问题，从而增强他们的社会责任感和集体荣誉感。这样的教育方式将有助于学生在未来的学习和生活中更加自信、从容地面对各种挑战。未来初中班主任将不断提升自身的专业素养和综合能力。通过参加培训、交流和研讨等活动，班主任将不断更新教育理念和方法，增强教育教学的针对性和实效性。同时，他们也将注重自身的心理健康和职业发展，以更加饱满的热情和更加专业的态度投入班主任工作中。

第七章

每一个学生都有他的故事

第一节　读懂每个孩子

在当前教育改革的背景下，初中教育面临着诸多挑战与机遇。作为初中教育的关键环节，班主任的工作尤为重要。他们不仅是知识的传授者，更是学生心灵的引路人。然而，每个初中生都拥有独特的性格与成长经历，如何读懂每个孩子，成为初中班主任亟待解决的问题。

一、班主任的职责与功能

初中班主任不仅是学科知识的传授者，更是学生心灵的引路人。他们负责班级的日常管理，确保教学秩序井然有序。在职责上，班主任需关注学生的学业进展，及时给予其指导和帮助；同时，也要关心学生的身心健康，促进其全面发展。在功能上，班主任是家校沟通的桥梁，需定期与家长交流，共同为学生的成长保驾护航。此外，班主任还承担着培养学生良好品德、激发学生潜能的重要任务，为学生的未来奠定坚实的基础。

在初中教育中，班主任不仅是知识的传授者，更是学生心灵的引路人。构建和谐的师生关系，是班主任工作的核心。班主任需以平等、尊重的态度对待每一个学生，倾听他们的心声，理解他们的需求。通过积极的沟通与交流，班主任能够深入了解学生的性格、兴趣与潜能，进而因材施教，助力学生成长。同时，班主任的关爱与鼓励，能够增强学生的信任感与归属感，为班级营造温馨、和谐的学习氛围。

二、学生的个体差异与需求

1. 学生的性格类型与特点

在初中阶段，学生的性格类型多样，各具特点。有的学生外向开朗，善于交际，能迅速融入集体；有的学生则内向沉稳，喜静好思，需要更多个人空间。此外，还有活泼好动型学生，精力充沛，喜爱探索；以及敏感细腻型学生，对情感变化感知敏锐。这些性格类型不仅影响学生的学习方式，也关乎其人际交往与情绪管理。因此，班主任需细心观察，准确把握每个学生的性格特征，以差异化策略引导其健康成长，满足其个性化需求。

2. 学生的学习风格与兴趣

学生的学习风格各异，有的偏好视觉学习，通过图表、图片理解知识；有的则擅长听觉，通过听讲、讨论加深记忆；还有的动手能力强，通过实验、操作掌握知识。班主任需细心观察，识别学生的学习风格，据此调整教学策略。同时，学生的兴趣也是学习的重要动力。班主任应鼓励学生发展个人兴趣，将兴趣融入学习，让学习变得更加生动有趣。通过了解并尊重学生的学习风格与兴趣，班主任能够更有效地促进每个学生的全面发展。

3. 学生的家庭背景与成长环境

学生的家庭背景与成长环境对其性格形成、学习习惯及行为模式有着深远的影响。不同家庭的经济状况、文化氛围、父母教育方式等因素，都会在学生身上留下独特的印记。班主任需细心观察，通过家访、交流等方式深入了解学生的家庭情况，从而更准确地把握其成长需求。家庭背景的多样性要求班主任在教育过程中采取差异化的策略，以满足不同学生的个性化需求，助力其健康成长，实现全面发展。

三、读懂孩子的方法与技巧

1. 观察与记录学生的行为表现

观察与记录是初中班主任读懂学生的基础方法。在日常教学与管理中，班主任需细致入微地观察学生的言行举止，从课堂互动到课后活动，捕捉每一个细微的变化。通过记录学生的行为表现，如学习态度、情绪波动、人际交往等，班主任能更全面地了解学生。这些观察与记录不仅有助于发现学生的优点与潜能，还能及时察觉可能存在的问题与困扰，为后续的教育引导提供有力依据。因此，掌握观察与记录的技巧，对班主任而言至关重要。

2. 倾听与理解学生的心声

在解读学生的内心世界时，倾听与理解是不可或缺的钥匙。初中班主任应耐心倾听学生的言语，无论是学习上的困惑还是生活中的烦恼，都应给予足够的重视。通过积极倾听，班主任能够捕捉到学生情绪的变化，进而深入理解其真实需求。同时，保持开放的心态，避免主观臆断，是准确理解学生心声的前提。只有真正站在学生的角度思考问题，班主任才能建立起与学生之间的信任桥梁，为后续的教育引导奠定坚实的基础。

3. 分析与解读学生的需求

在教育与管理的实践中，初中班主任需细致入微地分析与解读学生的需求。这要求班主任不仅要关注学生的学业成绩，更要深入了解他们的心理、情感及社交需求。通过观察学生的日常行为、倾听他们的心声、与他们进行真诚对话，班主任可以捕捉到学生需求的微妙变化。同时，运用教育心理学知识，对学生的需求进行科学分析，制订个性化的教育策略。只有这样，班主任才能真正走进学生的内心世界，成为他们成长道路上的引路人。

四、初中班主任的实践策略

1. 个性化教育方案的制订

初中班主任在制订个性化教育方案时，需深入了解每个学生的兴趣、能力及性格特点。通过日常观察、家访沟通、学业评估等多渠道收集信息，班主任能够精准把握学生的个性化需求。随后，结合学校教育资源，班主任为每个学生量身定制学习计划，注重培养其特长与潜能。个性化方案的实施旨在激发学生的学习兴趣，促进其全面发展，确保每个学生都能在适合自己的教育环境中茁壮成长。

2. 情感关怀与心理疏导

初中班主任在实践中，应高度重视学生的情感需求与心理健康。通过日常观察与交流，深入了解学生的情绪波动与心理变化，给予及时且恰当的情感关怀。针对学生的心理困惑与压力，开展心理疏导工作，通过班会、个别谈话等形式，传授应对压力的方法，引导学生树立正确的自我认知与价值观。同时，建立班级互助小组，鼓励学生间相互倾听与支持，共同营造温馨和谐的班级氛围，为每个学生的健康成长保驾护航。

3. 家校合作与沟通

在家校合作方面，初中班主任应积极主动，建立与家长的良好沟通机制。通过家长会、家访、电话及社交媒体等多种渠道，定期向家长反馈学生的学习及生活情况，同时也倾听家长的意见和建议。这种双向沟通有助于班主任更全面地了解孩子的成长环境，从而制订更具针对性的教育策略。此外，班主任还应鼓励家长参与学校活动，共同为孩子的成长创造有利条件，形成家校共育的良好氛围，助力孩子健康成长。

五、案例拓展

在我们学校，初二年级的李老师成功读懂并引导了一个内向的学生小赵。小赵因家庭原因性格孤僻，成绩下滑。李老师通过细心观察，发现小赵对科学实验有浓厚的兴趣。于是，她组织小组实验活动，让小赵担任小组长，培养其责任感与合作能力。经过一学期的努力，小赵不仅成绩大幅提升，还变得开朗自信。此案例表明，班主任需细心观察学生的特长，因材施教，通过积极鼓励与适当引导，能有效促进学生全面发展。李老师的成功经验值得借鉴与推广。

在案例分析中，初中班主任面临诸多挑战与困境，如学生个体差异大、家庭背景复杂等。这些挑战要求班主任必须不断提升自身素养，灵活运用教育方法。反思过往，我们意识到仅凭经验难以应对所有问题，必须不断学习新知识、新技能。为有效应对困境，班主任需加强与家长的沟通，共同关注孩子成长；同时，注重个别辅导，因材施教，让每个学生都能得到适合自己的教育。未来，我们将继续探索更多有效的教育策略，助力学生健康成长。

初中班主任应深化对学生个体差异的理解，采用多元化教学策略，关注每位学生的情感与心理需求。加强家校沟通，构建合作桥梁，共同为学生的全面发展保驾护航。同时，不断提升自身专业素养，学习先进教育理念，灵活运用现代技术手段，创新班级管理模式。此外，鼓励学生自主管理，培养团队合作精神，营造积极向上的班级氛围。通过这些措施，初中班主任能更好地读懂每个学生，助力其健康成长，为培养德智体美劳全面发展的社会主义建设者和接班人贡献力量。

第二节 以爱之名，让教育更好

一、是良师，亦是益友

我崇尚的是一种传统与现代相结合的思想观。"弟子不必不如师，师不必贤于弟子。"教师不用摆出一副事事都懂、处处高明的架势，时常把自己的弱点和对事物的感受掩藏起来。教育是一种真、善、美的传递，对学生的人格形成有重大的影响，班主任尤其要做一个"真的人"，不隐瞒自己的观点与主张，不掩饰自己的喜悦与忧虑，诚恳地与学生做心的交流，做一个人格高尚的人。这是师者的节操与风范。

既要是师者，又要是益友。这就要求教师走进学生的心灵，将心比心，以心换心。教师应把与学生朋友式的交往作为自己生命活动中不可或缺的一部分。要敢于在交往中暴露自己的不足，不耻下问，放下师长的架子，与学生一起"摸爬滚打"，了解学生成长过程中的困惑和烦恼，倾听他们的心声，做他们信赖的朋友。

随着与学生接触了解的增加，学生的错误、问题也就会自然地暴露出来。这时，教师应有一颗宽容之心，善待学生，也要有谋略和远见，多看到学生的闪光之处，站在促进学生发展的高度有远见地进行价值引导，巧妙而恰当地处理问题。既要有朋友般的平等亲切，"融得进去"，也要有师长应有的洞察力和谋略，"跳得出来"。

良师益友，这便是班主任在对学生进行心理健康教育时所应扮演的角色，也是心理问题处理得好所带来的效果。

二、具备"学生的心灵"

我认为，一名优秀的教师所具有的最优品质就是尽力使自己具备"学生的心灵"，用"学生的大脑"去思考，用"学生的眼光"去看待，用"学生的情感"去体验，用"学生的兴趣"去热爱。也就是说，教师要抱着一颗真诚的心，能以如亲身经历一般的同感，去理解、走进学生的心灵。教师有同感地理解学生，欣赏他们的问题表现，有了同感的基础后，学生才会打开心灵的窗户，与教师做坦诚的交流。

要真正地走进学生的心灵，离不开对学生心理发展需求的了解。拿我们班来说，我们班学生的家庭物质生活条件大多比较好，家长受教育程度也较高，比较重视家庭教育和对孩子的情感投入。但因独生子女等方面的原因，这些学生的心理往往比较脆弱，对情感的依赖比较强。不少学生与家长交流的共同语言在减少，同时逐渐进入了"心理断乳期"，自我的独立性确立起来了，他们渴望自己的老师既是师长，又是朋友，期望与心目中尊敬的老师有朋友式的感情交流。这种学习主体性的形成，既是教育的目的，也是教育的条件。

学生自主学习意识的唤醒，单凭教师的说教是无效的，需要教师自身人格的影响，以及心灵的沟通和情感的交流。我们应转变观念，具体来说，一要做到以学生为主体。也就是说，在学生管理工作中，教师不但要做好教育人、引导人、鼓舞人和鞭策人的工作，而且要从人文关怀的角度出发，做到尊重人、理解人、关心人和帮助人。二要建立民主平等的新型师生关系。"随风潜入夜，润物细无声。"学生需要的正是这种春雨式的滋润和慈母般的关爱。我们要尽力为学生创造宽松和谐的教学环境，使学生在教师的关爱中，体味学习的温情和乐趣，使我们在塑造学生健全人格的同时，不断实现自我人格的塑造。

三、扬其长，补其短

每一个学生都有其擅长的地方，也有其不太擅长的地方。扬长补短，让学生的特殊才能发展到极致，让学生的短板得到补足，实现"保底"基础上的"超越"，这就是教育公平。我以为一个人完整而个性化的生活就来源于此。扬长补短意味着要以发展的眼光看待学生的问题，具体问题具体分析，考虑学生的性格气质及禀赋天性，有差异、有针对性地进行引导。尤其是对一些错误不要盲目否定，学会挖掘学生潜在的禀赋，有远见地对待其弱点，保护其纯真善良的品性。班主任需要具有长远的眼光、果断而迅捷的问题处理能力，针对学生的独特之处开展适合学生的教育。同时，不能亲一批、疏一批，更不能把学习成绩好的学生视为"上宾"，而把学习成绩或者品行较差的学生视为"眼中钉"，因为越是后进的学生，越需要师长的关爱。教师要抓住一切教育契机，坚持对每一个学生扬长补短，努力让每一个学生都有不同程度的发展。

四、"疏"而不"堵"

在心理健康教育中，教师除了要在角色和情感上对自己有正确的认知，还要提供一定的平台，鼓励和引导学生倾诉，以便及早发现问题，进而采取适当的方法解决问题，也就是"疏"而不"堵"。

教师要具有敏锐的问题意识，善于发现问题。如借助 QQ、电子邮箱等网络技术手段给学生提供多种联系与交流的渠道；通过批改日记、主题班会、谈话课以及与学生的日常交往等途径捕捉学生的心理困惑。当教师发现问题或者收到学生的求助之后，要以一种朋友式的亲切和信任来帮助学生处理问题，保护学生的秘密，在合适的场合及时地进行心理干预。同时，教师还要注意学生心理问题的反复性，通过私下交流、家访等途径持久地关注学生的发展，保证心理辅导的成效。

心理学将人际关系定义为人与人在交往中建立的直接的心理上的联系。美国学者舒茨认为，个体都有三种基本的人际需要，其中的包容需要即与他人接触、交往和相容。在和谐的氛围中，教师、学生、家长都收获了良好的感觉。

五、等一会儿，再等一会儿

教育是一门"慢"的艺术。在与学生的交流中，适当的沉默与期待非常重要。虽然这个社会有些浮躁，但是我以为，对待学生，教师一定要慢得下脚步，因为我们面对的学生是多种多样的，有的活泼外向，容易融合；有的害羞内向，需要引导。而对后者来说，真诚的期待远比言语的说教效果好。

我常常想起毕淑敏曾说的一段话，"树木不可生长得太快。一年生当柴，三年五年生当桌椅，十年百年的才有可能成栋梁。故要养深积厚，等待时间"，教书育人更是如此。成长需要时间，给学生一点时间积淀，也给我们自己一点时间冷静。在等待中，我们更能认清自己，也更能促进学生成长。

目前，由于各种各样的原因，现实生活中出现了越来越多的单亲家庭，单亲家庭孩子的教育成了一个不容忽视的问题。出于一名青年教师的责任感，针对单亲家庭孩子的教育问题，本文列举了我所带班级的例子，发人深思。因为班内存在着这种现象，我相应地采取了一些措施来弥补这些破碎的心灵。第一，加强和家庭的联系，说服家长要尽到做父母的责任，使孩子摆脱心理困境；第二，尊重学生，保护学生的自尊心；第三，在师生间、学生间架起爱的桥梁，使学生感受到来自集体的温暖，恢复心理平衡；第四，组织主题班会，激发学生对生活的热爱，学会自强，提高自我心理承受能力。

作为教育工作者，在关注并指导家庭教育的同时，更要为这些在单亲家庭环境中成长生活的学生提供更好的学校教育环境，引导学生朝着健康的方向发展，激发其主动发展的潜力，从而促使他们的整体素质得到长足发展。

家庭是社会的细胞，也是孩子面临的第一个课堂。社会的、时代的要求往往通过家庭环境，主要是家庭成员的言行，以及由此形成的气氛环境对孩子的成长起着耳濡目染、潜移默化的作用。

那么，如何让这种失衡的教育重新取得平衡呢？教师就成了沟通孩子与家长之间不可缺少的纽带。不管孩子跟父亲生活还是跟母亲生活，孩子生活的环境必然有一定的变化，这时就需要家长及时调整思想认识和心理情绪，引导孩子对家庭环境有一个正确的认识。面对新问题，要敢于正视，并逐步去解决。

六、案例分析

某中学，小岚，女，14岁，独生子女，11岁时父母离异，现在跟母亲生活在一起。在家里，她经常一个人躲在房间看书、听歌；进入学校，她和同学的交往也很少，性格比较孤僻，也比较敏感，课堂上很少举手发言。作为班主任的我，看在眼里，急在心里。开学不久的一个晚上，我和她母亲进行了一次长谈，发现了其家庭教育的不足，对一个孩子来说，父亲像艳阳，给孩子勇气和力量；母亲像皓月，给孩子温暖和慈爱。家，由于有了双亲而成为乐园。在这个乐园中生活的小岚曾是一个天真活泼的孩子，可在她9岁、10岁的时候，父母经常吵架，甚至大打出手，家庭氛围一下子变了，孩子变得寡言少语。父母离异后，生活的担子全落到了母亲身上，而且母亲工作很忙，因此给孩子讲故事、与孩子交流的时间越来越少。母亲觉得孩子比较乖，就经常让她一个人待着。渐渐地，孩子的性格变了，主要表现为以下几点。

1. 自卑心理

父母是孩子们心目中的骄傲，特别是父亲，在幼小孩子的心中，父亲是百事通，是万能者，是世上最了不起的人。孩子们在一起都会夸自己的父亲如何有知识、有力气，甚至如何有钱。处在一个没有父亲的家庭里，孩子就自然没有这份优越感，自卑感便油然而生，主要表现为情绪忧伤，缺乏乐观进取、积极向上的精神，性格孤僻，不爱交际，畏缩胆怯，做事缺乏信心。

2. 猜疑心理

父母离异，家里缺乏温暖的环境，母亲又整天忙这忙那，使得孩子开始怀疑爸爸妈妈是否还爱自己，同学会不会看不起自己，导致孩子不能与别人和睦相处，以至于在人际关系上产生种种问题。

3. 逆反心理

原来的三口之家快快乐乐的，生活条件也比较优越。父母离异后，随着自卑心理及猜疑心理的产生，孩子的逆反心理也渐渐形成，一直很听话的她，有时会没有理由地抗拒妈妈的要求，并做出对抗行为。

4. 补偿心理

父母离异，孩子在物质上、精神上都会遭受损失，这时，孩子就会产生对其他孩子物质、精神生活的羡慕心理，企图重新获得爸爸妈妈的关爱，这就是补偿心理。

什么钥匙开什么锁，心理障碍只能用心理疏导的方法来解决。作为班主任，我主要从以下几方面对孩子加以引导。

1. 培养孩子的积极情绪

针对小岚同学孤独、内向的心理特点，我研究她的行为规律，对症下药。鉴于她不能享受双亲家庭孩子同样多的亲情，我便主动接近她，做她的知心朋友，做她的第二父母。平时，我只要看到小岚同学遇到不愉快的事情就找她聊天，转移她的注意力，同时，我会创造一切机会让她和同学们一起活动、游戏。经过观察，我发现小岚有着较强的动手能力，而且心地比较善良，于是我鼓励她参加集体活动，为班级做好事，树立她的自信心。课间活动时，我见她的耐力很不错，就让她代表班级参加学校运动会的 800 米比赛。她见自己的能力得到了肯定，开始慢慢和身边的同学聊天，心态也比以前乐观了。

2. 引导孩子感受身边的爱

单亲家庭的孩子，由于家庭的破损而导致了教育的缺损。就像小岚同学，父母离异后她很少得到父爱，妈妈整天忙于工作、家务，给她的爱也不多，她的自卑、猜疑、补偿心理开始出现。为此，我给孩子布置了一个任务：观察妈妈一天的生活。经过一周的观察，她知道了妈妈的辛苦，也感受到了妈妈对她的爱。这时，我又鼓励孩子学会坚强，学会爱妈妈，做个有骨气的人。同时，我在学习上、生活上给予了她无微不至的关怀，让她知道身边爱她的人并不少。

3. 积极营造和睦的班级氛围

孩子的心理压力在很大程度上来自同学。为了让小岚感受到学校就是家庭，老师就是父母，同学就是兄弟姐妹，我利用班级小组建制，让她置身于班长所在的小组之中，我与班长进行沟通，通过同学之间的相互影响，消除她的孤独感。而且，我还鼓励该小组的同学与小岚做朋友，一起学习，一起玩游戏。孩子置身于群体生活中，许多问题便迎刃而解。

4. 及时解决孩子的心理问题

单亲家庭的孩子往往比较敏感，有些事情会使他们产生微妙的心理变化。因此，作为班主任的我坚持以正面鼓励为主，善于捕捉、发现孩子在心理、行为方面的进步，并及时给予表扬，增加其自信的砝码，使她的生理、心理、学习成绩都得到健康发展。一旦发现异常情况，我会及时跟孩子谈心，了解情况后，马上疏导；有的问题一下子解决不了，就进行更多的调查分析，考虑妥善的解决措施。

第三节 用尊重赢得尊重

一、心理互助见奇效

初中正是青春期高峰阶段，学生生理成熟和心理发展滞后的矛盾，给他们带来了一系列心理压力和困惑，不同程度地影响了他们的学习生活。大多数中学生不愿与家长和老师主动沟通，常常陷入苦恼中而不能自拔。针对他们这个年龄段的心理特点，我们在全年级范围内开展了"心理互助"的实验活动，即鼓励学生人人当心理医生，为他人排忧解难。

该活动是结合学生自己的学习和生活实际，用心理咨询信的形式写下自己的心理问题。为了保护学生的隐私，不写真实姓名，而只写代号。把学生写好的心理咨询信统一收齐整理，然后交错发给每位学生。学生在接到别人的咨询信后开始认真阅读，并按咨询信内容有针对性地写好回信。

收齐回信后，进行整理、加工，再按咨询者的代号发给学生。咨询者反复阅读后，写出自己的评议或看法，即是否认同"心理医生"的回信，并打上分值（满分为100分）。

接着把分类收好的心理咨询信，再一份份进行认真的评阅，其中不乏鼓励、肯定、表扬和赞赏，然后再按"心理医生"的代号把咨询者的"意见"反馈给他们，让"心理医生"了解自己的回信结果（认同程度）。

学生咨询的问题很多，大都结合自己的学习和生活实际。譬如：考试焦虑怎么办？如何与异性交往？自卑又嫉妒他人怎么办？怎样才能自控？父母偷看自己的日记怎么办？怎样看待上网、早恋？经常与父母发生冲突怎么办？怎样才能减轻学习压力？情绪一直低落怎么办？怕与男生讲话怎么办？怎样与老师沟通？怎样才能自强？如何与人相处？怎样才能解除暗恋的苦恼？有同学给我写情书，我该怎么办……

可别小觑这些十三四岁的中学生，面对这些敏感的问题，他们虽然不是心理专家，回信时也没有什么"焦虑症""强迫症""异性恐惧症"之类的专业术语，但他们对心理咨询信特别感兴趣，凭着他（她）们的好奇、天真、聪慧、博览、热情、理解、关爱和真诚，为咨询者写出了一封封条分缕析、颇有创意和令人折服的回信。

也许我们不会相信这些十三四岁的孩子能当好同伴的心理医生，可事实上从反馈的信息统计来看，有96%的咨询者对回信"感到十分满意"，并判为95分以上，其中有18%的"心理医生"获得了100分。这里摘录几则咨询者的"意见"如下：

"小A同学，我非常感谢你帮我出的主意，你的回信给了我很大的鼓励，你的方法也给了我很大的启发，我会试着去认真采纳。但愿通过你的方法能够解决我们家的矛盾，让父母和和睦睦，让家庭重新充满欢乐。"

"小B，看了你的回信，我很惭愧，你使我真正理解了父母，认识到了自己以前的不足。你在文中以巧克力为喻，使我更加理解了父母的用心良苦，你说得很对，学会换个角度看问题十分重要。说实话，你的话像一缕阳光驱散了我心头的乌云。"

"小C，我真会把你当成心理学家，真的，想不到你对我提出的问题回答得那么好，好像经过你这么有条有理地一说，心里的苦恼一下子就被消除了，我真的感到很轻松。"

"小D同学，你虽然不懂'上网'，可你能够以大量事实提出'上网'时要注意的六个问题，作为一个'上网'迷，值得我反思。"

"小E，你的回信给了我一个深刻的教训，让我明白了交友要注意的一些原则，这些原则会使我在今后的交友中拥有真正的好朋友。"

"反复看了你的回信，我非常内疚，我真不该自卑自弃。你的信使我又振奋了精神。你说，做人当自强，是的，我一定会克服自卑心理的。"

通过"心理互助"活动，这种同龄人之间的互相沟通，学生极易产生心理共鸣，活动取得了较好的效果，解开了许多学生藏在内心深处的心结。

"心理互助"活动是根据青春期学生的心理特点而开展的。他们喜欢向同龄人打开心扉，相互交流，倾诉烦恼。而他（她）们面对家长和老师时则是一种回避的心态。即使学校开设了心理咨询室或心理咨询信箱，许多学生仍只是望"室"生畏、望"箱"发怵，不敢说出心中的痛苦，而开展"心理互助"活动则符合他（她）们的心理需要，从而达到"互助"目的。

开展"心理互助"活动能够使学生充分认识心理健康的重要性，对他们的成长、成才有着积极的指导意义。开展"心理互助"活动可促使学生在课外阅读有关青少年心理健康方面的书籍，不断汲取丰富的科学知识，不断提高自我调适能力和耐挫能力，保持健康的心理。

开展"心理互助"活动，可进一步使老师掌握翔实的材料，有针对性地了解学生、研究学生、关爱学生，帮助学生做好心理辅导工作。

开展"心理互助"活动，使学生学会了关心、理解和接纳别人。这对他们学会共处、学会做人、学会生存都有着积极的指导作用。

开展"心理互助"活动，可以提高学生的认识和创新能力以及分析和解决问题的能力。同时，还可激发学生的写作兴趣，提高写作水平。

事实证明，开展这一活动，对学生身心的健康发展，以及整个班集体的建设都产生了意想不到的效果：学生开朗活泼、心理健康、学习情绪高涨；同学之间团结、和谐、真诚、宽容、理解、互助；班纪班风严明纯正，班级生活井然有序。

二、正确对待早恋

小 A，1.75 米的个头，学习成绩优秀，一等奖学金获得者。可是，这个学期，他的变化很大：课堂上目光游移不定，精力不集中；晚自习，总爱和小 B 坐在一起；期中考试，各科成绩一落千丈。原来他和小 B 早恋了。

小 B，由于生病请了两个星期的假，功课落下了不少。小 A 是班上的学习尖子，学习非常勤奋，每天总是早来晚去，为人诚实。小 B 有问题自然愿意去问他。一开始，小 B 问小 A 题目，同学们还发出"嘻嘻"的笑声。可小 B 心想，问男生几个题目有什么大惊小怪的，谁叫你们不是第一呢？你们是第一，我就问你们。虽然小 A 很不习惯一个女同学问自己题目，但还是全力以赴，尽心尽力。

他俩的座位原本离得很远，小 B 坐在第四组最后一个位子，小 A 坐在第一组第二个位子。问一个问题，小 B 要从教室的后面走到前面，常常引起同学们的注目。为了问题目方便，小 B 和另一个同学调换了座位，竟然坐在了小 A 的旁边。俗话说，日久生情。更何况处在青春期的少男少女呢！不知不觉中，小 A "爱"上了小 B，小 B 也"爱"上了小 A，他们俩坠入了"爱河"。

在对待小 A 和小 B 这样的早恋学生时，我选择了用爱心去教育，用爱心去引导的教育思路。

1. 尊重学生

尊重学生是教育引导学生的前提。

（1）不在公共场合和众人面前津津乐道他们早恋的事。

（2）不把早恋视作学生难以赦免的一种过错，当作把柄抓住不放。

（3）为学生严守谈话内容。

（4）不在公共场合直接批评，给学生留有余地。

例如，我有时去班级，也看到他们亲密地坐在一起，我从未当众批评过他们，而用一两句玩笑点一点。有一次晚自习，小 A 和小 B 又坐在了一起，如果我视而不见，同学们肯定会认为我对这种现象听之任之；如果疾言厉色地批评，他们在同学们的侧目之下，将是怎样地难堪。当天，小 B 感冒非常厉害，还请了两节课的假。于是，我轻轻地走到他们身边，轻松地说："小 A 啊，你不怕感冒吗？小 B 可是重感冒。感冒可是要传染人的。"听了我的话，周围的同学笑了，他们俩也笑了。几分钟后，小 B 便回到了自己的座位。

（5）学生自己没有说出是早恋现象时，我们绝不能把男女同学的亲密关系定义为早恋。否则，会假戏真做。比如，在对待小 A 和小 B 的问题上，我一直都说他们是一对好朋友。这样，他们俩就不会脱离集体，心理压力也小一些，有利于进一步转化。

2. 旁敲侧击

我经常从《心理世界》《第二课堂》《班主任之友》《思维与智慧》等刊物上找一些有针对性的文章读给学生听。例如，我曾在班级读过《对面的女孩看过来》《学会放弃》《如有可能，老师为你做媒》等文章。让学生在听读中理解，在听读中思考，在听读中自我疏导。小 A 和小 B 也对自己的行为有了新的认识。

3. 平等谈话

如果当头棒喝，将其击昏，这样你将难以和学生交心。如果你承认他们的这种情感是正常的，是可以理解的，那么才有可能打开他们心中的那扇窗，才有可能进一步去引导。找他们谈话时，也不是要求他们承认什么，或保证什么，而是给他们提一提建议，讲一讲责任，帮助他们正确地成长，脚下的路还要靠他们自己去走。

4. 要允许学生逐渐转化，增强集体的凝聚力

不能指望一两次谈话就能起到质的飞跃。而是要多关心多帮助，逐渐把

他们拉回集体的阵营中。

小 A 和小 B 在我的爱心攻势下，终于又恢复了以往的平静。现在的他们只是班级这个大家庭中相对来说比较好的朋友。

在面对学生的早恋现象时，我们教育工作者要明确自己的工作目的，注意工作的态度和方法。

我们的目的：要引导学生正确地对待这个问题，而不是"封杀"。实际上这种现象是不以我们教育者个人意志为转移的，因为它是一种正常的生理、心理、情感的需要。

我们的态度：要尊重学生的情感，而不是歧视。过去，我们视早恋的学生为异类，从心理上歧视他们。结果使他们越走越近，甚至"终成眷属"。

我们的方法：重在分析、引导、帮助。让学生从心里接受你的教育，而不是强迫。过去，我们把早恋的学生请到办公室，先是一阵让其躲闪不及的狂轰滥炸，再是一通高压式的正面灌输，结果是任你怎样语重心长，"我自岿然不动"。

三、青春期心理的引导

一天，我一进办公室就看到办公桌上放着一封信。信是 C 写给我的。信的内容大致是这样的：我给您写过很多信，一直都没有勇气交给您，我是一个心理不健康的坏女孩。我喜欢上了班上的一个男生，可是我一直都不敢告诉他，也不敢和别人说。我不知道自己是怎么了，常常在心灵深处呼唤他的名字，我一天到晚满脑子都是他的影子，我会幻想和他牵手、拥抱、亲吻。老师，我是不是真的很坏？我好无助，晚上我睡不好觉，白天我吃不下饭，学习成绩直线下降。老师，我渴望得到您的帮助！

我先给 C 写了一封回信。在信中，我首先告诉她，出现这样的心理是她这个年龄阶段的青少年常遇到的情况，是青春期的正常反应，说明她已经长大了、成熟了，没必要担心害怕，责怪自己。然后我现身说法，告诉她我曾经也有过和她同样的经历。在消除她自我责备的心理后，我又给她提一些解决问题的建议。

（1）大胆地、正常地和异性接触，而且不要一对一地接触，要一对多地接触。

（2）多参加集体活动，多和同学、老师、家长沟通。有什么想法和困惑要及时和他人沟通，及时得到帮助和释放。

（3）看一些关于如何解决青春期心理问题的文章和书籍。

（4）培养自己健康的业余爱好，比如读书、运动、音乐、美术等。这样生活就充实了，思想就不容易总停留在某个人的身上。

（5）确定自己近期和长期的学习目标，树立远大的理想。有了航向和航标，就有了前进的方向和动力，就不容易在成长的路途中迷失方向了。

过了两天，下午快放学时，C主动来到我的办公室。她如释重负地对我说："谢谢您老师，我现在明白了很多道理，也知道自己应该怎么办了，我一定会按您的建议去做的，我相信我会好起来的！"

后来她还告诉我，她的好朋友D收到了一封男孩子写给她的情书，好朋友也很苦恼不知道该怎么办。C说好朋友自己不敢来找我，想让C帮着问问老师该怎么解决这件事。我让C告诉好朋友，不要声张这件事，我明天找她的好朋友D谈话。

第二天的活动课上，我把D叫到我的办公室。为了减轻她的心理压力，我先简单问了几句她的学习情况和家庭近况。

然后，我问她："D，你自己有没有想过该如何处理那封收到的情书？"D沉默了一会，说："老师我想过一些办法，但都被自己否定了，所以，一直不知道该怎么办。"

我说："你想过哪些办法，又为什么否定掉，能告诉老师吗？"

D 说："我的第一个想法是把信交给老师，让老师去批评那个男生，让他以后别再给我写信，骚扰我。但我又想，这样做，会把事情闹大，他可能会记恨我、报复我。"

我说："D 你考虑得太对了，说明你是一个爱思考的孩子，这样做的确不妥。而且这样做也会伤害给你写信的那个男孩子的自尊心，这对他的成长也很不利。他喜欢你也是正常的，你的确可爱，同学、老师和爸爸妈妈不是也都很喜欢你吗？但是他给你写信，给你造成了心理压力，带来了烦恼，这是不对的。"

D 又说："我的第二个想法是，给他回一封信，让他以后别再骚扰我。但我怕他还对我不死心，还会来纠缠我、打扰我。"

我说："你不试怎么知道，关键要看你的信是怎么写的，既要表明自己的态度，又要做到不伤害对方。我倒建议你试试这个方法，老师也会暗中帮助你，如果他还不死心来打扰你，老师再出面，你看怎样？"

又过了几天，D 和 C 一起来找我了。看着她们兴高采烈的笑脸，我就明白她们心底的阴影已经消失了。从那以后，她们一有什么不开心的事就会主动来找我沟通。后来她们还成了班级的优秀干部。

当我意识到暗恋现象在学生中普遍存在后，我专门针对暗恋现象召开了一个主题班队会。主题班队会中，我把 D 和 C 的故事都编成小品和讨论题，让学生们自己去演，自己去讨论和评析。另外，我还在班级的图书角增添了青春期心理健康教育的相关书籍，并专门请来青春期心理健康教育专家，为同学们开讲座和解答相关问题。

对处在青春期的中学生来说，暗恋是一个非常普遍的现象。男孩可能会暗恋某个女孩，女孩也可能会暗恋某个男孩。在这个阶段的中学生往往还不能正确处理和对待暗恋和被暗恋的问题。作为教育工作者的我们，有责任帮助他们走好人生这关键的一步。

对待普遍存在于中学生中的暗恋现象，要像对待一件很娇弱的物品，不能太轻，也不能太重；不能太急，也不能太缓，否则就可能伤害它。所以，既不能放任不管，也不能闻"恋"色变。因为少男少女情窦初开，是自然规律；两情相悦，异性相吸，是人的天性使然。少男少女渴望彼此接近是受性意识所引发，是性生理发展到一定阶段的本能需求。在这个关键时期，如果这种需求得不到正确的引导，而是被人为地抑制，那将出现难以预料的后果。

第四节　花开有时，教育有度

"花开有时"作为教育理念，深刻体现了教育的自然规律与学生个体发展的和谐统一。它意味着每个学生如同不一样的花朵，拥有各自独特的生长周期与绽放时刻。教育不应急于求成，而应遵循学生的内在成长节奏，给予他们充分的时间与空间去探索、学习、成长。这一理念强调耐心与等待，鼓励教育工作者以平和的心态，观察、理解并支持每个学生的个性化发展，静待他们在最适合的时机绽放出属于自己的光彩。

一、个性化教育与学生成长规律

在"花开有时"的教育理念下，本节将探讨个性化教育与学生成长规律。每个学生就像不同种类的花朵，拥有独特的生长节奏与绽放时机。个性化教育尊重这种差异，致力于发掘每个学生的潜能与特长。通过深入了解学生的兴趣爱好、学习风格及心理特征，教师能制订更具针对性的教学策略，促进学生在适宜的环境中茁壮成长。同时，遵循学生成长的自然规律，不急于求成，确保教育过程既有深度又具温度，让每朵"花儿"都能在恰当的时机，以最灿烂的姿态绽放。

二、适时施教的教育策略与实践

在"花开有时"的教育理念下，适时施教成为初中班主任的关键策略。班主任需敏锐捕捉学生的成长节点，如青春期困惑、学习瓶颈期等，及时介入，以个性化指导助力学生突破。实践中，通过定期心理辅导、成长档案记录及家校合作，确保教育干预既不早也不晚，恰到好处。适时组织团队建设活动，增强学生的社会适应能力，让教育如春雨般润物无声，滋养每一朵待放之花，静待其适时绽放。

三、"教育有度"的实践探索

1. "教育有度"的原则阐释

"教育有度"的原则阐释应聚焦于平衡与适宜。教育不应过度压抑学生的天性，亦不可对其放任自流，忽视引导。它强调因材施教，根据学生个体差异，适度调整教育策略与方法。同时，教育需把握时机，适时介入，既不错过成长的关键期，也不急于求成。此外，教育有度还意味着尊重与理解，教师应以包容心态，理解学生发展过程中的波动与反复，给予恰当的支持与鼓励。总之，教育有度旨在寻求教育的最佳平衡点，促进学生健康、全面发展。

2. 班级管理与教育尺度的把握

班主任需精心营造既严谨又温馨的班级氛围，既要设立明确的规章制度保障教学秩序，又要灵活调整管理策略，适应学生多样化的需求。教育尺度的拿捏，在于平衡规范与自由，既严格要求学生遵守纪律，又鼓励学生个性发展。通过细腻观察与适时引导，班主任应成为学生成长路上的智慧引路人，确保班级管理既不失温度，又不乏力度。

3. 教育有度在德育工作中的体现

在德育工作中，教育有度同样至关重要。初中班主任需准确把握学生心理，适度引导。通过组织多样化的德育活动，如主题班会、志愿服务等，让学生在实践中感悟道德力量，培养自律意识。同时，注重个体差异，因材施教，避免"一刀切"的教育方式。班主任还应保持耐心与细心，用爱心感化学生，让德育工作如春风化雨，润物无声，助力学生全面发展。

在初中班主任的岗位上，我深刻体会到，教育不仅是知识的传授，更是情感的交流。通过多年的实践，我总结出，要成为一名优秀的班主任，既要有爱心与耐心，又要掌握科学的管理方法。每一次与学生、家长的沟通，每一次班级活动的策划，都是对我教育理念的检验与升华。反思过去，我认识到，在关注学生学业的同时，更需重视其心理健康与品德培养。未来，我将继续秉持"花开有时，教育有度"的理念，不断探索，为学生的全面发展贡献力量。

四、典型案例分享

这是一位初中班主任张老师的教育实践。张老师通过耐心沟通与个性化指导，成功转化了一名学习动力不足的学生。该案例之所以典型，是因为张老师不仅关注学生的学习成绩，更注重其心理健康与兴趣培养。通过家访、心理辅导及组织兴趣小组，张老师逐步激发学生的学习热情，最终实现了学生的全面发展。在典型案例中，班主任展现出了卓越的教育智慧。面对学生的不同需求与问题，她采取了因材施教、循循善诱的策略。通过深入了解学生背景，她精准识别每位学生的特点与潜力，进而定制个性化教育方案。同时，她善于运用情感沟通，以爱心和耐心搭建师生间的桥梁，引导学生树立正确价值观。在解决问题时，她既坚持原则，又不失灵活，确保教育效果最大化。这些智慧与策略，为初中班主任提供了宝贵借鉴，彰显了教育的温度与深度。通过对典型案例的深入分析，我们发现，初中班主任在教育工作中应更加注重学生的个体差异与成长节奏。每个学生都是独一无二的，班主任需以"花开有时"的心态耐心等待，同时把握"教育有度"的原则，既不放任自流，也不过度干预。案例启示我们，班主任应成为学生心灵的引路人，用爱心、耐心和智慧去启迪他们，帮助他们树立正确的世界观、人生观和价值观，促进其全面发展。此外，班主任还应不断提升自身素质，以更好地适应教育工作的新要求。

班主任应秉持耐心与智慧，理解学生成长的阶段性，适时引导而不急于求成。教育需适度，既要严格要求学生，又要关爱其身心健康，避免过度干预或放任自流。研究发现，该理念能有效促进学生全面发展，增强班级凝聚力。班主任应不断提升专业素养，灵活运用教育方法，以适应学生多样化的需求。针对初中班主任的工作，建议注重个性化教育，深入了解每位学生的特点与需求，因材施教。同时，加强师生沟通，建立和谐的师生关系，为学生营造积极向上的学习氛围。此外，班主任应不断提升自身专业素养，掌握现代教育理念与方法，灵活运用多种教育手段。在工作中，注重情感投入与人文关怀，关注学生的心理健康，及时给予引导与帮助。最后，建议班主任加强与其他任课教师的协作，共同促进学生的全面发展。

第五节 让每颗星星都能闪闪发光

随着教育改革的浪潮不断推进，对班主任工作的要求也越来越高。初中阶段是学生成长的关键时期，担负着培养学生综合素质、促使学生成长与个性化发展的重要使命。但是，受应试教育的影响，学生的学习成绩是家长与学生关注的焦点，以至于许多学生因成绩面临着巨大的压力与期望，从而失去了自我发展的空间，其独特才能与潜力难以得到充分挖掘。初中班主任是学生成长道路上的重要引领者，其教育理念和方式直接影响学生的全面发展。

夜空中，每颗星星都以其独特的位置与光芒照亮着宇宙。每位学生都拥有着自己独特的兴趣、性格、天赋以及梦想。班主任的主要任务就是发现并根据学生之间的差异，使每位学生都能在自己的领域里闪闪发光。另外，"每颗星星"都是希望与潜力的代表。星星的光芒虽然遥远却非常明亮，这正是学生们内心的力量与未来的可能性的写照。班主任采用引导与激励的方式，帮助学生挖掘潜能，让他们相信自己可以成为照亮世界的耀眼光芒，引导他们成为有担当、有责任、有个性的人。这样新型的教育理念，就是让每个人都有属于自己的舞台，这个舞台是灿烂美丽的，只要坚韧不拔地走下去，就能找到自己独特的价值与意义。

在教育的大地上，每名初中生都是一颗独一无二的星星，都有着属于自己独特的光芒。初中班主任要具备敏锐的观察力，才能识别学生的独特光芒。在日常的教学与生活当中，班主任要认真观察，留心学生的言行举止，从中捕捉到他们潜在的兴趣、特长和个性特点。无论是学术上的天赋，还是艺术、体育等方面的才华，抑或是独特的思维方式以及解决问题的能力，都能展现学生的独特光芒。另外，班主任也要及时和学生、家长进行沟通交流，才能完全了解学生的成长背景与家庭环境，进而更全面地认识学生。这种全面的了解能够帮助班主任发现那些可能隐藏在表面之下的闪光点，例如坚韧不拔的毅力、乐观向上的态度或是乐于助人的品质。识别学生的独特光芒，不仅是对学生个体的尊重和关注，更是为了因材施教，为学生提供更加个性化的教育和发展机会。让每颗星星都能在适合自己的舞台上闪闪发光，是初中班主任不懈努力的目标。

一、星星的分类与特点

在教育的广阔天空中，每一颗"星星"都代表着一位独特的初中生，他们因个性、能力和潜力的不同而闪耀着各异的光芒。星星的分类，可依据其内在特质与学习表现大致分为三类：学术之星、艺术之星与潜力之星。学术之星，如同夜空中最耀眼的恒星，他们在学科知识上展现出浓厚的兴趣和卓越的能力，成绩优异，善于逻辑思维运用解决问题，是班级中的学习标杆。艺术之星，则如同流星划过，以其独特的创造力和艺术才华照亮夜空。他们在音乐、绘画、舞蹈等领域展现出非凡天赋，用艺术的语言表达自我，为班级文化增添无限色彩。潜力之星，或许目前光芒微弱，却蕴含着巨大的发展潜力。他们可能在某一领域尚未展现出明显优势，但拥有好奇心强、适应力佳等特质，是亟待被挖掘与引导的"新星"。这类学生往往通过适当的引导和鼓励，能在未来绽放耀眼的光芒。每一类星星都有其独特的魅力与价值，识别并珍视这些差异，是班主任让每颗星星都能闪闪发光的关键所在。

二、让"星星"闪闪发光的教育策略

1. 个性化教育方案的制订

在让"星星"闪闪发光的教育策略中，个性化教育方案的制订是至关重要的一环。初中班主任应深入理解每位学生的独特性，包括他们的兴趣、特长、学习风格及潜在挑战，从而为每位学生量身定制成长路径。制订个性化教育方案时，班主任需与学生、家长及各科教师紧密合作，通过多维度评估工具，如学习行为分析、心理测评等，全面搜集信息。在此基础上，设计符合学生个性特点的学习目标和教学活动，确保教育内容的针对性和实效性。同时，个性化教育方案还需注重灵活性与动态调整。随着学生成长环境的变化和个人能力的提升，方案应适时调整，以保持其对学生发展的持续推动力。此外，鼓励学生参与方案制订过程，培养他们的自主意识和责任感，使个性化教育成为师生共同成长的桥梁。通过精心策划与实施个性化教育方案，初中班主任能够最大化地激发学生的潜能，让每一颗"星星"在适合自己的舞台上熠熠生辉，共同绘制出多彩的青春画卷。

2. 激励与赞美的重要性

在教育的广阔天地里，激励与赞美如同温暖的阳光，照亮每一颗渴望成长的心灵。对于初中阶段的学生而言，他们正处于自我认知与价值观形成的关键时期，班主任的每一句鼓励与赞美都可能成为他们前进道路上的明灯。激励能够激发学生的内在动力，让他们在面对挑战时更加坚韧不拔。当学生取得进步或展现出优秀品质时，适时的激励不仅能够强化他们的正面行为，还能帮助他们建立自信，相信自己有能力克服困难，追求卓越。赞美则是心灵的滋养剂，它能够让学生感受到被认可与尊重的价值。班主任真诚的赞美能够让学生意识到自己的独特之处，从而更加珍视自我，形成积极向上的自我形象。这种正面的自我认知将促使学生在学习和生活中更加主动、自信地展现自己，如同夜空中的星星，因被看见而更加闪耀。因此，激励与赞美是让"星星"闪闪发光不可或缺的教育策略。它们不仅能够促进学生的全面发展，还能营造出一个充满爱与尊重的班级氛围，让每一颗年轻的心灵都能在成长的道路上熠熠生辉。

3. 创设多元化的成长平台

为了让每颗"星星"都能在初中阶段闪闪发光，班主任应积极创设多元化的成长平台。这些平台旨在挖掘学生的潜能，激发他们的兴趣爱好，并促进其全面发展。在多元化的成长平台中，班主任可以组织各类学科竞赛和兴趣小组，让学生根据自己的兴趣和特长选择参与。这不仅能提升学生的学科素养，还能培养他们的团队协作能力和创新思维。同时，班主任还可以利用课余时间，开展社会实践和志愿服务活动，让学生走出校园，接触社会，增强他们的社会责任感和实践能力。此外，班主任还应鼓励学生参与学校组织的各类文艺、体育比赛，为他们提供展示自我的舞台。通过这些活动，学生可以锻炼自己的意志品质，提升自信心，从而在成长的道路上更加坚定和自信。总之，创设多元化的成长平台是让"星星"闪闪发光的重要策略之一。通过这些平台，学生可以充分发挥自己的潜能，展现自己的才华，为未来的成长奠定坚实的基础。班主任应不断努力，为学生创造更多元、更广阔的成长空间，让他们在初中阶段绽放属于自己的光芒。

三、初中班主任的实践案例分析

1. 成功案例分享

在初中班主任的众多实践案例中，有一个成功案例尤为引人注目。李老师所带的班级中，有一位名叫小明的同学，起初性格内向，学习成绩平平，缺乏自信。面对这样的学生，李老师没有选择忽视，而是采取了个性化的教育策略。李老师首先通过家访了解了小明的家庭背景和成长环境，发现小明在绘画方面有着浓厚的兴趣和天赋。于是，李老师鼓励小明参加学校的美术社团，并在课堂上给予他更多的展示机会。同时，李老师还利用课余时间，为小明提供一对一辅导，帮助他提高学习成绩，逐步建立自信心。在李老师的悉心关怀和引导下，小明不仅美术才华得到了充分展现，还在学习上取得了显著进步。他逐渐变得开朗自信，开始主动与同学交流，积极参与班级活动。最终，小明在学校的艺术节上获得了美术比赛的一等奖，成为班级里的佼佼者。通过因材施教、个性化关怀，班主任能够发现并激发学生的潜能，让每一颗"星星"都能在天空中闪闪发光。

启发自我教育，促其自觉改正，鼓舞自己情绪，养成自我教育的习惯，以矫正不良行为和不良习惯。有位班主任魏老师在介绍自己转化后进生的经验时谈了这样一件事：班里有个王同学，自动铅笔盒丢失了，说看到班里的陈同学用的铅笔盒是她的。经过调查了解，证实了这件事。但魏老师没有马上找这位陈同学质问，而是约他在放学后到办公室来一下。这位陈同学按时来了。魏老师说他守信用，学习也有进步，希望他发扬优点，严格要求自己。陈同学表示一定严格要求自己。魏老师又讲了批评教育学生就如同医生治病救人的道理。接着让他回想一下近来有没有在某些地方没有严格要求自己，做了一些不符合共青团员标准的事。这位同学红着脸、低着头说，"我错了，那天值日时看到王同学的自动铅笔盒忘在抽屉里，觉得很好玩就悄悄地拿了起来。老师，我错了，我马上还给她。"魏老师看到他又悔恨、又诚恳，心里很高兴，表示这件事今后不会再讲，让他把铅笔盒放回原来的地方就可以，不要背思想包袱。这样的处理方式既提高了犯错误学生的认识能力，又强化了他的自我教育的能力。这种启发诱导，促其自觉改正的做法比班主任直接点明、抓住不放效果要好得多。

2. 挑战与应对策略

在初中班主任的育人实践中，面对复杂多变的学生个性和成长环境，挑战层出不穷。一方面，学生间的差异显著，有的学生在学业上表现出色，而有的则在社交或情绪管理上遇到困难，这使得班主任难以用统一的标准和方法来引导每一位学生。另一方面，家庭背景的差异也给班主任的工作带来了挑战。有的家长对孩子的教育高度重视，积极参与家校合作；而有的家长则忙于生计，对孩子的教育投入不足，甚至存在沟通障碍，这无疑增加了班主任协调家校关系的难度。为了应对这些挑战，班主任采取了多项策略。首先，通过个别谈话、家访等方式深入了解每位学生的具体情况，制订个性化的辅导计划。其次，加强家校沟通，定期组织家长会，分享教育理念和方法，争取家长的理解和支持。同时，班主任还积极寻求学校和社会资源的支持，为学生提供更多的成长机会和平台。通过这些策略的实施，班主任不仅有效解决了学生成长过程中的难题，还促进了家校之间的和谐共育。

3. 案例的启示与反思

通过对初中班主任实践案例的深入分析，我们不难发现，班主任在教育过程中所展现出的耐心、爱心与智慧，对每一个学生的成长都至关重要。这些案例启示我们，教育不仅是对知识的传授，更是对心灵的启迪和对潜能的挖掘。班主任通过个性化教学策略和细致的关怀，让每个学生都能感受到自己的独特价值并产生被重视的感觉。这极大地提升了学生的自信心和学习动力，使他们更加积极地面对学习和生活中的挑战。然而，在反思这些成功案例的同时，我们也应意识到，教育的复杂性和多变性要求班主任不断学习和适应。每个学生都是独一无二的个体，他们的成长环境和需求各不相同，因此，班主任需要灵活运用教育方法，因材施教。

此外，班主任还应注重家校合作，与家长建立良好的沟通机制，共同关注学生的成长。通过家校共育，形成教育合力，为学生的全面发展创造更加有利的条件。初中班主任的实践案例为我们提供了宝贵的经验和启示，同时也提醒我们在教育实践中不断反思和改进，以期让每一颗"星星"都能在教育的天空中闪闪发光。再者，建议加强班主任的专业培训与发展，不断提升他们的教育理念、教学技能和班级管理能力。同时，鼓励班主任开展教育科研，将实践经验转化为理论成果，为初中教育贡献更多智慧与力量。

未来初中班主任的工作将更加注重个性化、智能化与专业化，致力于构建一个更加和谐、高效、富有创造力的教育环境，让每一颗"星星"都能在教育的天空中熠熠生辉，照亮彼此、照亮未来。

参考文献

[1] 王勇.让教育智慧绽放光彩：中学班主任工作实用案例 [M].芜湖：安徽师范大学出版社，2013.

[2] 刘卫川.教育的温度——班主任工作智慧三十六计 教学方法及理论 [M].哈尔滨：哈尔滨工程大学出版社，2022.

[3] 陈小燕.灿烂花开向阳处 一线班主任教育叙事 教学方法及理论 [M].天津：天津人民出版社，2023.

[4] 牟中华.主题班会与教育故事：展现班主任的工作智慧 [M].青岛：中国海洋大学出版社，2018.

[5] 郑晓军.家校共育：广州市名班主任郑晓军工作室班级主题活动案例精选 [M].长春：东北师范大学出版社，2022.

[6] 吴晓云.教育无痕有心：建班育人智慧及班主任成长探索 [M].长春：东北师范大学出版社，2022.

[7] 韦雪艳.教育学生：班主任最需要的工作艺术：中学版 [M].长春：世界图书出版公司长春有限公司，2013.

[8] 张青娟.做学生最好的成长导师：张青娟班主任工作艺术 99 例 [M].上海：华东师范大学出版社，2013.

[9] 张真.教育的智慧：华中师大一附中班主任案例精选武汉 [M].武汉：华中师范大学出版社，2012.

[10] 苏俊锋.点亮心灯：班主任工作拾零 [M].南昌：江西高校出版社，2020.

[11] 李巧云，钟颖，邹小苑.且共从容：王小玲名班主任工作室家庭教育指导案例

集 [M]. 北京：现代出版社, 2021.

[12] 吴晓云. 教育无痕有心：建班育人智慧及班主任成长探索 [M]. 长春：东北师范大学出版社, 2022.

[13] 徐世贵. 岳桂婵解密青年班主任工作智慧 [M]. 重庆：西南大学出版社, 2021.

[14] 刘金玉. 班主任工作艺术六讲：高效治班策略与实践智慧 [M]. 上海：华东师范大学出版社, 2015.

[15] 孟瑞红, 董艳丽, 柴官林. 新时代班主任工作艺术 [M]. 北京：现代出版社, 2016

[16] 陈瞻名. 懿言嘉行：名班主任工作艺术漫谈 [M]. 青岛：中国海洋大学出版社, 2022.

[17] 周国华. 如何做班主任工作：一门关于爱与智慧的艺术 [M]. 重庆：重庆大学出版社, 2013.

[18] 涂俊礼. 爱的智慧. 理念篇：班主任践悟有方 [M]. 北京：机械工业出版社, 2023.

[19] 肖春元, 赵海旺. 爱与智慧同行：班主任教育文集 [M]. 北京：学苑出版社, 2012.

[20] 国元令. 班主任的智慧与工作艺术 [M]. 北京：金盾出版社, 2013.